合同民刑交叉法律问题研究

Civil or Criminal：Legal Resolution of Contract Conflict and Contract Fraud

孙学华　著

中国人民公安大学出版社
·北　京·

图书在版编目（CIP）数据

合同民刑交叉法律问题研究/孙学华著. —北京：中国人民公安大学出版社，2016. 11

ISBN 978 - 7 - 5653 - 2772 - 8

Ⅰ. ①合…　Ⅱ. ①孙…　Ⅲ. ①合同法—研究—中国　Ⅳ. ①D923. 64

中国版本图书馆 CIP 数据核字（2016）第 257356 号

合同民刑交叉法律问题研究

孙学华　著

出版发行：中国人民公安大学出版社
地　　址：北京市西城区木樨地南里
邮政编码：100038
经　　销：新华书店
印　　刷：北京兴华昌盛印刷有限公司

版　　次：2016 年 12 月第 1 版
印　　次：2016 年 12 月第 1 次
印　　张：12. 25
开　　本：787 毫米 ×1092 毫米　1/16
字　　数：255 千字

书　　号：ISBN 978 - 7 - 5653 - 2772 - 8
定　　价：50. 00 元

网　　址：www. cppsup. com. cn　www. porclub. com. cn
电子邮箱：zbs@ cppsup. com　zbs@ cppsu. edu. cn

营销中心电话：010 - 83903254
读者服务部电话（门市）：010 - 83903257
警官读者俱乐部电话（网购、邮购）：010 - 83903253
教材分社电话：010 - 83903259

序

在市场经济的各种交易活动中，合同是个重要内容，由此引发的纠纷也层出不穷，严重者如合同诈骗，还涉及刑事问题，如何区别二者并有效解决，需要深厚的民商法和刑事法的理论功底以及对有关实践的充分把握。孙学华所著的这部《合同民刑交叉法律问题研究》，对合同民刑交叉的理论作了较为深入的探讨，并在实际调研的基础上，结合具体问题，对合同民刑交叉错位的各种表现形态进行了详细分析，提出了可行性较强的治理思路，具有重要的理论和实践价值。

孙学华是我指导的博士生，这部《合同民刑交叉法律问题研究》是在其博士学位论文的基础上修缮而成。当初这个主题是我建议她进行研究的，论文完成后，聘请了刑法方面的专家学者予以评审，并得到认可，最终顺利通过答辩也是情理之中。然人无尽善，作无尽美，个中不足，还有待广大读者慧眼识之。

是为序。

2015 年 6 月 6 日

目　录

引　言

一、论题背景及意义

随着我国社会主义市场经济体制的建立及国民经济的飞速发展，经济纠纷和经济犯罪也越来越多。市场经济是以自由交易为基础的法治经济，而合同是经济交易的工具和法律形式。因此，在市场经济条件下经济纠纷和经济诈骗的重要表现形式之一就是合同纠纷和合同诈骗。当前，我国仍处于社会主义初级阶段，社会主义市场经济也处于发展和完善阶段，虽然社会主义特色的法律体系已经初步建立，但是诚信和道德的培养却需要较长的时间。目前，因为诚信的缺失，合同纠纷和合同诈骗层出不穷，已经成为我国当前市场经济中一个非常突出的问题。这一问题正在侵蚀市场经济的基础性交易活动，严重影响市场经济的秩序、效率和国民经济的发展。减少和解决合同纠纷及合同诈骗问题，需要多种措施和多方面的努力。市场经济是法治经济，合同是市场交易的法律形式，因此法律是解决合同纠纷和合同诈骗最主要的依据。

在依法解决合同纠纷和合同诈骗的过程中，我国当前的法律所存在的最大的难点是对二者的区分问题。合同纠纷属于民事领域的纠纷，合同诈骗属于刑事犯罪的范畴，因此各自的法律解决途径有所不同。然而，由于合同纠纷和合同诈骗存在民刑交叉的问题，司法实践中大量存在将合同纠纷刑事化处理或者将合同诈骗民事化处理的不合理甚至是违法的现象。这些现象的存在，固然有司法机关及其工作人员执法水平的原因，包括对法律的理解不准，甚至是玩忽职守、徇私枉法等，但问题的源头在于立法环节。

对合同纠纷与合同诈骗民刑交叉问题的研究，将丰富我国合同法、刑法及诉讼法的理论，具有一定的理论意义。对此问题的研究，还将会在理论研究的基础上，对可能的法律修订提供适当的理论支持和国外经验的借鉴；在既定立法的前提下，对司法机关提供适当的和合理的建议，因而将具有一定的法律实践意义。除此之外，对合同纠纷与合同诈骗民刑交叉问题的研究，还将有助于最终解决我国当前广泛存在的合同纠纷与合同诈骗问题，从而有助于提升经济效率，促进国民经济的健康发展，维护社会主义法治秩序，并有助于消除社会的不稳定因素，提升社会的和谐程度，因而本研究也具有一定的社会和经济实践价值。

二、文献综述

（一）国内文献综述

由于民刑交叉及其错位问题是一个广泛涉及市场经济领域的民法制度和刑法制度且具有重要经济影响的问题，因此国内外法学界对此都有较多的论述。总的来说，国内法学界对于合同纠纷、合同诈骗进行的研究较多，成果也较为丰富。但是，对于合同纠纷与合同诈骗民刑区分问题的研究则是论文较多、专著较少，专门论述合同民刑交叉错位问题的资料更是少之又少。

从具有较大影响力的论文来看：2004 年，陈兴良教授对“先刑后民”的原则持否定态度并进行批评，他的主要观点有：一是主张“先民后刑”，认为被害人应在程序上享有选择权。在司法实践中如果出现民刑竞合，究竟是选择“先刑后民”还是“先民后刑”呢？这反映出两种价值观念，即“先刑后民”体现的是公权优先的价值观念，这与法治理念相悖。“先民后刑”体现的是私权优先的价值观念，这才符合法治精神，应当坚持私权优先，当事人应当享有程序上的选择权，公权不得张扬，私权不得受压抑。二是认为在民刑边界清晰的情形下可以适用“先刑后民”的处理原则；当民刑边界不清晰、出现民刑交叉难以分清时不能适用“先刑后民”，而是要尊重当事人的选择权。三是认为“先刑后民”的适用至少产生三个弊端：第一，地方保护主义有机可乘；第二，司法机关干预经济纠纷成为可能；第三，为恶意滥用公权力谋私利、浪费国家司法资源谋私利提供依据。四是提出民刑交叉案件处理原则：第一，在民刑可分的情况下，采用“先刑后民”的处理原则；第二，在民刑难分的情况下，采用“先民后刑”的处理原则；第三，在民刑互不影响的情况下，采用“边刑边民、民刑并举”的处理原则。① 笔者认为，陈兴良教授对“先刑后民”司法原则的批评以及对民刑竞合问题的阐述不仅符合市场经济制度发展的需要，而且符合法治原理，对民刑交叉错位问题的处理具有重要的指导意义。但是，美中不足的是陈兴良教授对“先刑后民”司法原则的批评过于笼统，而且大多是基于先市场或权利，尔后才是法律或权力干预的原则提出来的。这种思路大体而言是正确的，符合市场经济及其法治原则的基本要求，在有关问题确实构成犯罪的情况下，从抓大放小或方法论的角度上来看，“先刑后民”也具有一定的合理性。细说起来，相关问题的处理既不是必然的“先刑后民”，也不是必然的“先民后刑”。与此同时，在民刑发生竞合的情况下，也不能根据民刑是否可分的原则来处断。因此，陈兴良教授观点的不足主要是：只看到了刑事、民事问题的不同形式，而忽视了上述两类问题实质上的相通性质，必然具有局限性。

在陈兴良教授批评“先刑后民”原则的同时，也有学者坚持认为“先刑后民”

---

① 陈兴良. 关于“先刑后民”司法原则的反思. 北京市政法管理干部学院学报，2004(2).

的司法原则具有一定的合理性。例如，胡建生教授的观点：一是认为“先刑后民”可行并有一定的积极意义。他认为无论理论还是实践，都应该体现刑法是公法的力量，保护社会公共利益；民法的价值取向是保护具体某个单位或个人的私利，属于私法范畴，公利应重于私利。从司法实践看，国家、地方、集体、个人关心和追求的利益观不同，民事纠纷的当事人关心的是民事权益的实现，公权力关心的是国家层面的社会公共利益；地方政府或司法机关一旦有地方保护主义者的思想，关心的就是本地区的利益。这容易导致重民事纠纷的处理和民事权益的保护，轻对刑事犯罪嫌疑人的刑事责任的追究。[①] 二是认为“先刑后民”不宜作为一个司法原则。笔者认为，虽然胡建生教授的“先刑后民”不宜作为一个司法原则的观点具有一定的前瞻性，但关于公共利益（或公法）与私人利益（或私法）冲突的介绍，尤其“使民事权益的保护只有在刑事犯罪行为也受到追究的前提下才能实现”的观点，实难苟同。由此可以看出，尽管陈兴良教授等人已经明确对先刑后民的司法原则提出了批评，但是基于传统观念和制度的原因，有关问题的论述尤其系统的阐述仍然是非常必要的。

2008 年，李兰英教授从技术、情感层面进一步论证民刑交叉案件的问题，主要观点如下：一是认为两大法系国家的处理民刑交叉案件的方式不同。英美法系国家一般采用在刑事审判后再提起独立的民事诉讼的方式；大陆法系国家则采用刑事附带民事诉讼的方式，并赋予受害人选择权，即可以提起单独的民事诉讼，也可以在刑事审判中提起民事请求。二是认为虽然各国的处理方式不同，但解决问题的思路相同。尤其是对民事诉讼效力方面处理的思路相同，即有罪或无罪判决对随后民事诉讼的效力是不同的。我国民刑交叉案件中既判力问题的解决思路是刑事判决应当对随后的民事诉讼具有既判力。三是认为民事裁判对刑事诉讼没有既判力。民事诉讼和随后的刑事诉讼，无论民事诉讼的结果如何，都不会影响随后的刑事诉讼，即民事裁判对刑事诉讼没有既判力。[②] 笔者认为，李兰英教授对民刑交叉案件管辖的技术分析是有意义的。尤其该论者根据两大法系、不同类型的民刑交叉案件既判力得出的技术结论，对我们分析民刑交叉错位问题具有重要的指导意义。但是，李兰英教授的这篇文章忽视了民刑交叉案件处理的一个重大问题，即相关问题的落脚点不是技术和情感问题，而是利益和效果问题。当然，这一点还会在后文中作出说明，在此不再赘述。

四川大学魏东教授对民刑交叉的问题给出相对系统的论述。2009 年，魏东教授对民刑交叉的定义作了专门介绍，在此基础上还对该类问题的处断作了一些说明：“刑民交叉，是指刑事案件和民事案件由于特定因素的关联而出现交叉或者并

---

① 胡建生. “先刑后民”不宜作为一项原则来强调. 北京市政法管理干部学院学报，2004（2）：17.

② 李兰英. 从技术到情感：刑民交叉案件管辖. 法律科学，2008（4）：79－82.

存的现象。以法律事实的个数为‘统一标准’，可以将刑民交叉总体上分为‘多个事实关联型’刑民交叉和‘同一事实竞合型’刑民交叉两类。刑民交叉案件的既有解决办法是以‘先刑后民’为原则，以‘刑民并行’和‘先民后刑’为补充，但是这种解决办法出现的问题比较突出且反对的声音比较多。因此刑民交叉问题对策研究期待理论创新。”① 基于交叉的事实基础，将民刑交叉分为多个事实关联性民刑交叉和同一事实竞合型民刑交叉具有一定的区分意义。但是，考虑到交叉因素的存在，同一事实的判断未必非常确定。再者，民刑交叉问题的研究是为了相关效果的改善，是否为同一事实并不是问题的关键。从这个角度来看，魏东教授关于民刑交叉问题的论述必然存在一些不够准确的因素，可能影响相关问题的分析、判断。以“多个事实关联型”民刑交叉案件的程序选择为例，根据相关的交叉类型，魏东教授提出应以“民刑并行”为原则，以“先刑后民”和“先民后刑”为补充。但实际上，民刑交叉案件的处理是以案件效果的改善为目的的，究竟是先民后刑、先刑后民还是民刑并行，应以案件的具体情况为依据，尤其应以是否构成犯罪、是否有利于当事人利益恢复等情况来分析，否则我们研究民刑交叉案件处理的意义将会大打折扣。

当然，还有一些学者从区分合同纠纷与合同诈骗的角度对民刑交叉的问题展开了论述。例如，华东政法学院的陈思群同学在其硕士论文《合同诈骗罪与合同民事欺诈区分方法的重构及运用》中提出了“诚意区分体系”的观点，试图以“履行合同的诚意”为核心来构建区分的标准。② 再如，湖南大学的李军同学在其硕士论文《论合同欺诈与合同诈骗罪的区别》中试图按照通常的研究思路从主观和客观方面来区分合同欺诈和合同诈骗罪。③ 这些成果也深化了民刑交叉问题的研究，对相关错位问题的研究是有参考意义的。

从相关的专著来看：沙君俊在其博士论文的基础上，于2004年出版了《合同诈骗罪研究》一书。该书细致地研究了合同诈骗罪，分别从合同诈骗罪的历史沿革、客体、客观方面、主体、主观方面、认定、形态、处罚以及立法构想方面进行了详细的梳理和论证。沙博士在该书中非常详细地罗列和归纳了国内学者的相关研究，并在此基础上通过科学的论证，提出了很多有价值的观点。例如，在民事欺诈与合同诈骗罪的关系问题上，沙博士认为合同诈骗罪与合同民事欺诈行为常常发生规范竞合，即构成合同诈骗罪的行为同时也构成了合同民事欺诈，但是构成合同民事欺诈却不一定构成合同诈骗罪。④ 再如，对于当前《刑法》中关于合同诈骗罪的

---

① 魏东，钟凯．刑民交叉及其关涉问题．四川警察学院学报，2009（4）：40.

② 陈思群．合同诈骗罪与合同民事欺诈区分方法的重构及运用．华东政法学院硕士学位论文，2004：79.

③ 李军．论合同欺诈与合同诈骗罪的区别．湖南大学硕士学位论文，2008：98.

④ 沙君俊．合同诈骗罪研究．人民法院出版社，2004：215.

罪状描述，沙博士在指出存在的问题后，进一步建议：应明确界定合同诈骗罪的“合同”为“市场交易合同”；将“签订合同”修改为“订立合同”，从而避免口头合同不能成为合同诈骗罪的合同这一问题；具体表述“骗取”的含义为“采取虚构事实、隐瞒真相的手段，使对方当事人产生错误认识交付财物或者提供有偿服务、有偿消费或者其他能够以金钱估价的财产性利益”。[①] 至于合同纠纷与合同诈骗的区分，沙博士在其著作的第六章“合同诈骗罪的认定”中也进行了较为细致的研究，并且主要关注了其中合同民事欺诈行为与合同诈骗罪的区分。沙博士认为，二者主要在主观方面和客观行为表现方面有所不同。主观方面，合同诈骗罪的行为人在主观上具有非法占有对方当事人财物的犯罪目的；而合同民事欺诈行为人在主观上没有非法占有对方当事人财物的犯罪目的。[②] 行为表现方面，合同诈骗罪的行为人在客观上采取了虚构事实、隐瞒真相的欺诈手段；而合同民事欺诈行为人在客观上没有采取虚构事实、隐瞒真相的欺诈手段。[③] 显然，沙君俊博士的《合同诈骗罪研究》一书，是目前国内关于合同诈骗罪研究的代表作，学术价值和实践价值都较高。然而，美中不足的是，沙博士的著作在国内外的比较研究方面，似乎不太全面和深入，对国外立法和研究的借鉴也不够全面和深入。

合同诈骗罪的研究方面，还有黄晓亮、黄伯青编著的《合同诈骗罪专题整理》一书，该书也较全面地整理了学界对合同诈骗罪的研究。至于合同纠纷与合同诈骗的关系，该书认为合同诈骗罪与经济合同纠纷的关键区别在于行为人是否通过签订或履行合同而非法取得财物。[④] 但是，如书名所示，该著作只是对于合同诈骗罪相关研究的一种整理，并没有深入地进行研究；至于合同纠纷与合同诈骗的区分问题，该书的研究也同样不够全面和深入。除了以上两部著作外，在合同诈骗罪的研究方面，还有张志勇等编著、高铭暄先生审定的《诈骗罪专题整理》一书，虽然该书是关于诈骗罪的，但其中也涉及了合同诈骗罪的一些内容。

总的看来，国内对合同民刑交叉问题的研究主要停留在相关概念和原则的批判、构建层面。国内对合同纠纷和合同诈骗民刑区分的研究，多以法的规范分析和实证分析为主，较少涉及法的价值分析。其中，绝大部分又是在既定立法的前提下，运用各种解释对现有的法律规定进行规范分析，或者对司法环节进行实证分析。由于相关法价值分析的缺乏，直接导致学界对于立法所存在的问题关注较少，更缺乏相关问题、原则的深入思考。另外，民刑交叉问题的研究还普遍存在比较研究不足的问题。从现有的资料来看，相关研究成果极少提及国外的情况，也很少引用国外的资料，很让人费解。当然，最重要的是，在合同民刑交叉错位问题的专门

① 沙君俊．合同诈骗罪研究．人民法院出版社，2004：260．

② 沙君俊．合同诈骗罪研究．人民法院出版社，2004：212．

③ 沙君俊．合同诈骗罪研究．人民法院出版社，2004：212．

④ 黄晓亮，黄伯青．合同诈骗罪专题整理．中国人民公安大学出版社，2008：27．

研究方面相关成果特别缺乏。正因为如此，笔者仅能从民刑交叉、合同诈骗等一些相关的研究成果出发来讨论合同民刑交叉的问题。

（二）国外文献综述

因为法律制度的不同，无论是大陆法系还是英美法系，其法律界似乎都没有太多关注合同纠纷与合同诈骗的民刑区分问题。英美法系中，学界对于合同欺诈与合同诈骗关注的重点是其诈骗本身的认定，以及之后民事与刑事诉讼程序的不同及对二者在实践中的选择。例如，Mcguire 在 *Civil vs. criminal：differences and similarities in fraud* 一文中认为，在民事欺诈诉讼中，原告至少要证明以下要件：被告故意对重要事实的虚假陈述或者隐瞒重要事实、被告有引诱原告做出或者不做出某种行为的意图、原告受到损害、损害与被告的行为间有因果关系。有美国学者指出，很多欺诈都可以同时引发刑事和民事两种诉讼：检察官提起刑事诉讼，而受害人同时提起民事诉讼。但是，Ronald B. Standler 在 *Differences between Civil and Criminal Law in the USA* 一文中认为，当事人应当在两种诉讼程序中根据合同的规则进行选择。显然，美国学者的研究似乎没有关注合同纠纷与合同诈骗的民刑区分问题，这大概是因为很多欺诈在美国都可以同时引发刑事和民事两种诉讼：检察官提起刑事诉讼，而受害人同时提起民事诉讼。

在外国刑法立法中，作为欺诈犯罪之一的合同诈骗罪的立法资料相当丰富。例如，《加拿大刑事法典·关于刑事法典的法律》（1985 年加拿大修正法第 46 章及修正案）根据合同诈骗罪的不同情况分别规定了以下相关的罪行：欺诈罪、与契约和贸易有关的欺诈交易犯罪，等等。《法国刑法典》没有专门规定金融诈骗犯罪，在相关的法律体系中，主要是通过普通法与特别法共同规定相关的金融诈骗犯罪。很显然，相关的民刑交叉问题也包含在其中。例如，《法国刑法典》第 313－1 条规定了诈骗罪；1935 年，该国颁行的《支票法统一令》第 64 条规定了签发空头支票罪；该国 1968 年 7 月 31 日颁行的 68－690 号法令（简称《1968 年法》）第 22 条专门规定了公共财政金融罪。此外，《法国社会保险法典》规定了保险诈骗罪，相关的贷款诈骗犯罪从属于相关的贷款法律法规中。在法国的相关立法中，还有一点需要特别说明的：法国的相关诈骗犯罪，虽然也都是故意犯罪，但是只要具有一般的欺诈故意即可。关于这一点，尽管有所反复，但最终还是采取了一般欺诈故意的立法模式。例如，前述的《1968 年法》明确要求以非法获取某种钱财或利益为目的，而在法国 1997 年起草的《保护欧盟经济利益刑法典（草案）》中，不仅没有这么明确的故意要求，在相关的资助诈骗犯罪立法中，其主观要件甚至规定既可以由故意构成，也可以由轻率构成。① 在英国，关于共谋诈骗犯罪的立法非常特

① 刘明祥，冯军. 金融犯罪的全球考察. 中国人民大学出版社，2008：152.

别：在2004年“R诉K和其他人”引诱他人投资罪、共谋诈骗罪的案件中，[①] K与其他被告人诱骗投资者给某些无资产的公司进行投资。起诉指控被告人向投资者作虚假陈述，告诉他们一共有十二种投资获利的方式。本案中，法官指出：“只要证明被告人之间订立了让投资者拿出资金进行投资，不需要在通过什么方式让股东投资，以及通过什么方式向其陈述达成协议的问题上要求陪审团形成一致意见……应当将犯罪的构成要件与犯罪的细节区分开，如何具体实施共谋协议的问题不是协议的构成要件，只要达成实施共谋协议的概括故意即故意就足够定共谋诈骗罪。”[②] 很显然，英国共谋诈骗犯罪立法的特别规定对我们进一步思考诈骗犯罪的罪过内容具有重要的启示作用。

通观英美国家的金融诈骗犯罪立法，存在两个方面的突出特点：第一，实体法与程序法之间的协调是非常突出的；第二，民商事法律、行政法与刑法之间的衔接是非常紧密的。反观我国的相关立法，不仅民刑交叉案件的关系难以理顺，而且存在相互割裂的问题。尤其大陆法系学者对合同纠纷与合同诈骗的研究重点似乎在对于构成犯罪情况下的民事诉讼的处理上，这一点对我们的启发更加明显：大陆法系一般不允许针对同一行为同时分别提起民事和刑事诉讼，而会在同一判决中解决针对私人的赔偿问题和针对侵犯公共利益的责任问题，而英美法系则允许针对同一行为同时分别提起两种诉讼。在德国，对于合同纠纷与合同诈骗的关系，欺诈情节或者后果严重的，可能会构成《德国刑法典》第263条规定的诈骗（Betrug）罪。[③] 很显然，不管是禁止同时提起民事、刑事诉讼的规定，还是根据后果不断改变罪名的情况（符合罪刑相适应原则的要求），都具有一些合理因素，值得我们借鉴。

三、研究方法

根据研究工作的需要，本书主要采取了规范分析法、比较研究法、案例分析法等研究方法。

第一，规范分析法。本书对民刑交叉错位问题的分析具有突出的法规范性，不管成罪与否的判断，亦民亦刑还是或民或刑的方法的提出，还是系统治理的方案，都是建立在相关法律规范系统之上的规范分析。

第二，比较研究法。有比较才有进步，通过对国外相关政策的比较，可为我们存在的问题提供一种有效的借鉴和完善。与目前国内通常的对合同纠纷与合同诈骗问题的研究不同，本书还对这一问题进行了大量的比较研究。具体而言，本书不仅梳理了英美法系主要国家对这一问题的相关立法规定和司法实践，以及学者的研究

① R. v. K& others，[2004] All ER (D) 39 (Nov)；[2004] EWCA Crim2685，Court of Appeal，Criminal Division.

② 王文华. 欧洲金融犯罪比较研究. 外语教学与研究出版社，2006：198.

③ 叶名怡. 涉合同诈骗的民法规制. 中国法学，2012（1）.

成果，也同时对大陆法系的相关立法和理论成果进行了一定的研究。

第三，调查研究方法。在搜集、获取一手资料的基础上进行调查研究，本书主要采取问卷调查等方式分析民刑交叉错位问题的数据，可以直观地反映我国相关问题的严重程度，并为相关治理方案的提出奠定基础。

第四，案例分析法。本文在理论研究过程中还引入了一些司法实践中的一手案例，并通过这些案例来提炼研究的理论成果和进一步检验研究成果，以增强论文研究的科学性和实用性。

需要特别说明的是，在上述方法之中，案例分析的方法起到了特别突出的作用。客观地说，笔者之所以长期关注民刑交叉错位问题，最初就是受一些现实案例的影响。为此笔者收集了一大批与民刑交叉错位问题有关的案例，有些还是最高人民法院的指导性案例，具有较强的代表性。在这些案件的分析中，笔者不仅得知了民刑交叉错位问题的严重性，而且发现了民刑交叉错位的典型情况，并通过一系列的研究逐步寻找到该类问题的解决思路。概而言之，民刑交叉错位问题的基本理论和实践研究都是非常重要的。

第一章　合同民刑交叉概述

有市场交易必然有纠纷，基于定纷止争抑或维护良好市场秩序的需要，国家一方面要确立良好的经济（合同）纠纷解决机制，另一方面也要对严重侵犯市场主体权益，危害市场秩序的诈骗犯罪行为进行惩处。尤其我们国家仍处于社会主义的初级阶段，市场及其法治保障的制度都处于有待完善的阶段，加之社会主体诚信的严重缺失，合同纠纷和合同诈骗问题层出不穷，已经成为严重影响我国经济发展和市场制度完善的问题。然而，合同纠纷与合同诈骗不仅非常相似、难以区分，相关行为的性质和结果也存在相互转变的可能性。司法实践中，考虑到社会发展的具体情况，相关职业能力、司法腐败的实际存在等方面的因素，相关行为的定性还会出现严重的交叉错位的情况——“合同纠纷诈骗化”或“合同诈骗纠纷化”的问题。所谓“合同纠纷诈骗化”是指混淆罪与非罪，将合同纠纷当作合同诈骗来处理的情况。与之相反，如果将合同诈骗当作合同纠纷来处理，则笔者称其为“合同诈骗纠纷化”。以上两种问题势必会带来严重的危害后果：如果将合同诈骗犯罪错误定性为合同纠纷，则会放纵犯罪分子，不利于对受害人合法权益的保护；反之，如果将合同纠纷错误定性为合同诈骗犯罪，则会错误追究当事人的刑事责任，不利于公民权益的维护，更不利于社会主义市场经济的健康发展。

考虑到民刑交叉错位问题认定和治理的复杂性，本文将以合同纠纷与合同诈骗的民刑交叉错位定性的法理分析为主要脉络，着力于合同民刑交叉错位问题的相关概念及其治理等基本理论问题的阐述。

第一节　合同民刑交叉的概念与认定

论及合同民刑交叉的问题，有必要先确定民刑交叉的概念，以及在此基础上的一些相关概念，如合同纠纷、合同诈骗等，对于以上概念的界定是解决合同民刑交叉错位问题的肇始。

一、民刑交叉（竞合）的概念与认定

在民刑交叉的定性中，首先需要说明何谓民刑交叉（竞合）问题，然后再说明其错位问题。其间，交叉因素的提出与错位问题的认定等这些相关的关键问题，

都将对后续研究关系重大。

（一）民刑交叉（竞合）的概念

民刑交叉涉及两个方面的竞合问题：一个是相关行为的竞合；另一个是相关责任的竞合。姜伟教授等认为："某些案件所涉及的法律关系错综复杂，常常出现在民事和刑事上相互交叉或牵连、相互影响的案件，此即刑民交叉案件。"① 魏东教授等也提出："刑民交叉是指刑事案件和民事案件由于特定因素的关联而出现交叉或者并存的现象。"② 根据交叉的含义，民刑交叉是指案件因素同时涉及民事、刑事案件的情况。考虑到实际的情况，民刑交叉案件中相互交叉的因素是否相互牵连、影响并不是非常确定的。

案件的因素同时涉及民事、刑事案件，也就是说相关案件的因素存在竞合情形。所谓竞合，英译"concurrence；coincidence；overlap"。"concurrence"在元照英美法词典中解释为"同意；赞同；合意"和"同意票"，但是"concurrent"词条解释为"同时发生的；并存的"倒是契合了"竞合"的本义。"concurrent"在Black's law dictionary 中解释为："A meeting or coming together，agreement or union in action；meeting of minds；union in design；consent"，也是共同和会聚的意思。③ 简而言之，竞合就是相关因素重合在一起的意思。从这个意义上讲，民刑交叉即案件因素同时涉及民事、刑事案件的情况，最关键的就是相关因素的竞合。这些相互交叉、竞合的因素兼有民事、刑事案件的性质，因此民刑交叉的本质就是民刑竞合的问题。

从竞合理论的角度来讲，事务同时具有 A 和 B 的属性，会有利于形成 A 和 B 之间的沟通、合作，进而形成相对系统、动态的视角，有助于民刑交叉问题的系统解决。同时，经济学的研究也表明了这一点。例如，刘衡等人提出："竞合（coopetition）是指两个或两个以上企业（或组织）之间在一些活动中进行合作，同时又在另一些活动中展开竞争。虽然组织间的竞合现象很早就已经出现，但是，竞合正式作为一个独立的研究领域并引起研究者们的广泛关注，则是20世纪90年代的事。确切地说，竞合研究起源于 Brandenburger 和 Nale－buff 在1996年进行的一项专题研究。此后，竞合理论研究呈现逐步上升的趋势……"④ 当然，也有学者对"竞合"在经济活动中的消极作用保留有非常谨慎的态度。如李伟铭提出："有市场就有竞争，竞合是市场竞争发展到一定激烈程度的产物。竞合双方可以在良好的竞合关系中达成共识，加强合作，充分发挥优势，实现共赢，也可能在不良的竞合过程中由于目标、实力和策略的差异而斗争，又回到竞争的老路上去。""企业并

① 姜伟，范跃如. 刑民交叉案件处理机制研究. 法商研究，2005（4）：31.

② 魏东，钟凯. 论刑民交叉及其关涉问题. 四川警察学院学报，2009（4）：40.

③ 周建军. 法条竞合犯抑或想象竞合犯. 刑事法评论（1）：479.

④ 刘衡，王龙伟，李垣. 竞合理论研究前沿探析. 外国经济与管理，2009（9）：81.

没有因为竞合时代的到来而轻松，‘在竞争与竞合长期共存的市场环境中，一些企业被错综复杂的竞合关系搞得焦头烂额，企业不仅没有捞到好处，实现优势互补，而且把本都赔了，丢掉了自己赖以生存的核心优势……”[①] 笔者以为，从制度系统的角度来讲，经济学与经济制度的成果是相关社会制度系统的基础。例如，市场经济发展孕育的必然是具有突出主体平等基础和特征的社会制度。与此同时，公共政策的研究也表明，多元主体及其利益存在符合“斗争——合作”的竞合关系。在这样的系统竞合中，利益斗争不过是多元主体及其利益冲突的必然存在，相关的冲突、合作也是促进事务的系统解决和以斗争、合作换取更大利益的进路。

概而言之，民刑交叉抑或民刑竞合就是指案件的某些因素同时涉及民事和刑事案件的情况。相应地，民刑交叉案件的错位就是指民刑案件中相关交叉因素的错位——民事因素的刑事化或刑事因素的民事化，这也是“合同纠纷诈骗化”“合同诈骗纠纷化”问题的论证基础。

（二）民刑交叉（竞合）的认定

正如学者所言：“刑事案件与民事案件是两类不同性质的案件。通常情况下，它们相对独立、互不相干，各自依据不同的诉讼法予以解决”。[②] 然而，考虑到特定因素之间相互交叉、影响的关系，民事案件与刑事案件的区分不再是一个非此即彼、泾渭分明的问题了。从这个意义上讲，民刑交叉的案件既可能是一个民事案件，也可能是一个刑事案件。由此可知，民刑交叉案件中相关交叉因素的认定是一个相对意义上的概念，并不存在绝对意义上的民事因素和刑事因素。既然不存在绝对意义上的民事因素和刑事因素，那么相关的错位问题也应该是一个相对意义上的错位。所谓相对意义上的错位，在此是指应该民事化的因素而刑事化，或相反的情况。

与此同时，根据竞合的含义，由于案件的因素兼有民事、刑事案件的性质，因此案件被认定为民事抑或刑事案件都有一定的合理性。当然，考虑到法律的具体规定，部分因素并不能代替全部案件事实：具有民事案件的因素，不等同于民事案件，反之亦然。因此，问题的关键在于应该民事化或应该刑事化的依据，这也是民刑交叉问题定性的基础。对此，需要考虑到从宏观层面研究民刑交叉案件的宗旨和政策问题。说到底，对民刑交叉案件的研究还是为了案件效果的改善。基于改善案件效果的需要，不仅需要考虑到民事案件与刑事案件的差别，也要考虑到二者之间的联系。尤其后者，学界通常认为它是一个非常明确的问题。实际上，基于民事与刑事之间千丝万缕的联系，民事案件与刑事案件之间也没有绝对的界限，二者的区分不仅需要考虑到法制的因素，也要考虑到改善案件处理效果的需要，这也是判断应该民事化或应该刑事化的最终依据。

---

① 李伟铭. 反思“竞合”. 改革与战略，2005（8）：32.

② 姜伟，范跃如. 刑民交叉案件处理机制研究. 法商研究，2005（4）：31.

民刑交叉（竞合）的认定就是发现同时涉及民事、刑事案件的案件因素。考虑到交叉、竞合的含义，部分因素兼有民事、刑事案件的性质并不代表案件必然就是民事、刑事案件，还要结合其他案件因素进行综合考虑。考虑到案件因素的发展、变化，民刑交叉（竞合）的认定并不是一个静止的概念，而是一个发展、变化的概念。相似的案件因素，在这个案件中最终被认定为民事案件因素，而在另一个案件中被认定为刑事案件因素也是有可能的。话说回来，正因为民刑交叉、竞合的认定如此复杂，才导致民刑交叉错位的问题相当普遍。

二、合同纠纷的概念与认定

在合同民刑交叉问题的研究中，最主要的就是因合同纠纷产生的错误定性问题。其中，合同纠纷与合同诈骗的交叉、区分构成相关问题的核心内容。因此，有必要分别对合同纠纷、合同诈骗的概念、特征等基本范畴作一些分析。

（一）合同纠纷的概念

合同是平等主体的自然人、法人、其他组织之间在设立、变更、终止民事权利义务关系中的协议。① 合同纠纷是双方当事人在设立、变更、终止合同过程中产生的争议。

合同从订立到合同权利义务终止，除双方当事人能及时履行之外，一般都要经历较长的过程。在合同履行的各个环节中，因当事人主观意志或客观原因可能导致合同不能按照约定履行，从而引起双方当事人之间发生纠纷。发生争议的主观原因主要表现在：合同当事人主观上不愿意履行合同、故意迟延履行合同或不积极主动地履行合同从而引起纠纷。例如，双方当事人在进行交易时，由于疏忽大意，仅约定了货物的价格，但是对于货物的规格、履行地点、交付时间都没有约定清楚，而协商又不能达成一致意见时就会引起纠纷。发生争议的客观原因表现在：不是合同当事人主观意志所引起的，而是在合同履行过程中，因客观情况发生变化从而引发的纠纷。例如，在合同履行过程中发生水灾、火灾等不可抗力，使得合同当事人不能履行全部或部分义务，此时双方当事人可能就是否属于不可抗力、不可抗力的范围、是否尽了通知义务、是否采取了有效的防范措施避免损失扩大等问题产生争议，从而引发纠纷。合同是经双方当事人平等协商一致，意思表示真实所达成的协议，因此合同纠纷的发生必然与双方当事人在订立合同时的真实意图相违背，不能实现双方订立合同的初衷。

（二）合同纠纷的认定

合同纠纷的发生违背了当事人订立合同时所要实现的经济效益目的，解决纠纷、实现合同目的是当事人最大的期盼，合同纠纷可能发生在合同订立、履行等的各个阶段，这就决定了合同纠纷的特点较为明显。很显然，以上特点对于合同纠纷

① 江平．民法学．中国政法大学出版社，2011：575.

的认定是很关键的。

实践中，合同纠纷的认定尤其需要注意到以下四个方面的特点。

1. 主体的相对性。合同纠纷主要是发生在订立合同的双方当事人之间，涉及第三人纠纷往往较少。合同的相对性决定了合同纠纷的相对性，也就是说，只有合同的订立人才有权向对方主张权利，才有义务承担相应的合同责任。不过也有例外，如合同签订后，一方当事人消灭，如自然人死亡或者法人被注销了，这就会产生权利义务的继受人，或者一方当事人依法将权利义务转让给第三人，在这种情况下就会涉及第三人。

需要特别注意的是，合同的相对性在区分民事还是刑事的集资方面具有重要的意义。违反国家的金融制度，不法吸收不特定对象的资金的情况，合同的相对方往往表现为不特定的对象。当然，这一点也只是认定非法集资的一个条件，并非充分条件。

2. 内容的多样性。合同纠纷可能在订立、生效、解释、变更、履行、终止等各个环节产生，涉及的内容包括合同本身的方方面面，纠纷内容也是多种多样的。例如，合同的主体是否适格、意思表示是否真实、合同约定是否合法、合同履行是否适当和全面等。意思表示不真实包括欺诈、胁迫、乘人之危、显失公平等。其中，合同欺诈最容易与合同诈骗形成交叉，导致混淆。两者之间最重要的区别在于主观目的性不同。

3. 客体的单一性。合同纠纷是单纯违反《民法通则》《合同法》等民事法律、法规的行为，客体是民法所保护的合同制度。在刑事违法性的判断方面，客体单一性的判决无疑是非常关键的。换句话说，如果没有侵犯刑法所保护的客体，相关行为只侵犯了民商事法律所保护的法益，就不可能构成民刑交叉的问题。

4. 合同纠纷是民事纠纷。合同纠纷的双方当事人是平等主体的公民、法人或其他组织。合同纠纷就是一种民事纠纷，主要通过协商、调解、仲裁、诉讼等民事方式来解决，这有别于行政方式和刑事方式等解决问题的手段。行政方式是国家通过行政机关所采取的行政命令、指示、规定等措施来进行的调节或管理手段。在计划经济时期，往往采取行政方式来调整合同纠纷，这与合同法平等理念不相符；刑事方式是国家通过管制、拘役、有期徒刑、无期徒刑、死刑、罚金、剥夺政治权利、没收财产等解决合同纠纷的刑事手段，这是合同诈骗的解决方式，而非本文所指的合同纠纷的解决方式。

三、合同诈骗的概念与认定

对于合同诈骗罪，通说认为：“本罪侵犯的客体是复杂客体，即国家对经济合同的管理秩序和公私财物的所有权。本罪的对象是公私财物。”① 但是，实践中，

① 高铭暄，马克昌. 刑法学. 北京大学出版社，高等教育出版社，2014：443.

复杂的合同诈骗案件往往发生在金融领域。从某种角度上讲，合同诈骗也属于金融犯罪的范畴。随着社会主义市场经济体制目标的确立和实施，金融作为一种重要的经济工具，愈来愈显示出它的极端重要性。但由于其与经济的紧密联系，也成为犯罪分子窥视的目标，由此导致的金融犯罪也给国家经济带来了极大的危害，引起立法者和理论界的密切关注。1997 年我国修订刑法典，在新增加的 100 多个罪名中，金融犯罪占据了相当大的比重。在学术研究领域，金融犯罪业已成为研究重点。① 实践中，合同诈骗是最常见的披着合同外衣而行骗取对方当事人财物之实的犯罪行为。合同诈骗在经济生活中随时随地都存在，是经济领域最常见的犯罪行为，集资、贷款、金融、信用卡、有价证券、保险、社会保障、买卖合同等是合同诈骗行为极易产生的重点领域。

（一）合同诈骗的概念

合同诈骗是指以非法占有为目的，在签订、履行合同过程中，虚构事实或者隐瞒真相，骗取对方当事人财物数额较大的行为。根据《刑法》第 224 条的规定，犯合同诈骗罪数额较大的，处 3 年以下有期徒刑或者拘役，并处或者单处罚金；数额巨大或者有其他严重情节的，处 3 年以上 10 年以下有期徒刑，并处罚金；数额特别巨大或者有其他严重情节的，处 10 年以上有期徒刑或者无期徒刑，并处罚金或者没收财产。合同诈骗的概念有广义和狭义之分。

广义的合同诈骗就是指以合同作为手段，骗取他人财物及财产性权益的一切犯罪及不法行为，包括构成犯罪的诈骗行为以及构成行政处罚的诈骗行为，包含狭义的合同诈骗。

狭义的合同诈骗是指利用合同，虚构事实、隐瞒真相等方式，非法占有他人财物及财产性权益的犯罪行为，包括我国 1997 年《刑法》第 224 条规定的合同诈骗罪，第 266 条的诈骗罪、第 192 条至 198 条的各种金融诈骗罪，具体包括：集资诈骗罪、贷款诈骗罪、票据诈骗罪、金融凭证诈骗罪、信用证诈骗罪、信用卡诈骗罪、有价证券诈骗罪、保险诈骗罪等。

严格说起来，合同诈骗也属于合同纠纷的范畴。只不过，由于刑事司法机关的介入，合同诈骗纠纷行为的后果不再仅限于经济衡平的层面。从事物发展的层面来看，轻微的合同纠纷，既可能通过当事人履约、赔偿损失等民事法律责任得到解决，也可能在当事人不愿意承担责任抑或司法机关未能及时、有效处理的情况下上升为刑事法律问题。后者就是典型的民刑交叉、竞合情形。考虑到刑法常以某种严重情形的出现作为犯罪成立的要件，司法机关能否及时区分、有效化解相关合同纠纷的能力就成为合同民刑交叉法律问题治理的关键。换言之，在合同纠纷已经发生，而刑法规定的严重情形尚未出现的时候，司法机关不仅仅是机械执法的主要力量，还是阻止合同纠纷升级、化解合同民刑交叉矛盾的重要力量。

---

① 马韬，李玉花．金融犯罪研究综述．人民检察，2001（2）：19．

（二）合同诈骗的认定

一般说来，合同纠纷（广义）是合同诈骗的基础。因此，合同诈骗的认定也有需要特别注意的地方。

1. 从主体看，合同诈骗的主体包括自然人、法人及其他组织。自然人作为犯罪主体的，必须是具有完全刑事责任能力的人。所谓刑事责任能力是指行为人有辨认和控制自己行为的能力。辨认能力是指一个人有对自己行为的性质、意义和后果的认识能力。控制能力是指一个人有按照自己的意志支配自己行为的能力。不具备刑事责任能力者即使实施了客观上危害社会的行为，也不能成为犯罪主体，不能被追究刑事责任；刑事责任能力减弱者，其刑事责任追究也要相应地适当减轻。对于一般公民来说，只要达到一定的年龄（16 周岁），生理和智力发育正常，就具有了相应的辨认和控制自己行为的能力，从而具有刑事责任能力。但是，在出现疾病的情况下，辨认自己行为的性质、后果的能力与自我控制的能力也可能分离。只有辨认和控制自己行为的能力都具备，才属于有刑事责任能力。法人或其他组织作为主体犯罪的，一般是指公司、企业、事业单位、机关、团体及其他组织经集体讨论决定，或者经主要负责人决定，为了本单位或者本单位全体成员谋取非法利益，而由直接责任人具体实施的犯罪。

2. 从主观方面看，行为人在主观上是故意，故意是认识因素与意志因素的统一。行为人主观上必须有非法占有的目的，而且在手段上采取虚构事实、隐瞒真相等欺骗方法，并希望通过这些欺骗手段获得合同对方当事人财物或财产性利益，这是一种直接故意。如果行为人主观上没有非法占有的目的，即便采取了一些欺骗的手段，也只能认定为合同欺诈而非合同诈骗。因此可以看出，是否以非法占有为目的在区分合同诈骗和合同欺诈中起到非常重要的作用。

3. 从客体看，合同诈骗的客体是复杂客体，也就是说，行为人的行为侵犯的客体包括公私财物的所有权、国家的合同管理制度和社会主义市场交易秩序。合同纠纷所侵犯的客体则是国家的合同制度。

4. 从客观方面看，在签订、履行合同过程中，行为人采取虚构事实、隐瞒真相的手段，从而使对方陷入错误认识，并自动交付一定的财物、财产性利益或提供有价值的服务。如果仅从客观方面来看，合同欺诈和合同诈骗都表现为虚构事实和隐瞒真相，但是二者的主体心态却是不一样的，合同欺诈的主体希望对方陷入错误之后获得交易的机会，合同诈骗的主体则希望对方陷入错误后获得别人的财产。

具体到合同诈骗的认定，高铭暄教授等人认为：“在认定合同诈骗罪的司法实践中，存在困难的是如何区分合同诈骗罪与经济合同纠纷的界限。总的来讲，二者之间的根本区别在于行为人是否具有非法占有的目的。具有非法占有目的的，构成合同诈骗罪；否则属于经济合同纠纷。判断行为人是否具有非法占有目的，要在综合考察以下客观情况的基础上加以确定：第一，审查行为人的主体资格，也就是审查主体的身份是否真实。对于虚构主体身份，冒充他人身份与对方当事人签订合同的，一般可认定为具有非法占有的目的；而以真实身份与他人签订合同的，通常情况下不具有非法占有的目的。第二，考察行为人在签订合同时履行合同的能力。签订合同时有履行合同的能力，一般来讲，是希望通过履行合同实现其经济利益的，而签订合同时没有履行合同能力的，往往在主观上没有履行合同的诚意。第三，行为人有无履行合同的积极行为。一般来讲，行为人在签订合同以后，如果有履行合同的诚意，而不是想非法占有对方的财物，那么，就会有履行合同的积极行为。履行合同的积极行为通常表明行为人不具有非法占有的目的……第四，考察未履行合同的原因。如果行为人没有履行或者没有完全履行合同，是由于不可抗力的原因引起的，而非行为人主观上不愿意履行，说明行为人不具有非法占有对方财物的目的，应以经济合同纠纷处理。”①

很显然，上述观点构成认定合同诈骗抑或区分合同诈骗与合同纠纷的主流观点。但是，上述观点存在列举、概括不足的问题。实践中，合同纠纷与合同诈骗在行为、手段等方面极其相似，关系密切，难以区分，关联性大，还有很多需要进一步推敲的问题。例如，第一，合同纠纷与合同诈骗的关系。虽然大多数刑法学者在合同纠纷与合同诈骗的区分方面发表了大量的观点，但是从系统理论的角度来看，合同纠纷与合同诈骗的区分只有相对的意义。尤其在合同纠纷发生的时候，行为人非法占有的目的有可能随着纠纷处理的进程发生改变。原来没有非法占有目的的，产生了非法占有的目的，如由于市场变化，履行不了交货义务，于是逃之夭夭；原来具有非法占有目的的，现在愿意真实履行合同了，当然这种情况并不多见，但也可能发生。第二，合同纠纷与合同诈骗的交叉、竞合为司法能动性的发挥提供了重要的机会。亦如前文所言，在合同纠纷中，民刑交叉、竞合的情况是很复杂的。但是，民刑交叉、竞合情形的存在，也为司法能动性的发挥提供了契机。在案件因素兼有民事、刑事案件性质的时候，不仅要遵守法制原则的要求，依法裁量，而且要尽量预防损失的扩大以及案件性质的升级。很显然，这样处理将会有更好的社会效果和法律效果。

概而言之，合同诈骗的认定不仅要认真研究合同诈骗与合同纠纷的区别，而且要结合司法工作的定纷止争功能，提升司法工作的法律效果和社会效果。根据现行的法律和理论，区分合同纠纷与合同诈骗的关键在于非法占有目的的有无，有非法占有目的的，往往构成合同诈骗，反之则属于合同纠纷。以吴英案件为例，被告人吴英集资诈骗一案经浙江省金华市中院一审认定，被告人吴英于2003年至2005年在东阳市开办美容店、理发休闲屋期间，以合伙或投资等为名高息集资，欠下巨额债务。为还债，吴英继续非法集资。2005年5月至2007年1月间，吴英以给付高额利息为诱饵，先后从林卫平等11人处非法集资人民币7.7亿余元，用于偿付集资款本息、购买房产等，实际诈骗金额为3.8亿余元。一审以集资诈骗罪判处吴英

① 高铭暄，马克昌. 刑法学. 北京大学出版社，高等教育出版社，2014：444.

死刑，并处没收其个人全部财产。2012 年 5 月 21 日，浙江高院经重新审理后认为，鉴于吴英归案后如实供述所犯罪行，并主动供述了其贿赂多名公务人员的事实，其中已查证属实并追究刑事责任 3 人。综合考虑，对吴英判处死刑，缓期二年执行。在吴英案件的审理过程中，据媒体的广泛报道，吴英名下的资产（尤其酒店、地产）曾出现过较大幅度的升值。期间，曾经出现过相关资产数额能偿还相关债务的情况。综合有关案件的情况，虽然吴英最终仍然被认定具有非法占有的目的，构成集资诈骗罪，但是在资产可能抵偿债务的情况下，或者通过当事人的努力能偿还债务的实际情况下，可以推翻当事人具有非法占有目的的推定。更重要的是，对司法机关来说，这种情况下是否有必要坚持追究当事人的刑事责任也是值得怀疑的。

第二节　合同民刑交叉的基础类型

亦如前文所言，合同纠纷与合同诈骗的关系极难厘清，并因此形成合同民刑交叉错位问题。因此，在合同民刑交叉错位问题的研究中，合同纠纷与合同诈骗的概念和认定只是研究相关交叉错位问题的基础。实践中，相关错位问题的研究亟须在相关问题的类型化的基础上，对其交叉的形式作出进一步的研究。

需要特别说明的是，从广义上讲，合同诈骗亦属于合同纠纷（刑事纠纷）的范畴。因此，在合同民刑交叉类型的介绍中，本着从一般到特别的原则，先介绍合同纠纷的类型，然后介绍合同诈骗的类型。说到底，不管是合同纠纷的类型，还是合同诈骗的类型，都是合同民刑交叉及其错位问题的基础。因此，合同纠纷和合同诈骗的类型，也算得上合同民刑交叉问题的基础类型。

一、合同纠纷的类型

合同纠纷是由于当事人对合同的产生、变更、终止以及合同内容等方方面面有着不同的理解或看法引起的民事纠纷。徐武生先生认为，合同纠纷中具有普遍意义的是违约纠纷和合同民事欺诈纠纷，① 但是该表述不足以涵盖合同纠纷的全部表现形式。笔者认为，合同纠纷的主要表现形式应当包括因合同效力引起的合同纠纷、缔约过失引起的合同纠纷和违约或侵权引起的合同纠纷。

（一）因合同效力引起的合同纠纷

根据《合同法》的规定，合同效力分为四种类型，即合同生效、合同无效、合同的效力待定与合同的可撤销和可变更。② 对合同效力的认定，可能引起相应的合同纠纷。

---

① 徐武生．经济犯罪与经济纠纷．法律出版社，1998：179.

② 崔建远．新合同法原理与案例评释（上册）．吉林大学出版社，1999：123.

1. 关于合同是否有效的争议。有效合同是指依法成立并在当事人之间发生法律效力的合同，是从合同具备有效要件这一最狭义的角度来认定的合同。合同有效的要件可以分为积极要件和消极要件。《民法通则》第55条的规定主要体现了合同有效的积极要件：一是主体要适格，即行为人具有相应的民事行为能力；二是意思表示要真实；三是合同内容要合法，即不违反法律或者社会公共利益。当事人之间的合同行为是一种典型的民事法律行为，因此上述关于民事行为合法有效的一般准则当然也适用于合同行为。上述规定中“不违反法律”具体表现为《合同法》第52条规定的不得“违反法律、行政法规的强制性规定”。合同有效除具备以上规定的三个条件外，根据《合同法》第10条的规定，部分合同生效或有效还必须具备某种特定的形式，这一规定可以视为合同有效的第四个条件，即特殊要件。如果说以上四个条件是合同有效的积极的一般要件，那么消极要件应当是指《合同法》中合同无效、可撤销或效力待定的规定。合同合法有效不但要具备积极的要件，还必须排除消极要件的规定情形。

（1）关于当事人缔约能力的争议。缔约能力是指民事主体独立订立合同的法律资格。当事人包括自然人、法人或其他社会组织。

自然人的缔约能力，根据《民法通则》第11条、第12条、第13条的规定，限制民事行为能力人进行的超出其年龄、智力的民事活动，需由其法定代理人代理，或者经其法定代理人的同意。如施某在某市从事非法的客车营运活动，李某在乘坐施某驾驶的客车过程中，因遭遇车祸而导致精神残疾，被法院确认为限制民事行为能力人。李某在车祸发生后不久与施某达成协议，施某向李某交付人民币60000元，李某不再因车祸一事起诉施某。在这个案例中。李某签署协议的行为如果未经其法定代理人事前同意或事后追认，其行为是无效的。这其中可能存在的争议是，在其法定代理授意的情况下，限制行为能力人的行为是否有效的问题。笔者认为，在这种情况下，需要综合判断，如果确实有证据证明其法定代理人有过授意，则可视为其行为经其法定代理人的同意。

法人或其他社会组织的缔约能力反映在应与其核准的经营范围一致。当法人或其他社会组织从事的行为超出其经营范围时，其行为是否有效方面的争议，司法实践中认为不能当然认为无效，如果合同涉及的标的物不是限制或禁止经营的物品，则应当认定其行为是有效的。

（2）意思表示是否真实的争议。意思表示真实是指行为人的表示行为应当真实反映其内心的意思。包括效果意思和表示行为两个要素。如果当事人外在的表示行为与其内在的意思一致，则当事人意思表示真实，双方达成的合同有效。在当事人内心意思和外在表示不一致的情况下，就可能对合同效力产生争议。例如，甲委托乙以60万元的底价卖房，双方口头约定高于60万元的部分作为乙的收益。为防止双方反悔，双方签订了买卖合同，合同约定：甲将房屋以60万元的价格卖给了乙。之后，乙以自己的名义将该房以64万元的价格卖给了丙。对于甲、乙之间的委托关系，丙知情，并将60万元的房款直接支付给了甲，把4万元支付给了乙。

以上甲乙之间的合同，外部表示为买卖合同，但双方内心的意思为委托合同。对于此类合同的效力，国内通常有三种学说，一为意思主义，以内心效果意思为准；二为表示主义，以外部表示行为为准；三为折中主义，主张二者结合。我国采取的是表示主义为主、意思主义为辅的折中主义原则。笔者认为，上述合同虽然外在表现为买卖合同，但是其内心的真实意思表示是委托合同，而且双方也将其委托关系告知了第三者，综合考虑，该合同应当认定为委托合同。

（3）是否违反法律或社会公共利益的争议。合同的合法性主要是指合同的目的和内容是否符合法律规定。《合同法》第52条明确规定，合同不得违反我国现行法律、行政法规的强制性规范。其中，强制性规范是指禁止性规范。此外，合同不得违反法律，还包括在没有法律遵循的情况下，不得违反国家政策的禁止性规定，如我国政府在特定时期发布了房屋的限购令，限购令属于国家政策，违反了该政策的房屋买卖合同也被认定为无效合同。合同不得违反社会公共利益，具体内容尚难确定，包括范围较广，与公共秩序和善良风俗较为相近，其作用主要在于弥补社会发展而使法律调整出现的空白和脱节现象，在实践中是有相当的意义的。这一要件是对合同合宪合法的法律评价的要求，如以下这个案例：2004年4月，新疆阿图什富江有色金属有限责任公司（原告）和方守祥（被告）签订协议，约定双方在哈萨克斯坦投资建立炼钢厂，约定被告将设备作价80万元，原告付60万元设备款，剩余20万元被告作为20%股份入股。原告投入设备等，以80%股份入股。原告支付定金20万元，余款40万元在设备出厂之日一次付清。原告支付被告定金20万元后发现，被告所称设备是被告和其他人共同所有，不是被告个人所有的，该设备为国家明令淘汰的产品，故要求确认合同无效，被告双倍返还定金40万元，确认产品为国家淘汰产品。被告反诉称其已经购买好了设备，但是原告解除合同构成违约，应该定金不予返还，原告支付被告垫付的费用19万余元，请求解除合同。昌吉市法院认为原被告合同合法有效，原告没有按照合同约定履行支付被告购买配件和招收工人的前期的费用，是双方未能履行合同的主要原因，原告应该承担违约责任。由于合同总金额为80万元，故对于被告要求的定金超过合同总金额的20%部分不予支持。法院判决合同解除，被告收取的20万元定金中16万元归被告所有，其余4万元被告返还原告。原告不服，上诉称合同标的是国家明令淘汰的产品，故合同应该为无效。昌吉回族自治州中级法院查明被告提供给原告的设备已列入1999年国家经贸委的淘汰落后产品目录中。法院认为由于被告提供的产品为国家明令淘汰的产品，故原被告合同损害社会公共利益，故合同无效。原被告前期投入的19万余元属于双方因合同无效导致的损失，故应该由双方根据过错程度承担。原告对设备疏于了解，盲目签约，应该承担一定的责任。被告将该淘汰设备作为合作项目和原告签约，虽不属故意，但对合同无效亦负有相应之责。原告主张合同无效，却认为不影响合同约定的定金条款的效力。仅根据《合同法》第57条的规定，该定金是合同的从属条款，该条款亦应确认无效。法院判决合同无效，被告返还原告20万定金，双方损失各自承担一半。① 从以上这个案例来看，两级人民法院对于合同是否违反社会公共利益存在分歧，不过笔者认为，被告将国家明令淘汰的设备用于投资，不仅损害了原告的合法利益，同时对社会的公共利益也造成了一种威胁，因此合同应当认定为无效合同。

2. 因可撤销、可变更合同引发的纠纷。可撤销、可变更合同是指合同当事人的意思与表示不一致，或者意思表示不自由而导致其作出不真实的意思表示，法律并不使之绝对无效，而是权衡当事人的利害关系，赋予表意人撤销或变更权的合同行为。根据《合同法》第54条规定，可变更、可撤销合同引发的纠纷主要包括一方当事人因重大误解、显失公平或一方以欺诈、胁迫手段乘人之危使得对方作出不真实的意思表示，从而引起的争议。②

（1）因重大误解认定引发的争议。所谓重大误解，必须符合下列条件：第一，表意人因为误解作出了意思表示；第二，表意人对行为内容产生了重大误解；第三，误解是由表意人自己的过失造成的。③ 例如，行为人将赝品误当作正品，出高价购买。根据最高人民法院《关于贯彻执行〈中华人民共和国民法通则〉若干问题的意见（试行）》第71条的规定④，重大误解包含以下几层含义：第一，当事人对于合同的重大事项产生了错误认识；第二，上述误解对于当事人订立合同所预期的权利和义务产生重大影响；第三，误解人在主观上有轻微的过错，但过错轻微；第四，对方当事人主观上对损失的发生没有故意，否则将构成欺诈而非误解，但不排斥存在过失错误表达的情形。这里所谓的“重大”，主要体现在客观上损失的多少，而不仅仅是主观上的误解。例如，金某到某城市新区旅游，看到A开发商打出的广告“一口价每平方米4200元”，金某动心，决定投资一套公寓。金某随即向开发商交纳了2万元的预付款，并与开发商签订了认购合同。合同签完之后，金某根据合同上所列的房屋总价和面积，计算出来的房屋单价是每平方米4680元，而非每平方米4200元。金某不满，认为A开发商存在欺诈，起诉至新区法院，要求撤销认购合同，并要求开发商退还2万元的预付款。开发商抗辩称：如果一次性付款，则房价为每平方米4200元，但是双方签订合同时已明示购买方式为银行按揭，按照商业惯例，银行按揭的价格与一次性付款的价格是不一致的；因为合同中已明确房屋总价和面积，故开发商不存在欺诈。某区法院审理后认为：开发商的行

---

① 国家法官学院，中国人民大学法学院．中国审判案例要览（2007年商事审判案例卷）．人民法院出版社，中国人民大学出版社，2008：187～193.

② 《合同法》第54条规定。

③ 魏振瀛．民法．北京大学出版社，高等教育出版社，2003：164.

④ 最高人民法院《关于贯彻执行〈中华人民共和国民法通则〉若干问题的意见（试行）》第71条的规定：“行为人因对行为的性质、对方当事人、标的物的品种、质量、规格和数量等的错误认识，使行为的后果与自己的意思相悖，并造成较大损失的，可以认定为重大误解。”

为不构成欺诈，从双方提交的协议看，协议中已明确房屋的面积和总价，金某认为开发商私自将房价从宣传的每平方米4200元提高到每平方米4680元，没有事实依据。不过，金某与开发商签订合同时存在重大误解，有权要求撤销商品房认购协议。理由是：第一，从被告发布的广告“首付两万即可作房东，国际白金五星级豪华公寓一房一口价4200元/平方米”看，该广告中关于房屋的价格内容具体明确，而从双方签订的认购书看，仅约定了房屋的总价与建筑面积，并未明确每平方米的价格，且被告未提供证据证明其尽了提示义务，这可能导致原告误解合同总价是按人民币4200元计算出来；第二，从房屋单价看，广告的单价为每平方米4200元，但是根据商品房认购协议计算出来的单价为每平方米4680元，每平方米相差人民币480元，房屋总价相差高达人民币29506元，约占房屋总价的10%，原告因广告宣传价格与认购协议约定价格不同产生的误解属于重大误解；第三，由于双方的协议中已明确房屋的建筑面积和总价，作为买房人投资房屋属于个人或家庭的重大事项，在签署协议时应当认真进行审查后签字，但是由于原告的疏忽而错误地作出了意思表示，因此产生重大误解主要是由于原告自身的原因所导致。

（2）因欺诈认定引发的争议。目前，世界上许多国家的民法都规定，受欺诈而实施的民事行为是可变更、可撤销的民事行为。欺诈在不同的国家有不同的称谓：英美法系国家称为错误陈述（或称为不正确陈述），德国与瑞士称之为故意欺诈，奥地利称之为欺瞒，我国民法称之为欺诈。根据最高人民法院《关于贯彻执行〈中华人民共和国民法通则〉若干问题的意见（试行）》第68条规定，欺诈是指一方当事人故意告知对方虚假情况，或者故意隐瞒真实情况，诱使对方当事人作出错误意思表示的行为。①

欺诈的构成，包括几个必要的条件：第一，在客观方面，欺诈人实施了欺诈的行为，而且该行为超出了法律、道德或交易习惯所允许的范围；第二，在主观方面，欺诈人有欺诈的故意；第三，欺诈人的欺诈行为与被欺诈人的错误认识有因果关系，并依据该错误认识而订立了合同，遭受了损失。

大陆法系传统观点认为，欺诈属于意思表示不自由。欺诈在法律上的效力表现在三个方面：第一，欺诈人为当事人一方时，表意人得撤销其意思表示；第二，欺诈人非为当事人一方时，如无相对人的意思表示，表意人得撤销其意思表示，如有相对人的意思表示，则仅以相对人明知或者应当知道其受欺诈为限，表意人得撤销其意思表示；第三，因欺诈而撤销意思表示，不得对抗善意第三人。②《民法通则》第58条规定，因欺诈而为的意思表示无效。为了充分体现私法自治原则和尊重合同双方的意愿，《合同法》对于欺诈并未一律规定无效，其中第52条规定了因欺

① 参见：最高人民法院《关于贯彻执行〈中华人民共和国民法通则〉若干问题的意见（试行）》第68条的规定。

② 梁慧星．民法总论．法律出版社，1996：170.

诈行为导致的合同无效和可撤销、可变更的区别。对损害国家利益的，合同无效；未损害国家利益的，则赋予受欺诈方要求法院撤销和变更合同的权利。笔者认为，上述区分规定不但有利于保护受欺诈方的合法权益和国家利益，同时也充分尊重了当事人的自由处分权利。

合同欺诈有广义和狭义之分。狭义的合同欺诈在《合同法》第52条、第54条上有明文规定的欺诈；广义的合同欺诈除了合同法明文规定的欺诈外，还包括合同法出现的其他没有明文规定但是又在本质上属于欺诈的情形。欺诈的本质在于主观的恶意。依此而论，《合同法》中规定有其他的一些欺诈情形，而这些情形都可以被归属于合同欺诈。具体而言，包括《合同法》没有明文规定，但又属于合同欺诈的情形主要有以下三种情况：一是《合同法》第52条规定，恶意串通，损害国家、集体或者第三人利益，以及以合法形式掩盖非法目的导致合同无效的情形；① 二是《合同法》第48条和第51条规定了效力待定的合同行为，在明知自己没有代理权、超越代理权或者代理权已经终止的情况下，或者无处分权还要和他人签订合同，当然应该属于合同欺诈；② 三是《合同法》第49条规定的表见代理行为。③ 以上三种情况下，当事人主观上也可能存在欺诈的故意，如有的人借表见代理之名行欺诈之实。

（3）关于胁迫认定产生的争议。根据最高人民法院《关于贯彻执行〈中华人民共和国民法通则〉若干问题的意见（试行）》第69条的规定："以给公民及其亲友的生命健康、荣誉、名誉、财产等造成损失，或者以给法人的荣誉、名誉、财产等造成损害为要挟，迫使对方作出违背真实的意思表示的，可以认定为胁迫行为。"④ 通常而言，胁迫的构成要件包括：第一，胁迫人有胁迫的故意；第二，客观方面有非法的胁迫行为，"非法"包括目的非法和手段非法，但也存在手段合法，目的非法的情形；第三，胁迫行为与订立合同有因果关系，并达到了影响对方意思表示自由的程度。在具体的案例中，也存在采取合法手段达到胁迫目的的情形。例如，2012年5月11日，被告某旅行社与案外人杭州某大学就赴日本神户参加国际音乐比赛及观光旅游等事项签订了一份《出境旅游合同》，约定由某旅行社安排杭州某大学83名师生于同年8月2日上午从上海浦东机场出发前往日本，8月9日返回。5月16日，某旅行社通过传真向原告途某旅游公司发送一份《团费确认单》，将上述赴日旅游团委托途某旅游公司具体负责，其中载明来回航班、酒店要求，并说明团费为7650元/人，还特别注明：确认以上航班和酒店，已与客人

---

① 《合同法》第52条第（2）项。

② 《合同法》第48条、第51条。

③ 《合同法》第49条。

④ 最高人民法院《关于贯彻执行〈中华人民共和国民法通则〉若干问题的意见（试行）》第69条。

签订合同故不得修改，若有更改按照合同赔偿客人损失。途某旅游公司在该确认单附言处加盖业务专用章予以确认，附言记载：在出票前三个工作日之内付全款的80%，归国后七天内付清余款。途某旅游公司盖章后又将确认单传真给某旅行社。某旅行社也先后预付了507960元的团费，途某旅游公司依约为该团队中的旅客购买了机票。2012年7月31日下午，某旅行社与途某旅游公司就该次赴日旅游的团费价格问题发生纠纷，双方前往浙江省旅行社协会进行调解。经该协会秘书长协调，双方达成口头一致意见，双方认可团费报价按之前确认的7650元/人，但各方对上述口头意见未签署书面合同确认。协调之后，途某旅游公司又提出该团队在日本的接待车辆没有安排，并于当日下午15：30分提出该团队的最新报价为8589元/人，还于次日向某旅行社发出书面通知要求对新的一份《团费确认单》进行确认，否则即取消赴日旅行的一切安排，某旅行社只得在8月1日的《团费确认单》上盖章确认。后途某旅游公司完成全部旅游项目并带团回国，通过《出境旅游服务质量调查表》向游客征集了对本次旅游的意见，旅客普遍较为满意。后因双方关于团费事宜发生争议，途某旅游公司诉至法院。对于以上案例，有的人认为双方签订的《团费确认单》真实有效，应按照合同约定履行，不存在胁迫行为。有的人认为，双方于2012年5月15日已经形成过关于团费价格的书面约定，8月1日原告却突然临时提出新的报价，按当时的处境，某旅行社不得不接受对方的要求，因此存在胁迫的情形。本案当中，虽然途某旅游公司要求重新确认价格的行为看似是合法的，但是其临时提高价格企图获得不当利益的目的是显而易见的，并且使杭州某大学师生面临失去参赛机会的风险，让某旅行社面临违约风险，迫使某旅行社不得不接受其提价的要求。笔者认为，这样的行为就应当认定为胁迫。

（4）因乘人之危认定引发的争议。所谓乘人之危，是指行为人利用对方当事人的紧迫需要或为难处境，迫使其违背本意作出对其非常不利的不真实的意思表示的情形。[①] 根据我国最高人民法院《关于贯彻执行〈中华人民共和国民法通则〉若干问题的意见（试行）》第70条的规定，[②] 乘人之危的成立须具备以下条件：第一，一方当事人处于危难处境或急迫需要，包括处于遭受不利的处境和经济、人身等方面的急迫需要。第二，另一方当事人故意利用对方的危难处境或急迫需要。第三，处于危难处境或急迫需要的当事人被迫接受对方提出的不利的条件，作出违背其真实意愿的表示。第四，处于危难处境或急迫需要的当事人因其意思表示遭受了财产和其他利益的重大损失。例如，2000年10月，养殖户杨某某从某县良种场以每头800元的价格购得8头奶牛。同时，杨某某又与本村村民周某达成购买饲料的

① 王家福．中国民法学·民法债权．法律出版社，1991：350．

② 最高人民法院《关于贯彻执行〈中华人民共和国民法通则〉若干问题的意见（试行）》第70条规定："一方当事人乘对方处于危难之机，为牟取不正当利益，迫使对方作出不真实的意思表示，严重损害对方利益的，可以认定为乘人之危。"

口头协议。双方商定，杨某某以每公斤0.2元的价格购买周某的饲料草4000公斤，次年2月10日交货付款。次年元旦，杨某某自家存放的饲料草不慎起火烧尽，杨某某便找到周某要求交付购买的饲料草。周某则称他现在要牛不要钱，购买4000公斤饲料草所需的800元钱要以两头良种奶牛来折抵。杨某某迫于饲料草供给的艰难，同意了周某的提议，用两头奶牛换取了4000公斤饲料草。但次日，杨某某找到周某，表示愿以1500元钱再买回该两头奶牛，周某则予以拒绝。双方争执不下，杨某某遂以周某敲诈他为由向法院起诉，要求返还奶牛，周某则称“买卖既做，绝无反悔之理”。

对于这个案例，由于杨某某自家存放的饲料被火烧尽，周某利用杨某某一时购买不到饲料的危难情形，提出用牛换饲料的主张，杨某某迫于无奈不得不接受周某的提议，周某的行为应认定为乘人之危。

（5）因显失公平的认定引发的争议。由于双方当事人权利和义务不对等，经济利益不平衡，从而使一方当事人作出了对自己极其不利的不真实的意思表示的情形就是显失公平，而合同履行的结果违反了公平合理的原则。根据最高人民法院《关于贯彻执行〈中华人民共和国民法通则〉若干问题的意见（试行）》第72条规定，① 显失公平的构成要件包括：第一，当事人双方约定的权利义务显著地不平等。第二，导致显失公平的原因必须是受害人缔约时处于显著不利的地位。第三，一方具有利用优势或他方无经验、轻率等订立显失公平合同的主观过错。例如，古董商向农民购买其家中祖传的花瓶，由于农民不清楚花瓶的价值，将花瓶以较低的价格卖给了古董商，这就满足了以上的构成要件，属于显失公平。如果不满足以上构成要件，则不能认定为显失公平。又如，建筑公司为了揽工程，压低工程报价从而获取中标机会，在中标之后又以工程报价过低或者以原材料涨价等为由认为合同显失公平则不成立，因为建筑公司不存在无经验的情形，对方也没有利用其优势来迫使建筑公司压低报价。

3. 因效力待定合同引发的纠纷。效力待定的合同是指合同的效力处于不确定状态，尚待享有形成权的第三人同意或拒绝来确定效力的合同。② 效力待定的合同主要是合同当事人一方的缔约能力存在一些瑕疵，包括无民事行为能力人订立的合同及依法不能由限制行为能力人订立的合同、无权代理人订立的合同、无权处分的合同。③

（1）无民事行为能力人及限制行为能力人订立的合同的效力认定。根据我国

---

① 《最高人民法院关于贯彻执行〈中华人民共和国民法通则〉若干问题的意见（试行）》第72条规定：“一方当事人利用优势或者利用对方没有经验，致使双方的权利义务明显违反公平、等价有偿原则的，可以认定为显失公平。”

② 江平．民法学．中国政法大学出版社，2011：606.

③ 《合同法》第47条、第48条、第51条。

最高人民法院《关于贯彻执行〈中华人民共和国民法通则〉若干问题的意见（试行)》第5条及其《合同法》第47条的规定，无民事行为能力人、限制民事行为能力人接受奖励、赠与、报酬等纯获利的民事行为属于有效的民事行为或合同行为，如1岁孩子接受祖父母的房屋赠与；3岁童星参加演出后获得的报酬；12岁的未成年人可以独立购买一些普通的学习用具；精神病人在精神正常的情况下签订的租赁合同。效力待定的民事行为主要指无民事行为能力人或者限制民事行为能力人从事的与其年龄、智力和精神健康状况不相适应的民事行为，这类民事行为需要其法定代理人的事先同意或者事后的追认，属于效力待定的民事行为或效力待定的合同行为。例如，为庆贺小东的8岁生日，小东的奶奶为他购买了一把价值5000元的小提琴，生日后不久小东在学校里以小提琴交换10岁的同学小丁的价值600元的游戏机1部。6个月后，小东的妈妈知道此事，将游戏机返还给了小丁，并要求小丁返还小提琴，但小丁却拒不返还。由于小东和小丁都是未成年人，双方之间的互易行为与双方的年龄、智力不符，因此这种行为就属于效力待定的行为。

无行为能力人和限制行为能力人订立的效力待定合同的解决方式有：第一，通过法定代理人行使追认权，事后追认合同方为有效。这里的追认应当理解为事先允许和事后同意。第二，相对人行使催告权，可使合同效力在一定期限内确定。催告权是指相对人在得知其与对方实施的民事行为存在效力待定的事由时，将相关事由告知追认权人，并催促其在法定的期限内对效力待定的民事行为予以确认的权利。在效力待定的合同中，合同效力长期不能确定对相对人是非常不利的，同时合同效力的不确定也不利于社会关系的稳定。为此，法律赋予了相对人的催告权，以平衡双方的权利和义务关系。第三，善意相对人行使撤销权，可使合同效力归于消灭。撤销只能发生在追认权人对效力待定的合同进行追认之前。

（2）无权代理人订立合同的效力认定。代理是指一人以他人的名义或以自己的名义独立与第三人实施民事行为，由此产生的法律效果直接或间接归属于该他人的法律制度。[①] 无权代理，是指在没有得到他人授权的情况下，以他人的名义所实施的民事法律行为。所谓欠缺代理权，是指以下三种情况：第一，没有代理权。行为人未经本人授权，也没有法律规定的特殊情况，就以本人的名义进行民事行为。第二，超越代理权限。代理人虽然有代理权，但是在实施代理行为时超越其所享有的代理权限，其超越的部分属于无权代理。第三，代理权终止后的代理行为。行为人本来有代理权，但是由于某原因代理权已经终止，其仍然以原被代理人的名义实施民事行为，这也是无权代理。对于无权代理的效果，取决于被代理人的追认或拒绝。

如果行为人没有代理权，但是有令第三人相信其有代理权的事实或理由，则成立表见代理，合同发生法律效力。例如，母亲委托儿子出卖房屋，但是在售卖房屋

① 王利民．民法．中国人民大学出版社，2006：167.

过程中，母子发生争执，母亲一怒之下口头取消了儿子的代理权，但是书面的委托合同没有收回，而儿子则借母亲外出旅游的机会，私自将房屋卖给了他人。在这种情况下，虽然儿子没有代理权，但第三人有理由相信其有代理权，因此买卖合同有效。

如果行为人既没有代理权，又没有令第三人相信其有代理权的事实或理由，而以被代理人的名义订立的合同，对被代理人不发生效力，由无权代理人自行承担责任，这种情况称为狭义的无权代理。从维护交易安全和善意相对人利益及促进社会经济发展的角度考虑，法律并没有完全否认这种合同的效力，而是认定无权代理合同的效力处于不确定状态，而不是绝对无效的合同。原因在于这类合同虽然存在瑕疵，但是瑕疵可以修补，从保护合同交易秩序的角度，法律赋予善意相对人催告权和撤销权以保护其合法利益。也就是说，当善意相对人得知代理人没有代理权的事由后，其可以选择告知被代理人效力待定的事由，并催促被代理人在一个月内予以追认，或者选择行使撤销权。例如，王某向某村租地进行耕种，在耕种过程中王某外出经商，因其向姐姐借钱一直未归还，王姐在经得村集体同意后就将王某耕种的地转租他人。这个案例中，王姐的行为就属于无权代理，转租合同无效。

（3）无权处分合同的效力认定。无权处分合同是无处分权人处分他人之物或权利的合同，由于处分权人在实施处分行为时没有处分权，因而合同不发生法律效力；如果权利人予以追认或者无处分权人事后获得处分权，则合同发生法律效力。处分行为可分为事实上的处分行为和法律上的处分行为。事实上的处分行为又称物理意义上的处分行为，是指行为人在生产、生活中直接将财物消耗掉；法律上的处分行为，是指通过一定的法律行为决定财物的去向，如买卖、赠与、租赁或者抵押等民事行为。根据《合同法》第 132 条规定，① 出卖人对其所出卖的标的物应当享有所有权或者享有处分权，否则其出卖行为属于无权处分行为，不发生法律效力；当然，如果标的物的所有权人或者有权处分人予以追认的，那么买卖合同有效。我国有的大陆学者对台湾地区的严格区分物权行为和债权行为的做法提出不同意见，认为债权行为与物权行为的划分过于烦琐，人工雕琢的痕迹极深，并不一定符合现实的交易关系的需要。我国大陆现行民法并不承认物权行为，也未区分所谓的物权行为与债权行为，所以无权处分他人财产而订立的合同虽然是一种债权和债务关系，也会因合同的履行而导致权利的变更，并损害权利人的利益。因此，无权处分行为只有在符合权利人的意志的情况下才能变成有权处分行为。这就需要经过权利人的承认，从而表明处分行为得到了权利人的事后同意，符合权利人的意志和利益，合同也才能产生法律效力。②

4. 无效合同认定及其法律后果认定引发的纠纷。无效合同是指已成立但因欠

① 《合同法》第 132 条第 1 款。

② 崔建远. 新合同法原理与案例评释（上册）. 吉林大学出版社，1999：150.

缺合同的生效要件，在法律上不发生合同当事人预期的法律效果的合同。① 也就是说，虽然经过要约、承诺，合同已经成立，但是合同不可能按双方订立合同时所预期的结果发生相应的法律效力。《合同法》第 52 条具体规定了合同无效的五种情形。具体包括：

（1）一方以欺诈、胁迫手段订立且损害国家利益的合同效力的争议。有关欺诈、胁迫订立合同的情况在上文中已经有所论述，在《合同法》上关于欺诈和胁迫的法律效果上有重叠之处，即欺诈和胁迫在一般情况下为可撤销的原因，但如果损害的是国家利益的则合同无效。损害国家利益的行为是无效的，这是公共政策的体现。订立损害国家利益的合同显然是违背合同的宗旨的。但何种情况下的欺诈和胁迫是损害国家利益，在何种情况下是损害个人利益呢？有时对个人利益的损害，是否也是间接损害了国家的利益呢？什么是法律认定的国家利益的真正载体呢？这些问题都在实践中极易引发争议。我国的国家性质决定了我国的法律在保护国家利益时格外慎重，但似乎在实际适用这些规定时又含糊其词，特别是针对我国在发展过程中出现的所有制混合的问题，如何确定国家利益的范围，国有股份是否代表国家利益，国有份额是否有特殊身份，这些都需要在司法实践中进一步认定。

（2）恶意串通，损害国家、集体和第三人利益的合同认定及争议。《合同法》第 52 条所称的恶意，是指当事人明知其合同将会对国家、集体或者第三人造成损害的主观状态，当事人不知道这种损害时主观状态就是善意的。是善意还是恶意也是争议的焦点。至于此处的恶意是否还须具有希望损害他人的主观状态，即动机上的要求，法律没有特别规定。②

串通是指当事人之间相互的意思联络和沟通，有共同的目的指向，都希望实施某种行为。共同的意思联络既可以表现为行为人事先达成一致的协议，也可以是一方为意思表示，而相对方明知该行为违法而仍与之订立合同。恶意串通的行为之所以受到法律的否定，是因为其造成了国家、集体和第三人的不利后果，违反了法律和社会公共利益，因此是无效的。

（3）以合法形式掩盖非法目的的合同认定及争议。合同目的是当事人订立合同所要达到的目标。一般而言，订立合同的目的是要履行合同，实现交易所期待的经济利益，这样的合同目的就是有效的，合法的。如果订立合同是为了骗取钱财，则合同目的就是违法的，法律必定否定其有效性。

（4）损害社会公共利益的合同认定及争议。无论是《民法通则》还是《合同法》，都把不得损害公共利益作为基本原则。根据我国《民法通则》第 7 条的规

---

① 江平．民法学．中国政法大学出版社，2011：605.

② 孔祥俊．合同法教程．中国人民公安大学出版社，1999：238.

定,[①] 我国现行法所谓的“社会公共利益”及“社会公德”在性质和作用上与公序良俗相当。公共秩序分为政治公共秩序和经济公共秩序。政治公共秩序的目的在于保护社会的基本结构，使之免受合同当事人个人意志的侵犯，其保护的目标是国家、家庭和社会公共道德。经济公共秩序是指为了调整当事人之间的契约关系，对当事人之间的财产或交换进行干预，其目的在于使双方当事人的交换关系更为平等，或者是为了更好地维护社会整体利益。[②] 通常而言，如果民事行为违反公序良俗，则该行为绝对无效。绝对无效是指该民事行为从成立之时起就当然、确定、全部无效，任何人都可主张其无效。

（5）违反法律、行政法规的强制性规定的合同争议。违反法律、行政法规强制性规定的合同，又叫违法合同。各国民法均以违法行为作为影响合同效力的重要原因。有学者认为：“虽然有违反法律的强制性规定，但法律对其效力已有具体规定的，不属于此所谓违法，应属于法律具体规定原因（如欺诈、胁迫等）。据此，我国民法上，影响合同效力的违法，仅指合同的内容违法，合同目的违法，合同损害了社会公共利益。”[③] 但损害公共利益的合同已经是一个独立影响合同效力的原因，所以应该将其限定在更小的范围内，即合同的内容和目的违法。

（二）缔约过失认定的纠纷

缔约过失责任是指在合同订立过程中，一方当事人因过错导致合同不成立、无效或被撤销，致使对方遭受损失时所应承担的损害赔偿责任。[④] 具体包括：

1. 假借订立合同，恶意进行磋商。主要包括以下三种情形：第一，恶意开始磋商。一方当事人根本没有订立合同的目的，即主观上存在恶意，假订立“合同”为借口，违背诚实信用原则与对方开始磋商，从而造成对方当事人的损失，应当承担缔约过失责任。第二，恶意继续磋商。一方当事人违背诚实信用原则，当熟知订立合同的某种必备情形不具备的前提下，没有尽到及时告知的义务并且没有主动终止磋商，导致对方当事人基于对合同能够成立产生信赖，并因此遭受损失，应当承担缔约过失责任。第三，恶意终止磋商。即双方当事人就订立合同展开了磋商，订立的合同所需要的条件都已经具备时，并且对方当事人已经基于合同能够订立而付出了大量的信赖利益，一方当事人违背诚实信用原则，单方面终止磋商，给对方当事人造成信赖利益的损失，应当承担缔约过失责任。

2. 故意隐瞒与订立合同有关的重要事实或者提供虚假的情况。这种情况需要具备三个条件：第一，一方当事人以欺诈为目的，对客观事实作出虚假陈述，或者

---

① 《民法通则》第 7 条规定：“民事活动应当尊重社会公德，不得损害社会公共利益，扰乱社会经济秩序。”

② 尹田. 法国现代合同法. 法律出版社，1995：173.

③ 王家福. 中国民法学·民法债权. 法律出版社，1991：356.

④ 江平. 民法学. 中国政法大学出版社，2011：607.

故意隐瞒客观情形；第二，以欺诈为目的的一方，客观上是实施了欺诈行为；第三，被欺诈的一方基于欺诈行为而陷入错误认识。基于以上三个条件而给对方当事人造成的损失，欺诈的一方应当承担缔约过失责任。①

3. 泄露或不正当使用商业秘密。所谓商业秘密是指不为公众所知悉、能为权利人带来经济利益，具有实用性并经权利人采取保密措施的技术信息和经营信息。我国法律十分重视在商事往来中对于商业秘密的保护，不仅在民法、刑法和有关知识产权保护的法律中明确规定了对于侵害权利人的商业秘密所要承担的民事、刑事责任，在我国《合同法》第 43 条还规定“当事人在订立合同过程中知悉的商业秘密，无论合同是否成立，不得泄露或者不正当地使用。泄露或者不正当地使用该商业秘密给对方造成损失的，应当承担损害赔偿责任。”即订立合同的一方当事人，在合同订立的阶段或者合同没有成立的前提下，因为泄露或者不正当地使用商业秘密，给相对方当事人造成的损失，应当承担缔约过失责任。

4. 其他违背诚实信用原则的行为。即包括除了前三种情形以外的违背先契约义务的行为。在缔约过程中经常表现为一方当事人未尽到通知、协助、告知、照顾等义务而造成对方当事人人身或财产的损失的情形。

缔约过失的认定中应当注意以下几个方面：（1）缔约过失发生在合同订立的过程中，这与违约责任不同。（2）一方当事人违反了诚实信用的先合同义务，包括通知、协力、保护和保密等义务。（3）违反诚实信用的行为使对方遭受损失。（4）违反诚实信用的行为人主观上存在过失。从《合同法》第 42 条、第 43 条的规定可以看出，缔约过失人主观上是有恶意的，即故意或存有不正当的目的。

（三）违约认定的合同纠纷

合同不履行的样态就称为违约形态，是根据合同当事人不履行合同义务的不同情况所作的分类。② 违约行为不同于缔约过失行为，发生于合同成立之后，可以分为预期违约与实际违约。实际违约又包括不履行、履行不符合约定及其他违反合同义务的行为。现仅就几种典型的违约行为进行分析，具体如下。

1. 不履行。不履行包括了履行不能和拒绝履行。履行不能又称为给付不能，是指债务人由于种种原因丧失了履行能力。例如，买卖字画中字画毁损灭失，因标的物灭失而履行不能；歌手参加演出，因感冒而嗓子不能发声，债务人因丧失了提供劳务的能力而履行不能。履行不能的原因是多种多样的，有法律、政策的变化，比如房屋限购令；有事实上的原因，如字画被烧毁；有客观上的原因，比如天灾、战争；有主观上的原因，比如驾驶不当导致承运货物毁损。《合同法》第 142 条的规定与履行不能有关。拒绝履行是指在存在合法债务的情况下，当事人能够履行债务，却没有合法理由故意不履行债务，如甲将房屋卖给乙之后，房价大涨，甲不愿

① 关怀．合同法教程．首都经贸大学出版社，1999：89.
② 江平．民法学．中国政法大学出版社，2011：617.

意再卖房。如果有合法的理由则不构成违约，如合同行使同时履行抗辩权、先履行抗辩权或不履行抗辩权。

关于债务不履行的种类和概念，我国台湾地区“最高法院”1993 年“台上字”第四二号判决作有简要说明：“债务不履行包括给付不能、给付迟延及不完全给付三种，其形态及法律效果均有不同。所谓给付不能，系指依社会观念，其给付已属不能者而言；若债务人仅无资力，按诸社会观念，不能谓为给付不能。给付迟延，则指债务人于应给付之期限，能给付而不为给付；倘给付可能，则债务人纵在期限前，预先表示拒绝给付，亦须至期限届满，始负迟延责任。至于不完全给付，则指债务人提出之给付，不合债之本旨而言”。①

笔者以为，原则上履行不能应该归入合同纠纷的范畴。不管是中国大陆地区，还是台湾地区，都以“给付不能”为不履行的前提。没有给付能力，很难形成诈骗犯意。但是，实践中是否存在有给付可能但不给付的情况呢？在笔者看来，这种可能性是存在的。因此，给付不能的合同纠纷只有相对意义上的性质。考虑到实际的情况，这种合同纠纷存在转化为合同诈骗的可能性。

2. 履行迟延。履行迟延是指合同的履行期已届满，且在可能履行的情况下，当事人却没有按照法定或约定期限履行其义务，又称为逾期履行。履行迟延可以分为债务人迟延、债权人迟延和双方迟延。

如果由于债务人的原因使得能够履行的债务没有如期履行的，称债务人迟延。比如开发商与购房者签订合同时约定了交房的期限，但是由于开发商未与市政规划部门协调好，所开发土地上的高压线未能如期改线，导致房屋不能如期交付。《合同法》第 94 条规定了债务人迟延的情形。

债权人迟延是指在合法债务履行期限届满时，由于债权人不配合或拒绝接受，使得能够履行的债务没有如期履行。例如，承运人将水果运至目的地后，通知收货人领取货物，由于收货人没有及时受领导致水果大部分腐烂。《合同法》第 143 条、第 259 条都规定了债权人迟延的情形。②

尽管延迟履行存在损害相对人权益的可能性，但考虑到债务最终还是履行完毕，一般不以犯罪来论处。

3. 不适当履行。不适当履行，也称不完全履行或不完全给付，是指负有合同履行义务一方的当事人虽有履行义务的行为，但其履行行为不符合或者不完全符合

① 曾品杰. 债务不履行之新风貌. 河南政法管理干部学院学报，2006（4）：34.

② 1999 年《中华人民共和国合同法》第 143 条的规定：“因买受人的原因致使标的物不能按照约定的期限交付的，买受人应当自违反约定之日起承担标的物毁损、灭失的风险。”第 259 条规定：“承揽工作需要定作人协助的，定作人有协助的义务。定作人不履行协助义务致使承揽工作不能完成的，承揽人可以催告定作人在合理期限内履行义务，并可以顺延履行期限；定作人逾期不履行的，承揽人可以解除合同。”

合同约定的义务或法律规定的义务。不适当履行是一个抽象、概括的概念，根据适当履行的具体情形，可将不适当履行分为履行标的不适当、履行方法不适当、履行时间不适当、履行地点不适当以及附随义务的不履行。

不适当履行原则上属于合同纠纷，但不适当履行也存在严重损害相对人利益的情况。如果不适当履行对相对人造成严重的、不可挽回的损失，也有可能成立相关的诈骗犯罪。

二、合同诈骗的类型

合同诈骗可以按照诈骗的主体、领域、手段来进行分类。

（一）按诈骗的主体分为自然人诈骗和单位诈骗

自然人诈骗是指自然人所进行的诈骗行为，主要是年满 16 周岁且精神正常的人所从事的诈骗行为；单位诈骗是指单位所进行的诈骗行为，单位包括法人及其他组织，单位从事诈骗行为是经单位集体或负责人决定，为单位谋取不法利益，由单位的直接责任人所从事的诈骗行为。

我国 1979 年的刑法规定了自然人犯罪，最高人民法院于 1996 年 12 月 24 日颁布的《关于审理诈骗罪案件具体应用法律问题的若干问题的解释》中又增加了单位犯罪。但是，在大陆法系国家，如德国与法国则认为法人或其他组织不能成为诈骗的主体。

（二）按诈骗的领域分为金融诈骗、社保诈骗、移民诈骗等类型

金融诈骗是指发生在金融领域，采取欺诈性手段，骗取公私财物或者金融机构的信用，破坏金融管理秩序的行为。我国 1997 年刑法规定的金融诈骗罪包括集资诈骗罪、贷款诈骗罪、票据诈骗罪、金融凭证诈骗罪、信用证诈骗罪、信用卡诈骗罪、有价证券诈骗罪、保险诈骗罪等。1997 刑法中的金融诈骗罪都规定有财产刑，即单处或并处罚金，或没收财产。其中，可以判处死刑的有集资诈骗罪；单位可以作为犯罪主体的有集资诈骗罪、票据诈骗罪、金融凭证诈骗罪、信用证诈骗罪以及保险诈骗罪。金融诈骗罪不同于普通的诈骗罪，其犯罪的客体不但包括公私财产的所有权，还包括金融管理秩序。

社保诈骗是指在社保领域发生的诈骗行为，包括医保诈骗等。不法分子往往会冒充社保局的工作人员打电话，谎称当事人的社保卡出现问题，好心提供“帮助”，借机诈骗钱财。

移民诈骗是指在移民领域发生的诈骗行为，是行为人采取虚构事实、隐瞒真相的手段，骗取他人财物的行为。行为人往往谎称能代办发达国家的移民或务工手续，从而骗取他人的钱物。例如，2007 年广州市海珠区审理的杨某某涉嫌诈骗罪及合同诈骗罪的案件就属于移民诈骗。被告人杨某某谎称其为加拿大籍华人，能够办理加拿大的移民和务工手续，先后骗取了赵某、黄某等人的手续费达 36 万元，其行为构成了诈骗罪和合同诈骗罪。

目前，我国除金融诈骗外，没有专门针对诈骗发生的领域制定相应的规范。在美国，按诈骗的领域具体规定了《破产欺诈法案》《医保欺诈法案》《婚姻欺诈法案》《银行欺诈法案》《计算机欺诈法案》。

（三）按诈骗的手段分为网络诈骗、电话诈骗、邮件诈骗等类型

合同诈骗的手段可以通过网络、电话、邮件和传真等方式进行，其中网络诈骗是比较新型的犯罪方式。

网络诈骗是利用网络骗取公私财物的行为。常见的方式包括：通过网络病毒方式盗取他人财产，这种犯罪行为往往速度快、涉案地区较广，难以侦破；此外，不法行为人还通过网络结识朋友，骗取对方信任之后，盗取他人的财物。

电话诈骗是利用电话骗取公私财物的行为。通常不法行为人会以中奖、刷卡、补贴、家人或朋友住院等借口骗取对方财物，有些犯罪分子甚至以执法机关，如工商、公安、税务甚至人民法院执行局的名义，要求对方交费、交罚款、退税、履行债务等，欺骗对方将相关款项打入其指定的账户。

邮件诈骗是通过邮件骗取公私财物的行为。书中所指的邮件诈骗不包括电子邮件诈骗，笔者认为电子邮件诈骗应当属于网络诈骗。通常不法行为人会通过邮件告知对方需要预交定金、缴纳税款或保证金等，骗取对方向指定账户中汇款。

传真诈骗是通过传真进行诈骗的行为。例如，有些不法行为人以银行、医院、执法部门的名义，通过传真要求对方将款项打入指定账户，或者窃取买家和卖家的传真号后，冒充卖家要求买家将定金、预付款、货款等打入指定账户。

三、合同民刑交叉的类型

关于民刑交叉的类型，魏东教授认为："以法律事实的个数为'统一标准'，可以将刑民交叉总体上分为'多个事实关联型'刑民交叉和'同一事实竞合型'刑民交叉两类。"[①] 笔者则从民刑交叉、关联的程度，将合同民刑交叉的类型分为三种：第一，合同纠纷与合同诈骗边界清晰的类型，即两者既不重合，也不包容，民即是民，刑即是刑，但是人们主观理解上存在交叉；第二，合同纠纷包容合同诈骗的类型，即因同一法律事实或法律关系，导致合同纠纷与合同诈骗相互重合，但合同纠纷包含了合同诈骗；第三，合同民刑相互交叉的类型，两者因多个法律事实或法律关系形成交叉，可能相互转化。对以上三种情形，分述如下。

（一）合同民刑界限分明的情形

双方因合同发生纠纷，但是民即是民，刑即是刑，两者相互区别。由于法律事实的复杂性和人类认知能力的有限性和差异性，决定了人们对同一法律事实会形成不同的认识和理解，从而形成某种交叉。例如，钱某向邹某买二手机器设备，邹某提供机器设备后，钱某发现机器设备存在一些问题，屡次要求邹某进行维修，而邹

① 魏东，钟凯．刑民交叉及其关涉问题．四川警察学院学报，2009（4）：40.

某认为，钱某所买的是二手机器设备，设备出现问题是正常的，故对于钱某的要求不理不睬。为了摆脱钱某的纠缠，邹某更换了手机，钱某因此认为邹某诈骗其财物，向公安机关报案。公安机关调查后认为，钱某主观上没有诈骗故意，未予以立案。从本案来看，双方之间的纠纷显然是民事纠纷，而非刑事纠纷。但是，由于当事人对民刑理解的不同，从而产生合同民刑交叉的问题。

严格说起来，合同民刑界限分明却形成合同民刑交叉的情形属于民刑交叉的错象。合同民刑界限分明的情形之所以形成了民刑交叉的错象，根源在于相关合同主体与部分司法机关的错误认识。

（二）合同民刑相互重合的情形

如上文所述，合同纠纷包括了缔约过失的纠纷、合同效力的纠纷和违约的纠纷。合同诈骗利用合同骗取他人财物的行为，必然引发合同效力和违约的纠纷，因此合同纠纷包容了合同诈骗。此类交叉是因为同一法律事实同时侵犯了刑事法律关系和民事法律关系，从而形成交叉。这主要源于法规竞合，由于刑法和民法对于该种法律事实作了相应的规定且竞相要求适用该法律事实，从而造成合同的民刑交叉。例如，董某与杜某签订了一份车辆租赁合同，由杜某将车辆租赁给董某，随后董某将杜某的车辆卖给他人之后逃跑了。从董某的行为看，其租车只是一个幌子，目的是将车非法处置给他人，从而获得经济利益，因此其行为构成合同诈骗；另外，董某没有处分权，却将车辆卖给他人，属于无权处分行为。因此，杜某通过公权力追究董某刑事责任的同时，还可以要求董某承担民事赔偿责任。

（三）合同民刑相互交叉的情形

由于合同纠纷中的合同欺诈也采用了隐瞒事实、虚构真相等手段，从而与合同诈骗民刑交叉，在这一过程中两者极难区别，且相互转化。此类交叉主要是由于行为上的交叉。刑法上的合同诈骗行为与民法上合同欺诈行为是两种性质不同的行为，但是其构成要件上的相似以及相互之间存在的牵连关系却使两者常常发生交叉。例如，张某伪造其身份资质情况，从而获得了与乙公司交易的机会，之后在履行过程中，张某未完全履行合同义务，给乙公司造成了损失。在这种情况下，如何判断张某的行为是合同欺诈还是合同诈骗呢？合同诈骗在主观方面要求行为人有骗取他人财物的意图，本案中判断张某行为性质的依据主要就是张某的主观意图。由于人的主观意图是一种内心活动，必须通过其外在的行为来进行综合判断，因此在这一过程中容易出现合同民刑定性错位的问题。在本书中笔者将致力于这种合同民刑交叉问题类型的研究。

严格说起来，合同民刑重合的情形要么属于民刑交叉，要么属于民刑界限分明的情形。实践中，囿于诉讼制度和当事人的选择权，在案件性质尚未查明的情况下，当事人可以通过选择的方式要么主张民事责任，要么主张刑事责任。这种情况表面上看起来属于合同民刑重合的情况，实际上根据案件的最终性质应分属于民刑分明抑或民刑交叉的情形。当然，这个问题非常复杂，为此特以陈某被控诈骗

（合同诈骗）一案①为例作出说明。

陈某，男，个体商贩。陈某受福建省闽东豪华贸易有限公司（以下简称“闽东公司”）委托从事粮食购销业务，闽东公司向其提供了合同专用章和业务介绍信等授权手续。1992 年 11 月 14 日，陈某在南通市通州大厦以闽东公司名义与宝应县城东工业供销经理部（以下简称“宝应经理部”）签订购买红小麦 2000 吨合同，每吨价格为 770 元，总计金额为 154 万元，预付 4 万元定金（实际支付定金 2 万元），1992 年 12 月 30 日前货到南通码头交完后一次性付清货款。合同签订后，陈某即向公司汇报，并与福建粮商林某口头协议，决定经由闽东公司将该批红小麦运往福建销售给林某。陈某经手签订合同时正值闽东公司法定代表人更换期间，原定法定代表人陈某某拍电报表示不愿意做此笔业务，而后任法定代表人范某则表示愿意承接此笔业务，遂出具委托书，委托詹某玲前往南通接货，并在陈某某拍给陈某的电报上签注了同意承接此笔红小麦的意见。但詹某玲到南通后，未能将闽东公司同意做此笔业务的手续交给陈某，使陈某误以为公司不同意履行合同。

宝应经理部为履行与闽东公司的合同，与宝应县黄浦粮食管理所签订了购销红小麦合同，该合同约定的货款结算方式为：“分批发货，分批结算货款，12 月底货款两清”。1992 年 11 月 25 日至 1992 年 12 月 30 日，黄浦粮食管理所按宝应经理部的指令分四批向南通码头发运红小麦 2118.833 吨，总货款 1631140 元。宝应经理部先后分四批向陈某交货，并在交第一批货时即提出要求改变协议分批支付货款，否则不予供货。

由于误以为闽东公司不同意履行合同，且宝应经理部又提前要求支付货款，为减少损失，陈某遂将宝应经理部的红小麦进行降价处理，先后以 680 元至 780 元不等低于进价的价格分别卖给福建省连江县官头镇船主江某官、福建粮商林某，得款 120 余万元。陈某将其中的 74 万元（含定金 2 万元和宝应县检察院立案侦查后兑付的 20 万元汇票）提前支付给宝应经理部，其余货款用于偿还债务和借给他人。1993 年 1 月 5 日，陈某向宝应经理部出具还款保证书，承诺愿意偿还剩余货款。同日，宝应经理部向宝应县检察院递交“民事起诉状”，请求检察机关帮助追款。同年 1 月 9 日，原审上诉人陈某在被宝应县人民检察院侦查员带至南通追款时逃脱。逃脱后陈某于 1993 年 1 月下旬至 2 月上旬，分别从林某、宁德粮油贸易公司收取未结清的小麦款 20 万元，并将其中的 15 万元转借他人，对欠宝应经理部的 89 万元货款再无力偿还。1994 年 9 月 11 日，陈某在宁德市被抓获。

另外，1993 年 5 月宝应经理部以相同的事实向福建宁德地区中级人民法院提出民事诉讼，要求闽东公司承担归还货款的民事责任。福建省宁德地区中级人民法院于 1994 年 6 月 19 日作出“（1993）宁中法经初字”第 22 号民事判决，认定闽东公司与宝应经理部签订的购销合同合法有效，陈某以个人名义向宝应经理部出具

① 祝铭山. 合同诈骗罪（典型案例与法律适用）. 中国法制出版社，2004：72.

的还款保证应当作为对该笔债务的担保，并据此判令闽东公司的股东范某等人对宝应经理部的货款承担连带责任，陈某对于上述货款的归还亦承担连带责任。该判决已经发生法律效力。

1995 年 10 月 15 日，江苏省扬州市中级人民法院一审认定被告人陈某犯诈骗罪，判处无期徒刑，剥夺政治权利终身。陈某不服判决，提起上诉。江苏省高级人民法院经过审理后认为，原判决认定被告犯诈骗罪事实不清、证据不足，于 1996 年 11 月 25 日撤销一审判决，发回江苏省扬州市中级人民法院重新审理。江苏省扬州市中级人民法院经审查，将本案退回检察机关补充侦查。1997 年 6 月 29 日江苏省扬州市宝应县人民检察院以被告人陈某犯诈骗罪，向宝应县人民法院提起公诉。经过审理，1998 年 10 月 30 日宝应县人民法院认定陈某犯合同诈骗罪，判处有期徒刑十四年，并处罚金三万元。宣判后，被告人不服，提起上诉。1999 年 2 月 13 日，江苏省扬州市中级人民法院裁定驳回上诉，维持原判。

由于陈某不服一、二审生效裁判，向江苏省高级人民法院提起申诉。江苏省高级人民法院经审查，认为原审裁判适用法律有错误，决定对本案进行提审。经审理，2002 年 8 月 9 日江苏省高级人民法院判决撤销江苏省扬州市中级人民法院刑事裁定和宝应县人民法院刑事判决，宣告原审上诉人陈某无罪。很明显，这是非常典型的民刑交叉错位的案例。但是，在这个案例中，一审、二审、再审分别出现了诈骗罪、合同诈骗罪和无罪的判决，量刑也曾经高达无期徒刑。总的来说，该类案件涉及的法律问题非常复杂，正因为如此才出现了几个完全不一样的判决。案件审理之初，当事人因为合同利益受损要求被告履行民事责任而未能如愿才提出了刑事责任的主张，貌似当事人在此发起了民刑重合的诉讼选择。实际上，当事人的选择权源于案件性质尚未明了，或民或刑符合当事人的利益选择。但是，该类案件对当事人和相关市场制度的影响也是非常重大的。在这些案件的分析中，笔者不仅得知了民刑交叉错位问题的严重性，而且发现了民刑交叉错位的典型情况，并通过一系列的研究逐步寻找到该类问题的解决思路。概而言之，民刑交叉错位问题的基本理论和实践都是非常值得探讨的。

第三节　合同民刑交叉的基本规制

发生合同纠纷的时候，最先需要思考的还是责任问题，而责任的承担则对应相应的法律规范。尤其发生民刑交叉问题的时候，相关的责任和法律也会交叉缠绕在一起。在分别规制相关合同纠纷和合作诈骗行为的时候，这些法律规范分别具有独立的地位和作用，或许还好区分和适用。一旦缠绕在一起，问题就很复杂了。更为严重的是，由于相关的责任和法律规范之间缺乏必要的衔接，导致单个的合同纠纷抑或合同诈骗问题的规制虽不是问题，最终也有可能引发难以区分的交叉错位问题。因此，对相关的法律规范进行系统的梳理就成为解决合同民刑交叉错位问题的基础。

一、合同纠纷的基本规制

一般来讲，不同的法律行为适用不同的法律，产生不同的法律后果。法律行为的性质不同决定法律调整的手段不同。合同纠纷属于民事纠纷，民事纠纷的处理是在法律地位平等的主体之间来依法定纷止争，用民事法律来修复当事人的关系，建立和谐的社会关系。但是，从竞合理论的角度看各种责任的独立性是相对的，它们之间也会因系统治理目标和社会发展需要发生相互转化的问题。因此，我们所说的合同纠纷的基本规制主要是指静态、相对意义上的各部门法对合同纠纷的分别规制。至于它们之间的竞合、转化，则要从系统治理的角度展开专门的分析。

（一）规制合同纠纷的法律基础和方式

从狭义的角度来说，合同纠纷属于民事纠纷的范畴。因此，规制合同纠纷的法律基础抑或归责原则是以违约责任为主构成的。相应地，规制合同纠纷的法律方式也应该是以民商事法律为主构成的。

1. 规制合同纠纷的责任基础。追究违约责任的基础是归责原则，明确归责原则对指导司法实践认定违约责任具有十分重要的意义。《合同法》关于违约责任的归责原则可归纳为：过错（第 303 条第 1 款、第 320 条、第 406 条第 1 款前段）、故意或重大过失（第 189 条、第 406 条第 1 款后段）、保管不善（过失、第 265 条、第 374 条）、应当告知而未告知（过失、第 370 条）等，以上这些可总括为“过错”。[①] 但根据《合同法》第 107 条的规定，如果当事人一方不履行合同义务或者履行合同义务不符合约定的义务，则当事人应当承担继续履行、采取补救措施或者赔偿损失等违约责任。[②] 从以上规定可见，我国合同法违约责任的一般归责原则是严格责任原则，在法律规定的前提下可以适用过错责任原则。

从相关责任实现的角度来看，合同纠纷责任主要是通过缔约过失责任或违约责任承担的方式来实现的，具体如下。

（1）缔约过失责任的承担。缔约过失责任不同于违约责任，主要表现为：缔约过失责任发生在合同订立以前，违约责任则必须有合同存在；缔约过失责任是基于信赖利益产生的损失赔偿，而违约责任是预期利益的损失产生的赔偿责任；缔约过失责任是法定责任，而违约责任则可以是法定的或约定的。据此，缔约过失责任承担的方式是赔偿对方信赖利益的损失，也就是说，无过失一方当事人因信赖合同会有效成立而为合同成立所付出的代价，包括：缔约费用、准备履行合同的费用、因对方未尽先合同义务而遭受的损失、因丧失与第三人的缔约机会所遭受的

---

① 韩世远．合同法总论．法律出版社，2008：525.

② 《合同法》第 107 条。

损失。[1]

（2）违约责任的承担。违约责任是在债权人提起请求权的情况下，通过债务人的积极行为来寻求救济的一种方式。各国法律关于违约责任方式规定不一。《合同法》规定的违约责任方式有：继续履行、赔偿损失、支付违约金和定金，其他补救措施等。[2]

①继续履行。继续履行，又称实际履行、强制实际履行，指债务人不履行非金钱债务或者履行不符合约定的，债权人有权请求人民法院或者仲裁机构以国家强制力强制债务人按照合同规定的标的履行义务。《合同法》第 110 条对此作了规定。

在立法上，大陆法系国家相应强调合同的继续履行，作为一般规则，应遵守合同的约束力，每一方均有权要求对方履行其实际承担的义务。普通法系只有在特殊情况下才允许非金钱债务的强制继续履行，实际履行是衡平法上的救济方法，由法官依自由裁量权作出。《合同法》第 110 条亦然，即在受害方的要求下，除非存在法定的例外情形，违约方应当继续履行。

②赔偿损失。赔偿损失又称为损害赔偿，是一种民事责任，指依据合同的约定或者法律的规定，违约方应当承担的赔偿对方当事人所受到的损失的责任。我国合同法对赔偿损失的规定体现了对损失的补偿性，而不是惩罚性。承担赔偿损失必须具备以下构成要件：违约行为、债权人的损失以及两者之间的因果关系。赔偿遵循完全赔偿的原则，赔偿守约方的可得利益。

③支付违约金和定金。违约金可以是法定的，也可以是约定的。违约金应根据违约情况向对方支付，其中全部违约的要依约承担全部违约金，部分违约的只就违约部分承担违约金。违约金主要体现为补偿性，还兼具惩罚性。违约金从性质上可以分为赔偿性违约金和惩罚性违约金。

支付定金是违约责任的形式，也是债务担保的形式。设立定金制度是为了保证债务的履行，但是如果当事人违约则违约方要承担支付定金责任，这样可以有力保障合同的履行，在惩罚的同时也发挥了担保的作用。当一方违约时，对方可以选择适用违约金条款或者定金条款，也就是说定金与违约金条款不能同时适用。由于定金的数额不得超过主合同标的额的 20%，因此有可能定金高于实际损失，也有可能低于实际损失。当定金高于实际损失时，视为惩罚性救济手段。当定金低于实际损失时，能否对不足部分主张损害赔偿呢？立法上并无具体规定，不过从违约救济的补偿特征来看，应当允许。适用定金罚则之后，能否要求违约方继续履行呢？原则上应当允许，但立法上应予以必要限制，不得过分对违约人不利，因为定金是起一种担保作用，继续履行表明其已实际履行义务，只不过是迟延履行而已，宜按不适当履行去适用定金罚则。

---

① 江平．民法学．中国政法大学出版社，2011：608．

② 《合同法》第 107 条。

在追究违约责任的过程中，还需要特别注意违约责任与侵权责任竞合问题。通常认为，违约责任与侵权责任竞合是指合同当事人一方的行为违反了合同或法律的规定，同时符合违约和侵权的构成要件，导致违约责任与侵权责任同时产生，并因违约责任的请求权与侵权责任的索赔请求权发生重合而形成请求权的竞合。《合同法》第122条[①]确立了当某一民事行为造成侵权责任与违约责任竞合时，受害人有权在两种责任中任一选择。此外，最高人民法院于1999年12月1日通过的《关于适用〈中华人民共和国合同法〉若干问题的解释》（一）第30条还规定，债权人依照《合同法》第122条的规定向人民法院起诉时作出责任选择后，在一审开庭以前又变更诉讼请求的，人民法院应当准许。[②]

尽管我国法律承认了责任竞合，但这并不意味着在任何情形下都会发生责任竞合现象。责任竞合尽管不是一种十分反常的现象，但毕竟是民事责任中的特殊情况。责任竞合具备的特征是：第一，同一个民事主体所作出行为；第二，同一不法行为所引起；第三，该不法行为既符合违约的构成要件，又符合侵权的构成要件；第四，对方当事人可以选择行使违约责任的请求权或者侵权责任的索赔请求权。例如，出卖人出卖的高压锅因质量存在问题，在买受人使用的过程中高压锅发生爆炸，导致买受人及其家人受伤，此时买受人可以请求出卖人承担违约损害赔偿责任，也可以请求生产厂家承担侵权损害赔偿责任。

随着合同法与侵权法的分离，违约责任和侵权责任的竞合问题伴随出现，这是法律无法加以消除的客观存在，责任竞合的存在具有其合理性，但是应当妥善进行处理。在立法和司法中，应当考虑以下的因素：第一，债权人的利益保护问题。当违约与侵权责任竞合时，债权人可以灵活选择诉讼方式，从而有效地保障了债权人的合法利益。在司法实践中，法官在必要时应当向债权人释明其享有的选择适用的权利。第二，债务人的利益保护问题。在责任竞合时，债权人选择行使请求权的同时，不能使债务人附加不恰当的责任。第三，在符合公平合理的法律精神的前提下，立法上应当注意所制定法律规范应该没有冲突，不能因为选择适用不同的法律规范而造成不同的甚至截然不同的法律结果。

具体而言，在违约责任与侵权责任竞合的情况下，可能有四种情形：第一，当两个请求权所请求的利益发生重合时，受害人只能就同一利益选择行使一种请求权，否则会加重加害人的责任，使得受害人得到多重赔偿。第二，当一个请求权的

---

① 《合同法》第122条规定："因当事人一方的违约行为，侵害对方人身、财产权益的，受损害方有权选择依照本法要求其承担违约责任或者依照其他法律要求其承担侵权责任。"

② 最高人民法院关于适用《中华人民共和国合同法》若干问题的解释（一）第30条规定："债权人依照合同法第一百二十二条的规定向人民法院起诉时作出选择后，在一审开庭以前又变更诉讼请求的，人民法院应当准许。对方当事人提出管辖权异议，经审查异议成立的，人民法院应当驳回起诉。"

请求利益被另一个请求权的请求利益所包容时，应对利益进行分割，对于重合部分受害人只能择一行使，而未重合的部分则受害人应根据其性质主张相应的请求权。第三，当两个请求权所请求的利益相互独立，既不重合也不包容时，可以允许受害人并用两个请求权，既追究对方的违约责任，又追究其侵权责任。第四，当两个请求权所请求的利益相互交叉时，对交叉的部分可由受害人择一行使，对交叉外的部分可以各自主张相应的请求权。[①]

2. 规制合同纠纷的法律手段。合同纠纷的法律调整手段一般而言采取民事法律调整的手段，即针对平等民事主体采取的协商、调解等，在少数情况下也采取行政调整的方式，如《合同法》第 59 条规定："当事人恶意串通、损害国家、集体或者第三人利益的，因此取得的财产收归国家所有或者返还集体、第三人。"其中财产收归国有就属于行政法律调整的手段。

（二）合同无效、被撤销的法律后果

通过规制合同纠纷的法律基础和方式的论述，不难得出合同纠纷无效、被撤销的法律后果。

1. 相互返还财产。返还财产是指使当事人的财产关系恢复到合同签订之前的状态的一种救济方式。合同被确认无效后，当事人依据合同取得的财产，应返还给对方；在财产因毁损灭失或者被第三人合法取得而不能返还的情况下，可用折价补偿。相互返还财产不是一种惩罚手段，而是一种补救措施，是为了消除无效合同造成的财产后果和影响。这里要特别指出，《合同法》第 58 条规定的相互返还只适用于财物，即当事人依据合同取得的财产，如果存在的，应当实物返还；若是不能返还（如标的物已不存在）或者没有返还必要（如返还会影响标的物的存在及其价值、返还成本过大），也可折价计算，以货币返还。如果所得到的履行对其无任何价值，在国际惯例中则不用补偿。

2. 赔偿损失。赔偿损失是指合同被确认无效后，有过错的一方应赔偿对方因此所受的损失。如果双方都有过错，各自承担相应的责任。[②] 其中，各自承担相应的责任不是指各自承担自己所遭受的损失，也不是指平均分担所有的损失，而是要根据各自的责任主次、轻重去分别承担与其责任相适应的损失。赔偿的目的在于使双方按一定比例恢复于其从前状态。无效合同的损失赔偿范围区别于违反有效合同的损失赔偿范围，前者是一种消极利益，不应包括履行完毕后有可能取得的预期利益。

3. 收归国有与返还第三人。在合同无效的情形下，如果当事人双方主观上存在恶意串通，并且损害了国家、集体或者第三人的利益时，应当将当事人因此取得的财产收归国有或者返还集体及第三人。当事人故意损害国家利益或社会公共利益

① 吴钦松. 重思违约责任和侵权责任的竞合. 法制与社会发展，2006（8）：12.

② 《合同法》第 58 条的规定。

的行为的性质与后果都较为严重，因此我国合同法规定了“收归国有”（也称追缴）这种严厉的行政惩罚手段。

二、合同诈骗的基本规制

合同诈骗行为的法律规制可以分为刑事制裁、行政处罚和民事赔偿。亦如前文所言，我们现在讨论的合同诈骗行为的基本规制也仅指静态、相对意义上的责任问题。

（一）刑事制裁

1.《刑法》相关规定的历史沿革。1997 年《刑法》第 224 条规定了对合同诈骗行为的处罚的三个量刑档次，即数额较大、数额巨大或有其他严重情节、数额特别巨大或有其他特别严重情节。① 衡量“其他严重情节”和“其他特别严重情节”主要应考察行为人的动机和目的、行为的性质及危害后果、犯罪手段和方法、犯罪分子人身情况、罪后态度与表现等多种因素。“其他严重情节”有：一是作案动机和手段恶劣的；二是致使被害人受损而生活困难的；三是多次行骗造成恶劣影响的；四是拒绝退赃、偿还债务和赔偿损失的。“其他特别严重情节”有：流窜作案危害严重的；挥霍诈骗的财物，致使诈骗的财物无法返还的；导致被害人死亡、精神失常或者其他严重后果的。②

2. 司法解释相关规定的历史沿革。新中国成立初期，由于资本主义经济还未得到彻底改造，某些不法分子为谋取不当利益，采取合同的方式来骗取公、私财物，破坏社会主义经济的建立。我国于 1950 年 7 月 25 日印发的《中华人民共和国刑法大纲（草案）》第 79 条规定了不忠实履行合同罪。③ 该草案由于“文化大革命”等特殊原因而一直未能实施。

在“文化大革命”到 1978 年党的十一届三中全会前期间，我国实行的是计划经济，在经济活动中适用行政手段来资源配置，而不是用合同手段，所以在 1979 年刑法中没有合同诈骗的规定。

党的十一届三中全会后，我国以经济建设为中心，对外改革开放，对内搞活经济，实行商品经济，合同便作为经济交往的手段发挥着重要作用。由于新旧经济体制更替，经济方面的法律制度不健全，犯罪分子开始利用合同谋取非法利益。为了厘清合同诈骗与合同纠纷的区别，1985 年 7 月 8 日最高人民法院、最高人民检察

---

① 1997 年《刑法》第 224 条。

② 《四川省高级人民法院关于刑法部分条款数额执行标准和情节认定标准的意见》（川高法〔2002〕105 号）。

③ 《中华人民共和国刑法大纲（草案）》第 79 条规定：“与国家机关、国营或公营企业订立合同，有下列情形之一，致使国有或公有财产受重大损害者，处 3 年以下监禁，并可酌处罚金：（1）盗卖、侵占或掉换国有或公有财产；（2）以掺杂或偷工减料之方法损害财物品质；（3）故意拖延交货或不按时完成任务；（4）其他不忠实履行合同的行为。”

院颁布了《关于当前办理经济犯罪案件中具体应用法律的若干问题的解答（试行）》（以下简称 1985《解答》）（已失效），其中第 4 条第 2 项明确规定了诈骗罪与合同纠纷的区别以及单位触犯诈骗罪的情况。[①] 1996 年 12 月 16 日最高人民法院《关于审理诈骗案件具体应用法律的若干问题的解释》（以下简称 1996《解释》）（已失效）第 2 条具体规定了合同诈骗的六种表现形式。[②]

（二）行政处罚

1997 年《刑法》明确规定了合同诈骗罪后，由于构成合同诈骗罪涉及起刑点的问题，对于某些构成诈骗但数额上未构成合同诈骗罪的违法行为，2005 年 8 月 28 日《中华人民共和国治安管理处罚法》第 49 条规定，诈骗但未构成犯罪的，处五日以上十日以下拘留，可以并处五百元以下罚款；情节较重的，处十日以上十五日以下拘留，可以并处一千元以下罚款。

---

① 1985 年最高人民法院、最高人民检察院《关于当前办理经济犯罪案件中具体应用法律的若干问题的解答（试行）》（已失效）第 4 条的（二）项规定：关于以签订经济合同的方法骗取财物的，应认定诈骗罪还是按经济合同纠纷处理的问题：1. 个人明知自己并无履行合同的实际能力或担保，以骗取财物为目的，采取欺诈手段与其他单位、经济组织或个人签订合同，骗取财物数额较大的，应以诈骗罪追究刑事责任。个人有部分履行合同的能力或担保，虽经过努力，但由于某些原因造成不能完全履行合同的，应按经济合同纠纷处理。2. 国营单位或集体经济组织，不具备履行合同的能力，而其主管人员和直接责任人员以骗取财物为目的，采取欺诈手段同其他单位或个人签订合同，骗取财物数额较大，给对方造成严重经济损失的，应按诈骗罪追究其主管人员和直接责任人员的刑事责任。如果经对方索取，已将所骗财物归还的，可以从宽处理。3. 国营单位或集体经济组织，有部分履行合同的能力，但其主管人员或直接责任人员用夸大履约能力的方法，取得对方信任与其签订合同。合同生效后，虽为履行合同作了积极的努力，但未能完全履行合同的，应按经济合同纠纷处理。

② 1996 年最高人民法院《关于审理诈骗案件具体应用法律的若干问题的解释》（已失效）第 2 条规定：行为人具有下列情形之一的，应认定其行为属于以非法占有为目的，利用经济合同进行诈骗：（一）明知没有履行合同的能力或者有效的担保，采取下列欺骗手段与他人签订合同，骗取财物数额较大并造成较大损失的：1. 虚构主体；2. 冒用他人名义；3. 使用伪造、变造或者无效的单据、介绍信、印章或者其他证明文件的；4. 隐瞒真相，使用明知不能兑现的票据或者其他结算凭证作为合同履行担保的；5. 隐瞒真相，使用明知不符合担保条件的抵押物、债权文书等作为合同履行担保的；6. 使用其他欺骗手段使对方交付款、物的。（二）合同签订后携带对方当事人交付的货物、货款、预付款或者定金、保证金等担保合同履行的财产逃跑的；（三）挥霍对方当事人交付的货物、货款、预付款或者定金、保证金等担保合同履行的财产，致使上述款物无法返还的；（四）使用对方当事人交付的货物、货款、预付款或者定金、保证金等担保合同履行的财产进行违法犯罪活动，致使上述款物无法返还的；（五）隐匿合同货物、货款、预付款或者定金、保证金等担保合同履行的财产，拒不返还的；（六）合同签订后，以支付部分货款，开始履行合同为诱饵，骗取全部货物后，在合同规定的期限内或者双方另行约定的付款期限内，无正当理由拒不支付其余货款的。

（三）民事赔偿

对于构成合同诈骗的行为（包括构成合同诈骗罪的行为）所带来的民事损害，可以按照《合同法》第58条、59条规定进行民事赔偿。一般的处理原则是：合同无效，返还财产或折价赔偿。

不难发现，在合同诈骗行为的基本规制中，相关行为的责任不仅包括刑事责任，还包括民事、行政责任。之所以会出现这种情况，主要是犯罪行为的复合性和连续性造成的。犯罪行为的复合性是指犯罪行为不是一开始就构成犯罪的，是在一系列未必构成犯罪的民事、行政违法行为的基础上构成的。犯罪行为的连续性抑或线性形态，根据周建军教授的介绍："所谓犯罪存在的线性形态，是指犯罪侵犯法益的严厉程度是一种连续存在，总存在严厉程度重于、轻于特定犯罪的犯罪。对应于犯罪的线性形态，刑罚也要尽可能地连续存在……"① 从刑罚体系的角度来说，连续的犯罪行为也对各种刑罚方式所组成的刑罚体系提出了连续性抑或线性存在的要求。因此，从广义的角度来说，由民事责任、行政责任、刑事责任共同组成治理相关犯罪行为的责任体系也在情理之中了。但从另一个角度来说，正因为犯罪行为的规制需要民事、行政、刑事责任的共同参与，这也为相关犯罪行为与民事行为的混同奠定了基础。换句话说，合同民刑交叉问题的存在也是基于相关问题的混同才产生的。

三、合同民刑交叉的基本规制

合同民刑交叉案件的规制，不仅要注意到合同纠纷与合同诈骗的基本类型，而且要深入研究相关的原因和机理，并根据界限是否清晰、是否重合等标准来确立基本的规制进路。

（一）对于民刑界限清晰案件的规制

对于民刑界限分明的案件，仅由于人们主观认识的错位而产生的交叉，对于这类案件司法工作人员在界定清楚案件性质后，只需按照上文合同纠纷和合同诈骗的相关规制进行处理即可，在此不再赘述。

（二）对于民刑重合案件的规制

在我国适用"先刑后民"原则法律依据的历史沿革。

1. 1985年8月9日和1987年3月11日，最高人民法院、最高人民检察院和公安部分别两次联合下发了《关于及时查处在经济纠纷案件中发现的经济犯罪的通知》（已失效）和《关于在审理经济纠纷案件中发现经济犯罪必须及时移送的通知》（已失效），明确规定在审理经济纠纷案件中，发现涉嫌经济犯罪应当及时移送侦查机关处理。

2. 1994年3月26日，最高人民法院《关于在审理经济合同纠纷案件中，发现

① 周建军．刑事司法政策原理．清华大学出版社，2011：238.

一方当事人利用签订经济合同进行诈骗的，人民法院可否直接追缴被骗钱物问题的复函》中指出，人民法院在审理合同纠纷案件的过程中，如果发现合同一方当事人利用所签订的合同进行诈骗，那么应及时将有关材料移送有管辖权的公安机关处理，而不应当直接追缴该笔财物。但是，人民法院为了防止财物流失，避免造成难以挽回的损失，可同时对犯罪嫌疑人所骗取的财物采取财产保全措施。如果犯罪嫌疑人已将所骗财物转让给第三人，且第三人是善意有偿取得该财物的，那么人民法院则不宜对第三人采取财产保全措施。①

3. 1997 年 11 月 25 日，最高人民法院《关于审理存单纠纷案件的若干规定》中规定，在存单纠纷案件的审理过程中，如果人民法院发现犯罪线索，应当及时将犯罪线索书面告知公安机关或检察机关。②

4. 1998 年 4 月 9 日，最高人民法院通过的《关于在审理经济纠纷案件中涉及经济犯罪嫌疑若干问题的规定》中规定，③ 如果人民法院在审理合同纠纷案件中，发现与本案有牵连，但与本案不是同一法律关系的犯罪嫌疑线索、材料，应将相关的犯罪嫌疑线索、材料移送有关公安机关或检察机关查处，合同纠纷案件继续审理。如果人民法院作为合同纠纷受理的案件，经审理后，人民法院认为不属合同纠纷案件而属于有犯罪嫌疑的案件，人民法院应当裁定驳回起诉，并将有关材料移送公安机关或检察机关。④ 也就是说，人民法院在审理合同案件中遇到不同的情况应当分别进行处理，对于与本案不属于同一法律关系的案件线索、材料，应当将其移送公安机关；对于案件本身就涉嫌合同诈骗的，则应当裁定驳回起诉，将诉讼费退还当事人，并将案件移送公安机关。

（三）对于民刑界限不清案件的规制

对于这一类案件，现行的法律和政策原则上是刑事优先。现就如何划清合同纠纷与合同诈骗的界限及相关规则介绍如下。

1. 根据最高人民法院和最高人民检察院于 1985 年 7 月 18 日颁布的《关于当前办理经济犯罪案件中具体应用法律的若干问题的解答（试行）》（已失效）规定，

---

① 最高人民法院《关于在审理经济合同纠纷案件中，发现一方当事人利用签订经济合同进行诈骗的，人民法院可否直接追缴被骗钱物问题的复函》，1994 年 3 月 26 日。

② 最高人民法院《关于审理存单纠纷案件的若干规定》第 3 条第 2 项，1997 年 11 月 25 日。

③ 最高人民法院《关于在审理经济纠纷案件中涉及经济犯罪嫌疑若干问题的规定》第 1 条规定："同一公民、法人或其他经济组织因不同的法律事实，分别涉及经济纠纷和经济犯罪嫌疑的，经济纠纷案件和经济犯罪嫌疑案件应当分开审理。"第 10 条规定："人民法院在审理经济纠纷案件中，发现与本案有牵连，但与本案不是同一法律关系的经济犯罪嫌疑线索、材料，应将犯罪嫌疑线索、材料移送有关公安机关或检察机关查处，经济纠纷案件继续审理。"

④ 最高人民法院《关于在审理经济纠纷案件中涉及经济犯罪嫌疑若干问题的规定》第 11 条，1998 年 4 月 9 日。

应从行为人的目的、履行能力、履行行为来综合进行判断。[①] 如果不具备履行能力，有占有他人财物的主观目的，又采取了欺诈的手段签订合同的，构成诈骗；如果具备部分履行能力，经努力仍不能完全履行合同，则视为民事纠纷。

2. 最高人民法院于1996年12月25日颁布的《关于审理诈骗案件具体应用法律的若干问题的解释》（已失效），对于利用经济合同进行诈骗的具体情形进行了明确规定。该解释中明确规定了利用经济合同进行诈骗的具体情形，一是以财物数额较大来定罪，二是以非法占有为目的来定罪。[②]

3. 2002年5月22日颁布的《最高人民检察院办公厅关于对合同诈骗、侵犯知识产权等经济犯罪案件依法正确适用逮捕措施的通知》第2条规定，[③] 认定经济犯罪，应该依照刑法规定的犯罪基本特征和犯罪构成要件，从行为的社会危害性、刑事违法性、应受惩罚性几个方面综合考虑。

在立法和司法实践中，由于对合同民刑交叉的基本概念和问题界定不清，往往

---

① 《关于当前办理经济犯罪案件中具体应用法律的若干问题的解答（试行）》（已失效）第4条第2款规定："1. 关于以签订经济合同的方法骗取财物的，应认定诈骗罪还是按经济合同纠纷处理的问题。个人明知自己并无履行合同的实际能力或担保，以骗取财物为目的，采取欺诈手段与其他单位、经济组织或个人签订合同，骗取财物数额较大的，应以诈骗罪追究刑事责任。个人有部分履行合同的能力或担保，虽经过努力，但由于某些原因造成不能完全履行合同的，应按经济合同纠纷处理。2. 国营单位或集体经济组织，不具备履行合同的能力，而其主管人员和直接责任人员以骗取财物为目的，采取欺诈手段同其他单位或个人签订合同，骗取财物数额较大，给对方造成严重经济损失的，应按诈骗罪追究其主管人员和直接责任人员的刑事责任。如果经对方索取，已将所骗财物归还的，可以从宽处理。3. 国营单位或集体经济组织，有部分履行合同的能力，但其主管人员或直接责任人员用夸大履约能力的方法，取得对方信任与其签订合同。合同生效后，虽为履行合同作了积极的努力，但未能完全履行合同的，应按经济合同纠纷处理。"

② 最高人民法院《关于审理诈骗案件具体应用法律的若干问题的解释》（已失效）第2条，1996年12月25日。

③ 2002年5月22日颁布的《最高人民检察院办公厅关于对合同诈骗、侵犯知识产权等经济犯罪案件依法正确适用逮捕措施的通知》第2条规定："要严格区分经济犯罪与经济纠纷的界限。经济犯罪案件具有案情较复杂，犯罪与经济纠纷往往相互交织在一起，罪与非罪的界限不易区分的特点。认定经济犯罪，必须严格依照刑法规定的犯罪基本特征和犯罪构成要件，从行为的社会危害性、刑事违法性、应受惩罚性几个方面综合考虑。各级检察机关在审查批捕工作中，要严格区分经济犯罪与经济纠纷的界限，尤其要注意区分合同诈骗罪与合同违约、债务纠纷的界限，以及商业秘密与进入公知领域的技术信息、经营信息的界限，做到慎重稳妥，不枉不纵，依法打击犯罪者，保护无辜者，实现法律效果和社会效果的统一。不能把履行合同中发生的经济纠纷作为犯罪处理；对于造成本地企业利益受到损害的行为，要具体分析，不能一概作为犯罪处理，防止滥用逮捕权。对于合同和知识产权纠纷中，当事双方主体真实有效，行为客观存在，罪与非罪难以辨别，当事人可以行使民事诉讼权利的，更要慎用逮捕权。"

会导致司法实践中出现错位的问题。上文对合同民刑交叉的相关基本概念进行了界定，并对合同民刑交叉的基础类型及基本规则等法律问题进行了分析，在此基础上下文将对合同民刑交叉界定的理论基础进行分析和阐释。

第二章　合同民刑交叉界定的理论基础

民刑交叉错位问题的研究需要充分考虑到一个根本性的问题——民刑交叉错位问题的本质。很显然，民刑交叉与民刑交叉错位问题的本质是一组密切关联的问题。前文指出民刑交叉是指案件因素同时涉及民事和刑事案件的情况，但是这个概念只是阐明了民刑交叉问题的基本特征，并没有说清楚相关问题的本质。实际上，民事、刑事案件之所以会发生交叉的问题，最根本的原因在于民事法律活动是作为保障法的刑事法律无法逾越的事实基础。换句话说，虽说二者具有相对独立的意义，但从事实层面来看，二者之间具有天然的主次关系——刑事案件以及相关的法律都具有依附、保障相关民事问题的要求。认识到这一点，合同民刑案件的界定需要考虑其一系列的理论基础。

第一节　合同民刑交叉界定的思想基础

探究民刑交叉错位问题的根本，相关的治理思想主要包括刑法契约思想、系统治理思想等。

一、刑法契约的思想

法源于契约是社会契约理论的基本观点。在《社会契约论》中，让-雅克·卢梭指出："有了社会公约，我们便使政治共同体得以存在并有了生命；现在要做的事情是，通过法律使它运作起来并表达其意志。"在《论人为法的必要性》中，卢梭进一步指出："法律是政治共同体唯一的动力，政治共同体只能是由于法律而行动并为人所感知。没有法律，人们所建立的国家就只不过是一个没有灵魂的躯壳，它虽然存在，但不能行动。因为每个人都服从公意，于是就产生了法律的必要性。"① 由此可见，法律原本就是源于契约（社会契约）而又服务于契约的产物，作为保障法的刑法也不例外。尽管如此，但从平等、民主的角度来说，全体自愿缔约依然存在一个棘手的问题——外邦人的地位和作用。在《社会契约论》的相关

① ［法］让-雅克·卢梭. 卢梭全集（第4卷）. 李平沤译. 商务印书馆，2012：53.

文本中，[1] 卢梭指出："可是，如果在订立契约的时候出现了反对者的话，这些人的反对也并不能使契约无效，那只不过是不许把这些人包括在契约之内罢了；他们是公民中间的外邦人。"研究表明，"顶多不把这些人包括在内"[2] 属于有权者的意愿表达，具有一定的不合理性。深究起来，"不许把这些人包括在契约之内"的表达，存在一个依据不足的问题——"不许把这些人包括在契约之内"的依据是什么？这个依据不仅关联着外邦人的地位和作用，而且关系到社会契约的合法性。按《社会契约论》的说法："一个人既然是自由的，怎么又不得不服从不属于他的意志呢？反对者既然是屈从于他不同意的法律，又怎么能说他是自由的呢？"为此，周建军教授认为：订立契约的时候，将反对者排除在外，并斥之为外邦人；一旦需要他们遵守契约抑或法律，又称之为公民，因此需要遵守国家全体成员的经常意志，具有遵守一切法律的义务。……不排除外邦人也能成为公民。但是，这样的表述仍然无法解释"全体成员"内涵因反对与否而发生的变化。根据正当的国家理论，公民既是社会契约的订立者，也是社会契约的履行者。从这个角度来讲，断然将反对者排除在"全体成员"之外是不合理的。根据公共政策的研究，公共利益具有多元、妥协的特性，必然存在相互对立抑或反对的利益。作为公共政策的实现方式，立法也需要反映多元利益的要求，以至于全部代表都同意的情况还要被认为是非法的。从根本上说，社会契约既是最重要的公共政策，也是最重要的法律，必然存在反对的声音和利益。概而言之，反对不改变自由、合法的本性。卢梭不必将反对社会契约的成员界定为外邦人，并排除在"全体成员"之外。[3] 可见，社会契约理论可以作为相关社会制度正当性的基础，但在社会契约理论的运用中，需要进一步注意到平等参与的问题。尤其犯罪治理的制度，利益重大，更要考虑到相关主体参与的问题。

储槐植教授专门提出了刑法契约的思想："刑法契约是指国家与国民（双方当事人）在刑事领域形成的权利义务关系的协议。这种契约是在社会发展历史前进中逐渐显现并将继续进化，遂称之为刑法契约化。刑法契约化大体也可以理解为刑法存在及其运作的主体间平等制约关系的发展进程。"[4] 在刑事政策研究的范畴中，刑法主体之间的平等制约关系最重要的就是多元刑事利益的妥协："刑罚利益如此

---

① 在何兆武的译本中，相关表述为："可是，如果在订立契约的时候出现了反对者的话，这些人的反对也并不能使契约无效，那只不过是不许把这些人包括在契约之内罢了；他们是公民中间的外邦人。但是，在国家成立以后，则居留就构成为同意；而居住在领土之内，也就是服从主权。"

② 将"顶多把这些人不包括在内"翻译为"顶多不把这些人包括在内"更符合我们的思维逻辑和语言习惯。

③ 周建军. 社会契约、外邦人与犯罪治理协议. 山东科技大学学报（社科版），2015（5）：18－19.

④ 储槐植. 刑法契约化. 中外法学，2009（6）：805.

重大，以至于被告人、被害人、国家以外的普通民众都很关心刑罚的存在及其变革。以死刑为例，不仅绝大多数民众都有自己的死刑观点，而且个案的死刑适用颇能引起同仇敌忾抑或异口同声的民众情绪……只有实现了多元利益的存在，刑罚改革的决策和执行才符合公共政策的善治要求，获取民众信仰，实现改革的正当要求。"① 对此，卢建平教授也很赞成："在制度体系中，作为确定社会主体权利义务关系基本形式的合同，特别是其中的长期合同，无疑成为减少矛盾的几率、降低交易不确定性、提供预期保障、建立人民对政府信任的最佳工具。法学界、法律界应该对长期合同制度进行专门深入的研究，使其更臻完善；社会各界对于长期合同也应该给予特别的关注，因为这关乎我们的基本权益；而作为国家的治理者们，更应该将主要精力放在事关国家社稷长治久安的制度建设特别是法治建设之上。"② 此外，还有学者进一步从犯罪治理的角度对此展开了论述："考虑到犯罪原因、形态和功能的复杂性，刑罚的性质、地位和作用也不能一概而论。从一元的国家——社会形态上看，刑罚不过起到了报应、预防犯罪的目的和作用。但是，从犯罪治理协议的角度来讲，报应和预防的目的反映的主要是国家和社会的利益（尤其秩序利益），存在利益主体的缺失。……'任何单一的目的主体、片面的目的利益、非妥协的目的实现以及绝对确定的目的表述都存在利益多元的阙如，有违公共政策的基本要求……刑罚的目的利益绝不能仅限于国家抑或社会基于报应、预防的考虑，应当将法益保护，尤其被害人利益的恢复作为刑罚目的的重要构成。'现在看起来，将刑罚的目的归纳为'被犯罪侵犯的利益的恢复'，不仅与犯罪侵犯法益的基本判断相匹配，而且能够满足多元犯罪治理主体的相关利益要求。从治理的角度来讲，刑罚反应至少要做到制裁有力、救济有方、保障到位等几个方面的利益要求。否则，就会存在犯罪治理利益非完整、非妥协的情况。"③ 在笔者看来，源于社会契约的刑法契约思想，不管是从长期合同的长期效果的角度，还是从国家制度的民主化的角度，都有利于民刑交叉本质的系统阐明。

具体说来，刑法契约思想的提出对合同民刑交叉案件的处理主要有两个方面的意义：

第一，刑法契约的思想有利于社会权力的培养和国家权力的控制。在我们这样一个国家主导权力资源的国家，市民社会尚未建成，社会权力有待培养。在社会权力的培养中，如果能建构起国家与其他社会主体平等协商的范式，那么对国家权力的控制将取得根本性的变化。然而，实际上，市民与国家地位悬殊，犯罪治理协议的理解、实施还存在不少困难。越是如此，我们越应从社会契约、刑法契约等思想

① 周建军. 刑事司法政策原理. 清华大学出版社，2011：230－233.

② 卢建平. 长期合同与长治久安. 人民检察，2008（5）：57.

③ 周建军. 社会契约、外邦人与犯罪治理协议. 山东科技大学学报（社科版），2015（5）：21－22.

中汲取合理的因素，改善包括民刑交叉在内的犯罪治理事务。

第二，刑法契约思想有助于改善刑罚的结构和目的体系。在此之前，刑法学界已经对刑罚的目的提出了反思的要求。诸如“重刑有余、轻刑不足”的思想日渐成为刑罚结构弊端的主流观点。但是，“重刑有余、轻刑不足”的问题是怎么产生的呢？除重刑主义的传统以外，还有没有其他社会结构、思想基础的影响呢？很显然，学界始终没有停止对上述问题的批判性思考。例如，论及刑事政策的基本问题，卢建平教授指出：“我们之所以将刑事政策上升到刑事政治的高度来看待，首要的考虑是将刑事政策从一般的打击惩罚犯罪的策略措施、从专政的工具、手段或者武器升华为治国的战略或者艺术，是将刑事政策从国家的专属、垄断或者专政的封闭圈子里解放出来，使之成为公共政策，成为全社会关注的公共话题。而纵观我国目前各种有关刑事政策的论述或者研究，几乎都是将刑事政策限定为国家（当然包括执政党）专有或者专属的，都是将刑事政策视为无产阶级专政或者人民民主专政的工具，这与我们党和国家所确立的社会治安综合治理的基本战略不符，也严重背离了我国刑事政策的实践，因为这些论述根本没有考虑市民社会在刑事政策中的地位与作用。在一个国家主导甚至是垄断一切的刑事政策模式中，市民社会的地位作用是很难设想的，也是传统的刑事政策概念或观念所难以包容的。只有将刑事政策上升到政治的层面，才有可能考虑市民社会在刑事政策体系中的地位与作用，政治国家与市民社会双本位的二元犯罪控制模式的实现才是可能的，国家主导、社会力量广泛参与的综合治理的政策特色才能充分显示出来，作为‘治道’的刑事政策的本色也才能得到完全的展示。”① 卢教授所说的从刑事政治的高度来看待刑事政策，其指的是运用公共政策系统理论来分析刑事政策问题，需要考虑到国家与市民社会合作与协商，并以此为基础实现国家主导、社会力量广泛参与的犯罪治理。因此，在刑事政治理论模式下，轻罪体系势必得到发展，以法益恢复为内容的刑罚目的也会得到提倡，整个刑罚结构和目的的理论必然随之得到改善。

概而言之，刑法契约原本就是现代社会制度原理的必然要求。在刑法契约的研究中，刑法主体之间的平等制约关系、多元刑事利益的妥协以及公共政策都对刑法的契约（意思自治）基础提出了要求。考虑到刑法的契约基础，刑法不仅源于私权和民法，而且只是契约制度、民事制度的一个分支。从这个意义上讲，民事才是刑事的基础，民事和刑事案件的区分只有相对的意义。

二、系统治理的思想

1999 年，俞可平先生率先对治理和善治理论展开了专门的研究。在《治理与善治引论》一文中，他指出：“治理一词的基本含义是指在一个既定的范围内运用权威维持秩序，满足公众的需要。治理的目的是在各种不同的制度关系中运用权力

① 卢建平．作为“治道”的刑事政策．华东政法大学学报，2005（4）：66.

去引导、控制和规范公民的各种活动，以最大限度地增进公共利益。从政治学的角度看，治理是指政治管理的过程，它包括政治权威的规范基础、处理政治事务的方式和对公共资源的管理。它特别地关注在一个限定的领域内维持社会秩序所需要的政治权威的作用和对行政权力的运用。”① “治理”（governance）与“统治”（government）从词面上看似乎差别并不大，但其实际含义却有很大的不同。治理作为一种政治管理过程，也像政府统治一样需要权威和权力，最终目的也是为了维持正常的社会秩序，这是两者的共同之处。但两者至少有两个基本的区别：首先，治理与统治的最基本的、甚至可以说是本质性的区别就是，治理虽然需要权威，但这个权威并非一定是政府机关；而统治的权威则必定是政府。其次，管理过程中权力运行的向度不一样。政府统治的权力运行方向总是自上而下的，它运用政府的政治权威，通过发号施令、制定政策和实施政策，对社会公共事务实行单一向度的管理。与此不同，治理则是一个上下互动的管理过程，它主要通过合作、协商、伙伴关系、确立认同和共同的目标等方式实施对公共事务的管理。治理的实质在于建立在市场原则、公共利益和认同之上的合作。它所拥有的管理机制主要不依靠政府的权威，而是合作网络的权威。其权力向度是多元的、相互的，而不是单一的和自上而下的。② 与治理密切相关的，还有善治的理论和范畴。关于“善治”的含义，俞可平先生指出：“我把‘善治’界定为公共利益最大化的公共管理。善治是政府与公民对社会公共生活的共同管理，是国家与公民社会的良好合作，是两者关系的最佳状态。善治有以下十个要素：（1）合法性，即政治秩序和公共权威被自觉认可和服从的性质和状态。（2）法治，即法律成为公共政治管理的最高准则，法律面前人人平等。（3）透明性，即政治信息的公开性。（4）责任，即管理者应当对其自己的行为担负基本的公共责任。（5）回应，即公共管理人员和管理机构对公民的要求作出及时的和负责的反应。（6）有效，即管理的效率。（7）参与，既指公民的政治参与，也包括公民对其他社会生活的参与。（8）稳定，意味着国内的和平、生活的有序、居民的安全、公民的团结、公共政策的连贯等。（9）廉洁，主要是指政府官员奉公守法，清明廉洁，不以权谋私，公职人员不以自己的职权寻租。（10）公正，指不同性别、阶层、种族、文化程度、宗教和政治信仰的公民在政治权利和经济权利上的平等。③ 笔者以为，俞可平对治理和善治的研究奠定了现代治理理论的基础。尤其在习近平总书记提出国家治理体系和治理能力现代化目标与“良法善治”的思想以后，治理理论得到了长足的发展。在此基础上，系统治理的思想传播很快，对合同民刑交叉问题的深入研究极有裨益。

广义刑事政策理论很重视治理理论的研究和运用。2005 年，卢建平教授在

① 俞可平．治理与善治引论．马克思主义与现实，1999（5）：38.

② 俞可平．治理与善治引论．马克思主义与现实，1999（5）：38.

③ 俞可平．善治与幸福．马克思主义与现实，2011（2）：1－2.

《作为“治道”的刑事政策》一文中也指出：“刑事政策是公共政策或者社会政策的一部分，是治国之道的一部分，属于‘治道’（Art of governance，art de gouverner）的范畴。”① 更为重要的是，党的十八届三中全会报告明确提出了国家治理现代化的政治目标：“全面深化改革的总目标是完善和发展中国特色社会主义制度，推进国家治理体系和治理能力现代化。必须更加注重改革的系统性、整体性、协同性，加快发展社会主义市场经济、民主政治、先进文化、和谐社会、生态文明，让一切劳动、知识、技术、管理、资本的活力竞相迸发，让一切创造社会财富的源泉充分涌流，让发展成果更多更公平惠及全体人民。……紧紧围绕使市场在资源配置中起决定性作用深化经济体制改革，坚持和完善基本经济制度，加快完善现代市场体系、宏观调控体系、开放型经济体系，加快转变经济发展方式，加快建设创新型国家，推动经济更有效率、更加公平、更可持续发展。”尽管治理的含义还存在一定的争议，但在国家治理体系和治理能力现代化的政治目标下，治理与系统治理的思想已深入人心，犯罪治理逐渐成为国家治理思想和治理体系的重要组成部分。

尽管如此，关于“治理”是否具有区别于统治、管理的含义依然存在不同的意见。例如，英国学者鲍勃·杰索普指出：“长期以来，governance 一词专用于与‘国家公务’相关的宪法或法律的执行问题，或指管理利害关系不同的多种特定机构或行业。过去 15 年来，它在许多语境中大行其道，以至成为一个可以涉指任何事物或毫无意义的‘时髦词语’。它得以复活的重要因素或许在于有必要区分‘governance’与‘government’。以 governance 指治理的方式、方法，以 government 指负有治理之责的机构，而 governing 则用来指治理行为本身。同样道理，德语的 steuerung（操纵、指导）一词在 20 世纪 70 年代、80 年代风行一时。”② 但是，更多的研究人员认为：“Lawrence Finkelstein 提出，我们启用‘治理’（governance）这个词汇是因为真的不知道如何去形容正在发生的事情。……治理这个概念历史悠久。此前，作为一个政治学概念，它仅限于国内事务的范畴。然而，它日渐应用于超越国家的政治事务……”③ 从国内的情况来看，治理的范畴和思想也在不断讨论、完善之中。为此，著名学者郝铁川专门指出：“虽然治理理论目前还在讨论完善之中，但它打破了社会科学中长期存在的两分法传统思维方式，即市场与计划、公共部门与私人部门、政治国家与公民社会、民族国家与国际社会的两分，它把有效的管理看作是两者的合作过程；它力图发展起一套管理公共事务的全新技术；它强调管理就是合作；它认为政府不是管理权力的唯一来源，公民社会同样也是管理

---

① 卢建平．作为“治道”的刑事政策．华东政法大学学报，2005（4）：65.

② 俞可平．治理与善治．社会科学文献出版社，2000：55.

③ Klaus Dingwerth and Philipp Pattberg. *Global Governance as a Perspective on World Politics.* Global Governance，2006（12）：187－188.

权力的来源；它把治理看作是当代民主的一种新的实现形式。这些对我们发育市场经济、发育社区、推进政府机构改革都有一定的积极意义。”① 在笔者看来，治理所具有的合作、协商范式对市场经济条件下的中国社会治理具有里程碑式的地位和作用。

说到底，刑事政治理论也是一种以犯罪治理为目标的治理理论。为此，周建军教授撰文指出：“基于犯罪原因、功能的复杂性，犯罪治理是一个系统工程。为此，头痛医头、脚痛医脚抑或抓耳挠腮、手忙脚乱类型的惩罚是犯罪治理的大忌。然而，1949 年以来，受各种因素的影响，我国治理犯罪的指导思想长期偏离系统治理的根本要求。突出的情况，主要有两种：一个是‘以政干法’的情形。该情形下，政策压倒法律，令从口出，相当随意。一个是基于彻底消灭犯罪的理念，妄图以‘严打’的方法寻求犯罪治理态势的根本好转。该两类情形，不仅长期影响我们的犯罪治理决策，而且至今还在发挥‘重要的’指导作用。”“‘以政干法’与‘严打’惩治犯罪的方法都存在犯罪原因、功能和治理方法的片面性。除此以外，有关的片面性还反映在立法文件汗牛充栋，有效制度严重不足，司法机关人满为患、手忙脚乱但又人浮于事等问题上。说到底，我们的犯罪治理不仅需要认识到犯罪原因、功能的系统性，还要根据整体治理的需要，从治理的目的、方法、进路等方面着手做出系统的安排。否则，既像是只知道反复加面、加水的笨媳妇，也像是只知道挥舞着大棒的莽汉，靡费了司法资源不说，还会耽误犯罪治理的大好时机。”② 笔者以为，从笨媳妇和面的角度来描述刑事政治的系统治理思想，虽说形象易懂，但不够严谨、完整。从公共政策理论的角度来看，系统是指由各个部分组成的整体，具有大于各部分功能之和的属性。笨媳妇和面，仅指出了系统治理思想的整体思维，但未能对这种整体思维的属性和功能展开论述，有些美中不足。此外，系统治理还与犯罪抗制的模式之间具有莫大的关系。亦如前文所言，区别于单方主导的控制，治理强调多方主体的协调和共同事务的机理。因此，在多方主体的协调中，国家的地位和作用是个标志。尤其刑事政策的研究，考虑到刑事权力的严重性，犯罪抗制的模式更值得犯罪治理思想和理论的重视。在《刑事政策的主要体系》中，马蒂院士提出：“国家模式的共同之处在于它们都以国家为核心，都以国家反应来对付全部或部分犯罪现象。与此不同，社会模式，如我们在此所界定的，排斥了一切国家，因而社会模式也更加复杂。”“要么刑事政策的社会模式反映了社会整体对国家的取代。这或者是因为国家不能起到社会团体寄希望于它的处理纠纷的作用，或者相反，是因为社会或者社会的某一部分（尤其是各职业界已充分组织起来时）想自行管理全部或部分偏离规范的行为，因而介入犯罪现象和

---

① 郝铁川. 从“统治”到“治理”——一种新的社会管理理论评价. 文汇报，2002 - 6 - 7（11）.

② 周建军. 笨媳妇和面与刑事政策的系统治理. 清风，2011（10）：33 - 34.

国家之间。”“国家的形象在国家模式中如日中天，在自主管理的社会模式中虽已降到了地平线，但始终是清晰可见的，而在最后一个自由社会模式中要自行消失了。在没有国家的社会当中，国家的形象自行消失。另外，在一些巨大的工业化城市的中心，虽然国家还在，但国家的形象也可以消失。不过这就像梦，是那些希望将国家忘却的人们做的梦。无论是过去的历史或是将来的梦想，国家的消亡表现为模式的‘收缩性’。”① 对此，笔者深以为是。

总的来说，系统治理思想就是把一般系统理论运用到民刑交叉错位的问题治理中，运用系统研究的方法，兼收并蓄各学派的优点，建立通用的模式，以寻求普遍适用的模式和原则，是运用一般系统论和控制论的理论与方法考察民刑交叉错位治理体系的思想。尽管民事和刑事案件只有相对的区分意义，但刑事法律仍然具有独特的地位和作用。刑事法律独特的地位和作用主要来自两个方面：手段的严厉性和制约的严格性。一方面，制约的严格性是指刑罚的适用应该受到严格的限制；另一方面，手段的严厉性是指刑罚手段包含一些极其严厉的刑种，而不是所有的刑罚手段都很严厉。以《刑法》第 37 条的规定为例，该条所谓规定的训诫、责令具结悔过、赔礼道歉、赔偿损失等处罚制度都属于广义的刑罚制度。这些制度和《刑法》第 33、34 条规定的主、从刑共同组成现行刑法的处罚体系，有轻有重，从多个方面对因犯罪行为侵害的法益起到恢复的作用，尽量满足法益恢复的目的。② 由此可以看出，尽管刑罚具有严厉的特性，但刑罚并不以严厉为目的。许多并不严厉但对受害法益的恢复有益的方法也是广义的刑罚体系的组成部分，它们共同作用于被害法益的恢复。

广义刑罚理论的提出不仅组成了一个体系化的刑种，也有利于受害法益的恢复和犯罪行为的系统治理。与此同时，考虑到越轨行为的连续性，相应的治理方法也应该具有一定的对应性和连续性。这种情况，有学者称之为刑罚的线性反应。对此，笔者深以为是。受此启发，所谓民刑交叉错位的问题，即应该民事化的因素而刑事化抑或相反的情况，也是一个系统理论背景下的概念。按说民刑交叉案件同时具有民事、刑事的属性，将其划入民事抑或刑事的范畴都是有道理的，何来错位之说呢？然而，在系统理论背景下，基于案件效果的追求，相关案件的因素同时具有民事、刑事的性质，如何处理既要考虑到相关因素或民或刑的性质（有关的属性不仅是交叉的，还有可能是动态的），还要考虑到相关案件处理效果的改善，尤其是被害法益的恢复应该作为一个突出的因素得到优先的考量。

在系统治理思想中，还有两个方面的问题需要特别指出：

第一，法律规范不足以解决全部社会问题。尽管在法律、政策、道德、习惯组

① ［法］米海依尔·戴尔玛斯－马蒂著．刑事政策的主要体系．卢建平译．法律出版社，2000：169，187．

② 周建军．刑事司法政策原理．清华大学出版社，2011：237－240．

成的社会规范体系中，法律规范是国家权力运作的结果，具有国家强制力，地位最高、影响最大。但是，法律是断臂的维纳斯，是一门残缺的艺术，具有不可能完整的特性。

第二，伦理是制度的基础，利益是市场的本质，市场问题最终还有赖于基本利益机制、伦理制度的共同作用。以许霆案件为例，相当长的时间内，贪污犯罪的法定刑比盗窃罪还低，等到许霆盗窃银行（取款机）资金被判无期的案件一发生，民众立即咆哮起来了："贪污上亿的大有人在，判刑也不过如此，银行孬蛋，许霆无罪。"反思这个案件，症结在于维护垄断的银行制度和"贪不如盗"的刑罚配置都违反了社会伦理"加强公共服务""从严治吏"的基本要求。法学界将严重违反伦理要求的法律称为"恶法"，前有法西斯国家"最无耻的法律"，今有诸如维护垄断的《反垄断法》，等等。恶法是普遍存在的，任何国家都有，只不过违反伦理的程度有重有轻，恶的程度不尽相同而已。因此，伦理制度的研究和贯彻不仅对于伦理规范的恢复具有重要的意义，对法律规范的改善和应用也有重要的意义。① 系统治理也是如此，伦理、市场制度和法律制度的共同作用是系统治理的核心所在。相应地，民刑交叉错位问题的研究需要考虑到刑法契约思想和该类问题亦民亦刑的本质，在此基础上梳理或民或刑的处理方法，进而在系统理论的指导下准确界定民刑交叉错位的问题，并寻求相关问题的系统治理。

三、私权自治的思想

人类社会生活可以分为两大领域，一是政治国家生活领域，二是市民社会生活领域。对前者予以规范的法律就是公法，如宪法、刑法、行政法等。对后者予以规范的法律就是私法，私法的主要内容就是民法、合同法等。与此相对，依据公法享有的权力为公权力，依据私法享有的权利为私权利；公法强调国家意志，私法强调个人意志，二者既对立又统一。真正实行法治的国家，公权力与私权利始终处于平衡状态。

私权利也称为私权。私权利是平等主体的公民、企业、其他组织在社会生活、经济生活中所拥有的财产权和人身权。其中，财产权包括物权、债权、继承权、知识产权等；人身权包括人格权、身份权等。不仅公民、企业、其他组织的权利是私权，当国家不以公权身份出现来参加民事活动时也拥有的是私权，如国家的国企财产权、国家债权等。

在私权社会中，并非所有事情公民和组织自己都能解决，有些事情是公民和组织自己不能完成的，如社会治安、经济秩序、纠纷仲裁与诉讼、公共设施建设和公共福利等。此时，公权力就会介入，为公民、组织来做这些涉及公共利益的事宜，包括立法、司法、治安和管理经济、文化、社会的行政活动。因此，公权力是由具

① 周建军. 断臂的艺术：社会失范的伦理救治. 清风，2011（5）.

有政治权利的公民所选举产生的组织行使，服务于私权社会，并调整私权社会中的各种关系和矛盾。从法理上讲，凡是法律没有禁止的，公民和私权个体就可以为；凡是法律禁止的，公民和私权个体就不可以为。公权的由来是国家的权力组成，是由公民出让部分权利给国家并授予管理者用于维护全体公民的福祉和社会秩序，这说明公权来自于公众，自然应为公众利益服务，而每一位公民对公权的尊重自然也就是对他人、对自己私权的尊重。

公权力在何种情况和程序下才能介入到私权利当中呢？《世界人权宣言》规定，为了保证对其他人的权利和自由的应有的承认和尊重，以及满足在一个民主社会中对道德、公共秩序和一般福利的正当要求，法律将会限制个人的权利和自由的行使。[①] 该规定描述了公权与私权的一般性的关系，明确了公权力介入私权利的范围，即公共利益。我国《宪法》规定，为了公共利益的需要，国家可以依法对土地实行征收或者征用并给予补偿，[②] 对公民的私有财产也可以依法实行征收或者征用并给予补偿。[③]《土地管理法》对此也进行了类似的规定，即国家为了公共利益的需要，可以依法对土地实行征收或者征用并给予补偿。[④]《城市房地产管理法》规定，对土地使用者依法取得的土地使用权，在出让合同约定的使用年限届满前，国家不得收回；但是，如果有涉及社会公共利益需要的特殊情况，国家可以依法定程序提前收回，同时根据土地使用者使用土地的实际年限和开发土地的实际情况给予相应的补偿。[⑤]《民法通则》规定，民事主体在从事民事活动中应当尊重社会公德，且不得损害社会公共利益或破坏国家经济。[⑥] 从以上法律、法规可以看出，在公共利益领域，公权力可以介入私权利，限制公民个人权利。关于公共利益的定义，我国现行的法律、法规都没有作出明确的规定。理论界通常认为，一定范围内的不特定的多数人是公共利益的受惠对象，公共利益的内容具有不确定性和弹性，将随着不同群体的利益需要和社会的发展变化而变化，其内容体现在公共安全、社会秩序、城市发展、政府规划、治安管理、环境卫生、社会保障等社会公共需要的方方面面。公共利益的表现形式也多种多样，但无论公共利益以怎样的形式表现，其最终的目的还是保障公民个人的自由和权利。例如，政府征地用于地铁、市政设施、文化设施的建设，最终的目的是给广大人民提供更多的发展机会和便捷服务，这就是公共利益；但是如果政府把土地使用权出让给了房地产开发商，而开发商以盈利为目的用来开发写字楼、商品房进行商业性的开发经营，那就不属于公共利

① 《世界人权宣言》第 29 条第 2 款的规定。

② 《宪法》第 10 条。

③ 《宪法》第 13 条。

④ 《土地管理法》第 2 条。

⑤ 《城市房地产管理法》第 19 条。

⑥ 《民法通则》第 7 条。

益，而是私利。

当然，从公权介入私权的正当性来看，私权自治的法律思想对于合同纠纷与合同诈骗的界定也具有重要的启示：合同纠纷属于民法调整，当事人由此享有的权利属于私权，当合同当事人的行为触犯了公共利益，即侵害了公私财产权、社会秩序和合同管理制度时，则由公权介入，由国家司法机关来追究当事人的刑事责任。执法、司法机关在界定合同纠纷与合同诈骗时，应当区分当事人的行为是否触犯了公共利益。

第二节　合同民刑交叉界定的基本原则

从含义来说，原则亦即基本原则，指贯穿始终并对整个系统起到指导作用的规则。从系统理论出发，民刑交叉错位问题的认定应以案件处理效果的改善为依据。考虑到各类案件的具体情况，案件处理效果的改善并不存在某种绝对的方法。也就是说，民刑交叉案件的处理同时存在民事化抑或刑事化的可能性。究竟如何选择，应以案件效果的改善为依据。相应地，合同民刑交叉问题的定性也要树立以法制为基础、以效果为目的的基本原则，此外还应当考虑法制和效果改善、依法行政等基本原则。

一、法制原则

尽管我们始终都将合同民刑交叉错位问题治理效果的追求作为相关理论研究的重要目的，但从司法权威的角度来看，合同民刑交叉的界定大致属于司法层面的问题。因此，在合同民刑交叉界定的过程中，笔者认为法制原则（而不是法治原则）是相关界定活动的基本原则。

（一）法制原则的含义

何谓法制，从静态看，法制就是法律制度，即统治阶级建立的维护其利益的法律和制度；从动态看，法制就是对于法律和制度的遵守与执行。根据司法问题的基本性质，民刑交叉错位问题的处理应当符合法律的规定。魏东教授提出："刑民交叉首先是个法律问题，依法解决当是题中应有之义，因此，法制原则是刑民交叉问题处置中必须坚持的首要原则……法制原则要求我们必须首先从现行法律制度上寻求具体刑民交叉案件的解决办法，而不能无视现行法律制度的明确规定，不能超越现行法律制度而行非法之事；同时，我们在研究解决刑民交叉问题的对策框架时，也必须力求在法律制度层面上对刑民交叉问题提出对策性建议，通过修订完善现行立法、司法解释及规章制度等，从法律法制的角度规范刑民交叉问题的解决方式，在保证立法和司法统一性的原则下，实现对该问题的合法且规范的解决。”①

因此，民刑交叉案件的处理的确需要认真研究案件处理效果的改善，但也要依照法治的精神，遵守法制原则，依法处理相关的案件。

但是，法制原则的实行并不是机械适用法律解决问题的过程。受僵化的罪刑法定原则的影响，国内法学界（特别是刑法学界）部分学者主张对罪刑法定原则实行最严格的解释，以此满足形式理性的需要。例如，在著名的南京卖淫案件中，部分学者根据严格意义上的罪刑法定原则，认为组织男性卖淫活动不属于组织卖淫行为。

南京男性卖淫案件②案情如下：2003 年年初，李某在南京开了一个演艺吧，利用它作掩护，招募众多“公关先生”，让他们向男同性恋者提供有偿陪侍服务，包括陪客人喝酒、聊天，陪客人出台吃宵夜，以及开房间睡觉、提供性服务等，李某从中抽取利润，生意做得非常红火。后经人告发，李某等人于同年 8 月归案。当地公安机关以涉嫌组织卖淫罪、协助组织卖淫罪等，将李某等人刑事拘留，并向检察机关提请批捕。然而，检察机关经过研究后，认为《刑法》对组织同性卖淫行为没有明确界定，按“罪刑法定”原则，李某等人的行为并不构成组织卖淫等罪，应无罪释放。公安机关按照法律规定不得已将李某等人释放的同时，向检察院申请复议，结果仍然维持原决定。鉴于案件的特殊性，两机关分别向各自的上级做了汇报。江苏省政法委为此召集省级政法部门开案件研讨会。政法委有关负责人认为，李某等人的行为已造成较为严重的社会危害，符合犯罪的基本特征，会议决定立刻由江苏省高级人民法院向最高人民法院请示。最高人民法院接到请示后随即向全国人大常委会做了汇报。2003 年 10 月下旬，人大常委会下属专业委员会听取案件汇报后，作出口头答复：“组织男青年向同性卖淫，比照组织卖淫罪定罪量刑。”2004 年 2 月 17 日下午，江苏省南京市秦淮区人民法院对此案作出一审判决：被告人李某犯组织卖淫罪，判处有期徒刑八年，罚金人民币 6 万元；李某违法所得 1500 元予以追缴。经上诉后，南京市中级人民法院经审理也认为：上诉人李某以营利为目的，通过招募的手段，控制多人从事卖淫活动，其行为已构成组织卖淫罪，依法应予惩处。原审判决认定上诉人李某的犯罪事实清楚，证据确实、充分，适用法律正确。上诉人李某上诉提出的“组织同性卖淫不构成犯罪及量刑过重”的上诉理由和辩护人提出的“社会危害性较小，归案后认罪态度好，愿意交纳罚金，请求二审法院对其从轻判处”的辩护意见，经查，上诉人李某组织同性卖淫的行为符合组织卖淫罪的犯罪构成要件，且原审法院根据李某的犯罪事实及情节对

---

① 魏东，王育林．论刑民交叉问题对策研究的创新思路——关于《论刑民交叉及其关涉问题》的后续性研究．四川警察学院学报，2010（1）：32.

② 江苏省南京市秦淮区人民法院〔2004〕秦刑初字第 11 号，江苏省南京市中级人民法院〔2004〕宁刑终第 122 号．北大法宝，2016－5－1.

其在法定量刑幅度内处刑并无不当，故上诉人李某的上诉理由及辩护人提出的上述辩护意见不予采纳。其辩护人提出的“李某不应对本案的犯罪事实承担全部刑事责任”的辩护意见，经查，上诉人李某指使刘超、冷成宝对“公关先生”进行管理，将“公关先生”介绍给同性嫖客进行卖淫活动并收取费用的事实，有上诉人李某的供述、证人冷成宝、沈莉瑶、林涛、沈飞等证人证言以及相关的书证予以证实，其应对全部犯罪事实承担刑事责任，故辩护人的上述辩护意见亦不予采纳。为此，依照《刑事诉讼法》第189条之规定，裁定维持原判。

问题的关键有两个：一个是人大常委会下属专业委员会听取案件汇报后，作出的口头答复的性质，特别是“比照组织卖淫罪定罪量刑”的含义和性质，引起了较大的争议。另一个是这个案件引发对罪刑法定原则的争议，认为该案违反罪刑法定原则的论者普遍认为，《刑法》第358条在没有排除同性卖淫的同时，也没有规定包括同性卖淫，在“法无明文规定”的情况下是否可以“法官造法”呢？1992年“两高”的司法解释是针对《全国人民代表大会常务委员会关于严禁卖淫嫖娼的决定》的，而在新刑法颁布实施后，有关卖淫方面的刑事规定已经被新刑法所吸纳，而新刑法第3条明确规定了“罪刑法定”基本原则。在这种情况下，“两高”的司法解释是否仍然有效以及能否对新刑法作出相对扩大的解释。有了这些问题的存在，争议也就在所难免。但更多的学者在阐明男性（同性）有偿性交行为机理的基础上提出：同性性交易行为是不是属于卖淫性质，这是关系到本案主体能不能构成组织卖淫罪的关键。在最初的侦查批捕阶段，也正是由于对本案定性上存在分歧而出现先抓后放的情况，同样的也正是由于这方面的原因而要由政法委组织相应法律部门进行研究、由最高人民法院向最高立法机关请示汇报。同性性交易行为既以同性恋（homosexuality）为基础，又不同于同性恋。同性恋是指在能找到异性对象的情况下以同性作为性爱对象，对异性表示拒绝或冷淡，它一般建立在自愿的、没有经济利益关系的基础上，有些专家认为它是性心理障碍（psychosexual disorders）的一种典型表现。而同性性交易行为则是指为了经济利益或其他目的而在同性之间发生性关系的行为，它既可以发生在同性恋者之间，也可以发生在非同性恋者与同性恋者之间以及非同性恋者之间。也就是说，有些同性性交易者并非是同性恋者，他们（或她们）只是为了经济及其他目的而与同性发生性关系。李某案客观方面的表现本质上并不是专为同性恋者服务的行为，而是组织同性进行性交易的行为。对于这种行为能否构成组织卖淫罪，关键就是看这种行为是不是卖淫。如果我们避开对“卖淫”一词进行刨根问底的词源追究，根据《刑法》第358条的规定，组织卖淫罪是指组织“他人”卖淫的行为，“他人”并没有仅仅指妇女，也没有排除男性。再根据1992年“两高”《关于执行〈全国人民代表大会常务委员会关于严禁卖淫嫖娼的决定〉的若干问题的解答》通知，“他人”主要是指女人，也包括男人，直接地把男人涵盖到“他人”当中。所以，《刑法》“组织卖淫罪”中的卖淫主体就包括了男子，因此组织男子进行同性性交易的行为就等同于卖淫行为，组织者理应受到刑法制裁。[①] 笔者以为，上述观点符合罪刑法定原则的要求。但是，上述问题还可以从以下两个方面得到进一步的说明。

第一，人大常委会下属专门委员会并非立法机关，不该对具体案件发布“口头答复”，更不该做出“比照组织卖淫罪定罪量刑”的结论。尽管下属于全国人大常委会，但是有关专门委员会绝非立法机关，不宜对具体争议案件发表意见。虽然有关专门委员会在帮助立法机关立法的过程中具有重要的地位和作用，但在非立法过程中它们只能起到研究、辅助的作用。特别是在司法过程中，有关司法机关就案件的适用产生了较大的争议，说明这个问题存在相对正式、严肃的性质。如果立法机关认为自己需要对有关行为做出解释性的立法，那也只能依照立法解释的程序办理，否则仅以专门委员会的意见来“定纷止争”，不仅有损立法机关的权威性，也将破坏与歪曲司法的权威和性质。

更为严重的是，“比照组织卖淫罪定罪量刑”的措辞更是混淆了立法和司法的界限，扩大了本案的争议。在罪刑法定原则之下，属于类推范畴的“比照”不再符合现代司法的要求。在并非立法解释的情况下，采用“比照”一词，恰恰起到的是否定相关行为属于卖淫行为的作用。

第二，罪刑法定原则的理解和适用也是一个相对系统的过程。研究罪刑法定原则的由来和历史，它的提出者费尔巴哈以及主要的倡导者贝卡利亚都是著名的功利主义刑法学者。他们都将自己的学说和理论建立在利益衡量的基础之上，具有形式理性和实质理性融通的性质。

罪刑法定原则的历史渊源可以追溯到1215年英王约翰签署的《大宪章》。[②] 但是，《大宪章》中的规定只是罪刑法定原则的早期形态，因为这一规定主要强调程序的正当性。17世纪和18世纪资产阶级启蒙思想家对罪刑法定的思想进行了更加全面的阐述。[③] 之后，1774年美国费城《权利宣言》和1789年法国《人权宣言》[④]使得罪刑法定从学说向法律转变。罪刑法定原则以刑事立法的形式被明确，则是1810年《法国刑法典》第4条的规定。在《德国刑法教科书》中，李斯特开篇明义地指出：“需要从纯技术的角度，依靠刑事立法，给犯罪和刑罚下一个定义，把

---

① 金亮贤．罪刑法定原则的再诠释——兼论李某“组织卖淫罪”案．http://www.maxlaw.cn/p-qbhsbjls-com/artview/802886775853，2016-5-2.

② 英国《大宪章》第39条规定：“凡是自由民除经贵族依法判决或遵照国内法律规定以外，不得加以扣留、监禁、没收其财产、剥夺其法律保护权或加以放逐、伤害、搜索或逮捕。”

③ ［意］贝卡利亚著．论犯罪与刑罚．黄风译．中国大百科全书出版社，1993：11．意大利著名刑法学家贝卡利亚指出：“只有法律才能为犯罪规定刑罚，超越法律限度的刑罚就不再是一种正义的刑罚。因此，任何一个司法官员都不得以热忱或公共福利为借口，增加对犯罪公民的既定刑罚。”

④ 法国《人权宣言》第8条规定：“法律只应规定确实需要和显然不可少的刑罚，而且除非根据在犯罪前已制定和公布的且系依法施行的法律以外，不得处罚任何人。”

刑法的具体规定，乃至刑法的每一个基本概念和基本原则发展为完整的体系。……作为实用性很强的科学，为了适应刑事司法的需要，并从司法实践中汲取更多的营养，刑法学必须自成体系，因为，只有将体系中的知识系统化，才能保证有一个站得住脚的统一的学说，否则，法律的运用只能停留在半瓶醋的水平上。它总是由偶然因素和专断所左右。"① 在当代德国，以下刑法观念是得到普遍理解与尊重的："刑法之根（Wurzeln des Strafrechts），根植于法制共同体的社会伦理上的价值观念（sozialethische Wertvorstellungen）之中，这些观念是法益、法律规范和犯罪构成要件的确立基础。"② 可见，僵化、绝对的罪刑法定原则不过是形式理性论者脱离历史和现实的臆想，罪刑法定原则的理解和适用都是一个相对系统的过程。这一点，对民刑交叉案件的界定和处理也很重要。

我国的1979年刑法没有规定罪刑法定原则，反而规定了类推制度。随着我国改革开放的深入和对法治认识的增加，我国1997年刑法第3条对此作出了明确规定。③ 罪刑法定的基本要求，就是法院在判定一个人是否犯罪以及判处何种刑罚，必须依照法律的明确规定，不能随意判案。对于罪刑法定的理解，学者的著作汗牛充栋，论述角度也各有不同，但鲜有从语言学角度论述的。这里，笔者就从语言分析角度来界定罪刑法定的含义。学者对于"罪刑"的理解既没有困难，也不存在争议，理解的难点和争议点在于"法定"二字。罪刑法定是一个法律概念，而任何概念本身只存在于人的头脑之中，需要用语言表达出来，语言是概念的载体。要分析概念，有必要从其语言表达入手。"法定"这一词语的反义词是"人定"。作为概念，这是概念的外延界定。罪刑"法定"，在外延上意味着两层意思：一是立法上，罪与否及刑的种类应当由法律明确规定，而不应当由人随意乱定，封建时代皇帝口含天宪、掌握生杀大权即属于罪刑人定；二是司法上，司法机关及人员要严格依法定罪量刑，不可徇私枉法。在厘清"法定"与"人定"的外延关系后，从内涵上罪刑法定的理解重点在于"法"字。这一方面，学术界存在一定的争议，但也有较为广泛的共识。这里的"法"应作如下理解：在法律形式上，是成文法，不能是习惯法，因为习惯法不确定，无法实现"法定"的要求；在法律渊源上，属于狭义的法律，即由最高立法机关制定的法律，不包括行政机关及地方立法机关制定的规范性文件；在法律时效上，罪刑法定的"法"是指案件发生当时生效的法律，不能适用旧法，也不能适用审判时生效的新法；在法律具体适用上，只能适用最高立法制定的法律中的明文规定，不可类推解释。

至于合同纠纷与合同诈骗的区分与处理，罪刑法定原则的作用主要体现在对合

---

① ［德］弗兰兹·冯·李斯特．德国刑法教科书．徐久生译．法律出版社，2000：1－2.

② ［德］约翰内斯·韦塞尔斯．德国刑法总论．李昌珂译．法律出版社，2008：6.

③ 我国1997年《刑法》第3条规定："法律明文规定为犯罪行为的，依照法律定罪处刑；法律没有明文规定为犯罪行为的，不得定罪处刑。"

同诈骗的认定上，并以此与合同纠纷相区分。遵守罪刑法定原则，可以避免将诈骗作为纠纷不立案，也可以避免将纠纷人为地或者过失地作为诈骗处理。依照上述对罪刑法定的理解，我国目前对于合同纠纷与合同诈骗的关系问题上，存在立法和司法两方面的问题。立法上，我国刑法对于合同诈骗的规定本身就存在诸多不合理之处。首先，关于单列“合同诈骗罪”的必要性，增设新罪名必须考虑到法律的连续性和稳定性，而不能当成一种权宜之计。如前所述，由于社会政治经济等各种形势的变化，诈骗犯罪具体行为方式必然会层出不穷，以这种具体行为方式决定罪名的设定，必然造成刑法中罪名的变化不定。① 其次，如前所述，就刑法第 224 条对合同诈骗罪的罪状表述上也存在诸多问题：一是对合同诈骗罪的“合同”界定不明确；二是合同诈骗罪的诈骗对象外延不清；三是“签订合同”用语不确切；四是“骗取对方当事人财物”的表述不具体等。② 最后，当合同纠纷与合同诈骗已经在实践中难以区分的情况下，我国目前对这一问题在立法上仍缺少明确而完整的规定，目前仅有的几个司法解释根本不足以解决司法实践中的问题。这些立法问题的存在显然违背了罪刑法定原则对于立法应具体明确的要求。法不定，必然会带来司法上的混乱。司法上，合同纠纷与合同诈骗区分不清的问题其原因主要有：一是立法不明所带来的问题，公安机关在接案时往往在合同纠纷与合同诈骗的民刑界定上就存在很大的困难，并且在确定为诈骗犯罪后，在具体罪名的适用上也同样存在很大的问题，如到底是合同诈骗罪还是诈骗罪，抑或是贷款诈骗罪。二是行政力量对司法的干预，有些地方政府为了保护当地企业，对于以当地企业为嫌疑的合同诈骗案不予立案，让受害方作为合同纠纷处理。三是个别公安人员徇私枉法、收受贿赂，将合同纠纷当作合同诈骗处理，或者将合同诈骗当作合同纠纷而不予立案。这些做法，都严重违背了罪刑法定原则对于司法的要求。

（二）法制原则在合同民刑交叉案件定性中的作用

在我国，民刑交叉案件的处理涉及一系列的民事、刑事法律规定和有关的司法解释。其中，民事、刑事的法律规定是基础，相关的司法解释起到重要的补充、说明作用。与这些法律相关的司法解释，主要有：《关于及时查处在经济纠纷案件中发现的经济犯罪的通知》（1985 年 8 月 9 日，最高人民法院、最高人民检察院和公安部）、《关于在审理经济纠纷案件中发现经济犯罪必须及时移送的通知》（1987 年 3 月 11 日，最高人民法院、最高人民检察院和公安部）、《关于审理存单纠纷案件的若干规定》（1997 年 11 月 25 日，最高人民法院）、《关于审理经济纠纷案件中涉及经济犯罪嫌疑若干问题的规定》（1998 年 4 月 21 日，最高人民法院）、《关于刑事附带民事诉讼范围问题的规定》（2000 年 12 月 13 日，最高人民法院），等等。这些司法解释，普遍存在留有余地、不尽统一、相互矛盾的情况，其中的原因主要

① 高铭暄，王作富．中国惩治经济犯罪全书．中国政法大学出版社，1995：1057.

② 沙君俊．合同诈骗罪研究．人民法院出版社，2004：258.

是：既要考虑到复杂的社会实际情况的需要，不得已留有余地，也要考虑到传统的司法价值的选择，除个别司法解释规定了民事优先的司法原则，多数司法解释尊崇刑事优先的传统观念，确立刑事优先的原则。以最高人民法院 1997 年 11 月 25 日通过的《关于审理存单纠纷案件的若干规定》为例，该解释第 3 条第 2 项规定："人民法院在受理存单纠纷案件后，如发现犯罪线索，应将犯罪线索及时书面告知公安机关或检察机关。如案件当事人因伪造、变造、虚开存单或涉嫌诈骗，有关国家机关已立案侦查，存单纠纷案件确须待刑事案件结案后才能审理的，人民法院应当中止审理。对于追究有关当事人的刑事责任不影响对存单纠纷案件审理的，人民法院应对存单纠纷案件有关当事人是否承担民事责任以及承担民事责任的大小依法及时进行认定和处理。"① 该解释不仅对存单纠纷案件的处理作出了说明，并遵循先刑后民的传统观念，作出了原则上要中止相关民事案件审理的规定。在司法实际中，上述司法解释存在两个比较突出的问题：第一，该类司法解释的适用范围非常有限，并未确立处理民刑交叉案件的基本模式；第二，该类司法解释大多颁行于较早的时间，在市场和秩序的冲突中，秩序利益更加突出，对市场机制和被害法益恢复的考虑有所不足。上述问题的存在，既是研究民刑交叉错位问题的法制基础，也是改善相关案件处理效果的现实问题。尤其后者，还将在一定程度上引发案件效果与法制要求（广义上的包含相关司法解释）的冲突。在法制不够完善，甚至存在严重不足的时候，效果追求与法制要求的冲突更加严重，如何考量绝不是一个非此即彼、孰是孰非的问题，亟待进一步的研究解决。

总的来说，民刑交叉案件处理的法制原则在原则上要求案件的处理需要按照法律（广义上还包括司法解释）的要求来处理。但是，考虑到有关司法解释的复杂性（留有余地、不尽统一、相互矛盾的情况普遍存在），并不是说任何民刑交叉案件的处理只能按照现行司法解释所确定的范式来处理。亦如前文所言，现行的司法解释不仅相互冲突，而且普遍存在留有余地的情况，这为司法解释的理解、选择和适用带来了一定的要求。一言以蔽之，民刑交叉案件的处理，既不能违背法治的底线，也不能死扣法条，否则都会发生错位的问题。

二、效果改善的原则

改善效果是功利主义刑法理论的要求。在社会制度的功利基础上，社会福祉的改善抑或经济利益的追求本来就是公共政策和社会治理的根本目的。

（一）效果改善原则的含义

刑事司法中的效果改善思想源于政治学的善治目标和犯罪学的功利主义观念。

首先，在《政治学》中，亚里士多德提出："既然一切社会团体都以善业为目

① 1997 年 11 月 25 日，最高人民法院《关于审理存单纠纷案件的若干规定》第 3 条第 2 项。

的，那么我们也可说社会团体中最高而包含最广的一种，它所求的善业也一定是最高而最广的，这种至高而广涵的社会团体就是‘城邦’……”，“我们也可以这样说：城邦的长成出于人类‘生活’的发展，而其实际的存在却是为了‘优良的生活’。”① 也就是说，政治（即城邦）乃一切社团的目的，而所有的一切，又都是为了“更好的生活”。说到底，所谓“更好的生活”也就是社会福祉的思想。简单地说，就是效果抑或效益的改善。

其次，功利主义构成效果改善原则的哲学基石。这一点，在合同民刑交叉问题的系统研究中非常重要。一方面，功利主义的创始者穆勒明确指出，功利主义的幸福不是指任何一个人的幸福，而是指最大多数人的最大幸福——“构成功利主义的行为对错标准的幸福，不是行为者本人的幸福，而是所有相关人员的幸福……功利主义要求，行为者在他自己的幸福与他人的幸福之间，应当像一个公正无私的仁慈的旁观者那样，做到严格的不偏不倚。”② 另一方面，犯罪学也很重视功利主义哲学基础的运用。为此，美国犯罪学家巴恩斯（Harry Elmer Barnes）和蒂特斯（Negley K. Teeters）在其《犯罪学的新见解》一书中，将贝卡利亚的主要思想观点概括为包括最大多数人的最大幸福的功利主义观念在内的六个方面的内容。这一点还得到了包括乔治·沃尔德（George B. Vold）在《理论犯罪学》，弗农·福克斯（Vernon Fox）在《犯罪学导论》中的沿用：③

1. 为了最大多数人的最大幸福的功利主义观念，应当是一切社会行动的基础；

2. 必须把犯罪看成是一种相对社会的损害；

3. 预防犯罪比惩罚犯罪更重要，这意味着公布法律，以便使每个人都知道良好的行为会受到奖赏，犯罪行为必然遭受刑罚，从而预防犯罪；

4. 应当废除秘密控告和拷问，而用人道的迅速的审判来代替；让共犯为控告方提供证据（turning state’s evidence），完全是“对不忠行为的公开认可”，应当废除；

5. 刑罚目的是阻止人们犯罪，而不是进行社会报复；

6. 应当更广泛地使用监禁，但是应当对监禁加以改良。

最后，民刑交叉案件的处理抑或民刑交叉错位问题的研究都是以相关案件效果的改善为目的的。换句话说，如果只是简单、机械地适用法律，或者高举刑事法治的大旗而罔顾相关问题的背景和目的，就不存在民刑交叉问题的专门研究了。因此，民刑交叉错位问题的研究务必要树立以效果的改善为目的的原则。具体说来，案件效果的改善主要包括两个方面的要求：第一，案件经济效果的改善；第二，案件法律效果的改善。

---

① ［古希腊］亚里士多德．政治学．吴寿彭译．商务印书馆，2014：3，7．

② ［英］约翰·穆勒．功利主义．徐大建译．上海世纪出版集团，2008：27．

③ 吴宗宪．西方犯罪学史（第一卷）．中国人民公安大学出版社，2010：113．

（二）效果改善原则在合同民刑交叉案件定性中的作用

首先，案件经济效果的改善是基于市场经济机理和经济案件目的的考虑。从民刑交叉案件的本质问题出发，相关的刑事因素（亦民亦刑的因素）都是基于民事问题产生的，具有从属于民事因素的性质，相关问题的处理（包括刑事因素）最终还是要以相关民事、经济问题的解决为根本。当然，以民事、经济问题为根本，并不否定刑事案件及其因素的相对独立性。刑事案件的相对独立，是指对相关刑事因素的处理需要符合刑事法律的专门规定，不得违反罪刑法定的原则。需要说明的是，刑事因素并不等同于刑事案件。对刑事因素的处理，既可能发展、转化为刑事案件，也可能通过治理抑或化解的方式使其回归到民事案件的范畴。

结合经济案件的目的，也需要在案件的处理中充分考虑到相关经济利益的维护、恢复。由于国内现今仍然存在浓厚的打击犯罪、追求秩序的司法主张，重打击、轻保护（恢复）的司法倾向仍然很严重，司法体系恢复被害法益的能力存在不足，因此在案件上升到刑事案件的时候，应当将被害法益的恢复作为一个突出的问题来考虑。

其次，案件法律效果的改善也是民刑交叉错位问题研究的应有之义。[①] 笔者认为，案件效果的改善不仅包括经济利益的维护和恢复，而且包括法治底线抑或法律效果的提升。但是，在法制体系不够完善的情况下，更容易出现法律与政策（效果改善）的冲突。在这种情况下，如何改善案件处理的法律效果将是非常有挑战性的问题。

最后，为进一步说明效果改善原则的机理和重要性，特以著名的吴英集资诈骗案为例作出说明。

---

① 周建军，董桂武．社会效果与法律效果：厘清概念再谈关系．检察日报，2009－4－9（3）．

该文指出："法治情形下的法律效果指的是有效的法律的适用实效。由于有效的法律不仅要求法律是正义的，而且应该具有权威性……在社会效果的追求中，不仅要将社会价值、情势考量纳入法律适用的范围，还要防范法律的机械适用和政策压倒法律的两种极端。防范法律的机械适用，可以采用法律解释、法律推理和法律论证的方法来避免法律的僵硬化。法律解释的方法很多，绝不仅限于原意解释。当立法原意解释难有实效的时候，为了正当的社会效果，采用超出立法原意在文义的可能范围之内解释法律也不是法治史上的新鲜事物。当法有冲突，除了请示最高院，其实还存在效力识别和利益衡量的方法。当法有漏洞，要是文义解释也无济于事，民事方面，倒是可以采用情势衡量和公正原理进行裁处；刑事方面，必须坚守罪刑法定的原则，毕竟立法流弊之重，司法绝难根除。当发生了政策与法律的冲突情形，一方面，需要考虑是不是存在法律的僵硬理解；另一方面，政策也是为法治服务的，破坏法治，就是破坏政治（善治）。因此通过政策指导立法、完善立法才是政策贯彻最根本的方法——既是法治的路径，也是法治的成本。可见，法律效果和社会效果是统一的，社会效果本身就是法律效果的有机组成。"

吴英集资诈骗案的基本案情如下：从最高院复核的情况来看，吴英在早期高息集资已形成巨额外债的情况下，明知必然无法归还，却使用欺骗手段继续以高息（多为每万元每天40～50元，最高年利率超过180%）不断地从林卫平等人处非法集资。吴英将集资款部分用于偿付欠款和利息，部分用于购买房产、车辆和个人挥霍，还对部分集资款进行随意处置和捐赠。吴英个人购买服装、化妆品、吃喝等花费集资款逾1000万元，拥有4辆宝马车，还花费375万元为自己购买法拉利跑车1辆。吴英取得集资款项后，为了炫富和骗取更多的资金而出手大方，在向杨卫陵等人借款3300万元炒期货全部亏损后，却谎称赢利，竟另外筹资分给杨等"红利"1600万元，后又陆续从杨处骗得资金5000多万元；公司员工外出办事结余90万元，主动让其不必上交财务等，最终导致3.8亿元集资款无法归还。吴英在集资过程中使用了诈骗手段。为了进行集资，吴英隐瞒其资金均来源于高息集资并负有巨额债务的真相，还通过短时间内注册成立多家公司和签订大量购房合同等进行虚假宣传，为其塑造"亿万富姐"的虚假形象。集资时，她还向被害人编造欲投资收购商铺、烂尾楼和做煤、石油生意等"高回报项目"，骗取被害人的信任。吴英非法集资对象为不特定公众。吴英委托杨某等人为其在社会上寻找"做资金生意"的人，事先并无特定对象。事实上，其非法集资的对象除林卫平等11名直接被害人，还包括向林卫平等人提供资金的100多名"下线"，也包括俞亚素等数十名直接向吴英提供资金因先后归还或以房产等抵押未按诈骗对象认定的人。在集资诈骗的11名直接被害人中，除了蒋辛幸、周忠红2人在被骗之前认识吴英外，其余都是经中间人介绍而为其集资，并非所谓的"亲友"。林卫平等人向更大范围的公众筹集资金，吴英对此完全清楚。据此，最高人民法院认为，被告人吴英集资诈骗数额特别巨大，给受害人造成重大损失，同时严重破坏了国家金融管理秩序，危害特别严重，应依法惩处。吴英归案后，如实供述所犯罪行，并供述了其贿赂多名公务人员的事实，综合全案考虑，对吴英判处死刑，可不立即执行。根据《刑事诉讼法》第199条和《最高人民法院关于复核死刑案件若干问题的规定》第4条的规定，裁定不核准被告人吴英死刑，发回浙江省高级人民法院重新审判。

在吴英案中，最复杂的就是非法占有目的的推定。尽管一审、二审和最高院的复核都认为吴英具有非法占有的目的，但笔者仍然以为这个案件属于民刑交叉的案件，对其性质的界定需要考虑的是效果改善的原则。据《中国经济周刊》的报道：2012年5月21日，浙江省高院以集资诈骗罪判处吴英死刑，缓期二年执行，剥夺政治权利终身，并处没收其个人全部财产。但吴英创设的本色集团留下的财产，特别是不动产资产，由于近年房价飙升而得到大幅增值。依据判决，吴英的个人财产将全部没收，但是依据"清偿债权人债务"优先原则，吴英的个人财产必须先偿还法院认定的3.8亿元欠款。吴英现在究竟有多少财产呢？吴永正只能给出保守的估算数字：6亿元，但是也不能提供完整的有说服力的财产清单，也没有专门的机构对此进行鉴定评估。……但吴英案最大的债权人林卫平告诉《中国经济周刊》，东阳公安局“拍卖掉的财产，我至今没拿到一分钱”，“当初却是以发还受害人的名义进行拍卖的。”而一位来自法院系统的专家当场指出，撇开财产贱卖不说，有关部门之前出面拍卖吴英财产还存在程序瑕疵。[①] 也就是说，在当前的处理模式下，尽管吴英的本色集团资产价值大增，但相关的债权人的利益并没有获得应有的保障。不仅如此，巨大的本色集团及其董事长吴英也因此迅速陨落。因此，从案件收益的角度来讲，传统刑事模式的效果很不理想。

倘若从效果改善的原则出发，吴英案件发生以后，应当将债权的实现和企业的存续作为优先考虑的事项。基于这样的目的，对企业资产的处理不仅要考虑到债权人和债务人的参与，而且要考虑到资产估值、升值等动态的信息，尽可能满足企业发展和债务实现的要求。要知道，从企业经营的实际情况出发，当企业资金出现问题的时候，像吴英那样购买豪车、虚构利润的情况比比皆是。这样的经营行为从本质上说是存在虚假的因素，但未必能得出非法占有的目的。即便行为人具有非法占有的目的，出现了民刑交叉的情况，也要根据效果改善的原则尽可能兑现企业受益来赔付债权人，决不至于出现企业资产大增，但债权人并未得到应有补偿的情况。说到底，民刑交叉案件效果的改善，不仅需要深入思考民刑交叉及其错位问题的本质，而且需要在相关司法解释明显存在不足的前提下，研究如何改善相关案件处理效果的问题。

三、依法行政原则

在传统的刑事司法模式下，民刑交叉案件的处理大抵都属于刑事司法的范畴，无须考虑到依法行政的原则。但在系统治理思想的指导下，公安、工商等行政机关率先对民刑交叉案件进行处理的时候，不仅要慎之又慎，权衡效果改善的需要，而且要坚守依法行政的原则。

（一）依法行政原则的含义

党的十五大提出了依法治国的思想，十五大报告明确提出依法治国、建设社会主义法治国家的政策原则，后来又将该原则作为一项宪法原则写进宪法。行政法治

① 张兵．吴英父亲称吴英财产有6亿 债权人称至今没拿到一分钱．http://finance.sina.com.cn/china/20130402/140615030348.shtml，2016-5-3.

原则的内涵极为丰富,[1] 但其核心是“依法”，应该以“法”为基点来理解。大量学者在论述依法行政原则时，会将其理解为法律优先和法律保留原则。这是德国法的提法，如果不加区别地引入我国行政法理论中，就会引起混淆。法律优先和法律保留的术语本身是较为抽象的，而学者们的解释往往又是背离了术语的字面意思，这就增加了行政法理论的混乱。另外，依法行政原则据其本义，不外乎是强调依照法律，并无其他含义，而很多学者则将其进行扩大解释，认为依法行政原则还包括行政合理性或称行政适当性，还有的学者称为比例原则。这些原则已经不属于依法行政的范畴，而是独立的行政法原则。这些原则所体现的是在法治基础上的更高的要求，实际上属于德治的范畴。中国共产党所提出的德治，反映在行政法中就是行政合理性原则。而正当程序原则是依法行政原则的应有之义，因为依法行政原则中的“法”不仅应当包括实体法，还应当包括程序法，因此与其说正当程序是一个原则，不如说是依法行政原则的内在要求。

（二）依法行政原则在合同民刑交叉案件定性中的作用

公安机关既是执法机关，但其首先还是行政机关。公安机关在接处警合同纠纷和合同诈骗案件时，应当严格遵守依法行政原则，不能故意将纠纷诈骗化处理，或者将诈骗纠纷化处理。这一依法行政原则是对公安机关在合同案件处理上的最低要求，违反这一要求，公安机关实质上就处于了违法的境地。另外，依法行政原则还要求公安机关严格把握合同案件的相关法律，不能过失性地将纠纷诈骗化或者将诈骗纠纷化，这是依法行政原则对公安机关的另一要求。为此，公安机关有必要准确把握合同纠纷与合同诈骗的相关立法。然而，如前所述，当前立法本身存在界定不清的问题，并在很大程度给公安机关严格依法行政带来了相当的困难。相信未来相关的学术研究将推动法律的完善，而法律的修订和完善将提升公安机关在处理合同

---

① 国内外学者对依法行政的理解不同。应松年教授将依法行政归结为五点：职权法定、法律保留、法律优先（或法律优位）、依据法律、职权与职责统一。马怀德教授将依法行政的内涵归结为八点：职权法定、权责统一、法律优先、法律保留、依程序行政、信守承诺、按比例行政、违法者承担法律责任。姜明安教授将依法行政原则具体分为法律创制、法律优越、法律保留三项原则。在英国，依法行政原则包含：“（1）政府的一切活动必须遵守法律；（2）法治原则不局限于合法性原则，还要求法律必须符合一定标准，具备一定内容；（3）法治原则表示法律保护平等；（4）法律在政府与公民之间无偏袒。”在美国，依法行政被概括为：“（1）法治原则承认法律的最高权威，要求政府依照法律行使权力。但法律必须符合一定标准、包含一定内容，否则法律也可作为专制统治的工具；（2）正当的法律程序：为保护公民权益不受政府官员不正当行为的侵犯，还必须在程序方面对政府权力的行使加以限制；（3）法律规定的权利和程序必须执行，为此必须有保障法律权威的机构。”在德国，依法行政的重点为：“（1）法律的规范创造力原则；（2）法律优越原则；（3）法律保留原则。”英国行政法教授威廉·韦德将依法行政的含义表述为：“它要求每个政府当局必须能够证实自己所做的事是有法律依据的，几乎在一切场合这都意味着要有议会立法的授权，否则他们的行为就是侵权行为或侵犯了人们的自由。政府行使权力的所有行为都必须说明它的严格的法律依据。”

案件时依法行政的质量。

目前而言，在处理合同相关案件中，公安机关所依据的法律应当包括刑法和包括合同法在内的民法及相关的程序法。其中的刑法是指我国刑法中关于合同诈骗罪的相关规定，其主要的功能对于公安机关而言是初步确定案件的性质，即明确到底是合同纠纷、还是合同诈骗。合同法是公安机关确定案件性质必不可缺少的，因为合同纠纷与合同诈骗的区分不能用简单的排除法，即单纯根据刑法来确定，而将初步看来不是合同诈骗的案件都定性为合同纠纷，同时公安机关还需要从合同法及整体民法的角度更加认真地明确相关合同案件的性质。最后，依法行政原则还要求公安机关在处理合同案件时还要遵守相关的程序法，具体包括刑事诉讼法相关的立法、侦查等程序性规定，也包括公安机关内部的办案流程，要避免实践中经常出现的先破案、再立案，或者立了案、不破案的情况。

公安机关依照依法行政原则初步确定案件的性质后，如果属于合同诈骗，就应该予以立案和启动相关程序。对于合同纠纷，原则上不属于公安机关的职权范围，但是我国公安机关也有作为行政机关对于民事纠纷的调解职能。因此，无论理论上还是实践中，公安机关都有调解的职权。如果公安机关能够依法行使调解职能，则有利于合同纠纷的快速解决，降低当事人的纠纷解决成本。但是，公安机关在调解合同纠纷时，更应当严格遵守依法行政原则，避免发生超越职权或滥用职权等违反法律的情形。

第三节　合同民刑交叉界定的主要范式

厘清了民刑交叉错位问题的概念、思想基础及其处理的主要原则以后，还有一个重要的理论问题是上述基本理论如何应用于区分合同纠纷与合同诈骗的问题，即民刑交叉错位界定的主要范式。所谓范式，储槐植教授指出：“范式（来自英文paradigm，原意为词形变化表）指由一系列概念组成的分析问题的思维框架，大体也可理解为思想方法。”① 很显然，作为一种思维框架的方法，民刑交叉错位界定的主要范式是指在界定民刑交叉错位问题的时候需要考虑到的思维框架。

根据我们的研究，区分合同纠纷与合同诈骗抑或民刑交叉错位界定的主要范式应当包括以下几个方面的内容：从公权介入私权的正当性、社会危害性和刑法契约、法制原则等，以确立区分合同纠纷与合同诈骗的思维框架。

一、公权介入的正当性

合同纠纷属于民法调整，当事人由此享有的权利属于私权。当合同当事人的行为触犯了公共利益，即侵害了公私财产权、社会秩序和合同管理制度时，则由公权

① 储槐植．提倡折衷——法学研究范式检讨．浙江社会科学，2005（3）：87.

介入，由国家司法机关来追究当事人的刑事责任。司法机关在界定合同纠纷与诈骗时，应当区分当事人的行为是否触犯了公共利益。在公共利益的判断方面，应当将其限定在为了尽可能多的成员，合法而且符合多元利益妥协要求的民众需求。除非是代行民众的利益需求，国家、政党、司法机关自身的利益原则上应当排除出公共利益的范畴。

公权介入合同纠纷与合同诈骗界定的正当性包括两个方面的内容：介入的合法性与合理性。介入的合法性是指有权机关依法介入有关问题的界定，包括但不仅限于介入、退出的法律依据。与此同时，介入的合理性还需要考虑到各类市场主体的平等地位以及对市场自由、秩序的维护。公权介入的合理性还体现在国家对经济活动的适度干预方面，从经济学的角度看国家不能过多地参与经济。现实生活中，尤其公安机关承担了初步界定合同纠纷与合同诈骗的职能，如果公安机关不能准确地区分合同纠纷与合同诈骗，或者公安机关人为地将纠纷诈骗化处理或者诈骗纠纷化处理，都将构成对经济的不当干预。因此，从经济法的角度来说，相关机关在处理合同纠纷与合同诈骗时，要恪守适度原则，严格依法进行。

现实中，大量发生的合同纠纷诈骗化往往存在权力不当介入的问题。一旦发生了合同纠纷，当事人和有权机关容易产生动用国家权力对事件进行干预的冲动。当然，以国家权力（尤其刑事司法权力）来处理相关的合同纠纷，不仅处理的思维和程序相对简单，也存在更大的利益黑洞，因此公安部三令五申禁止公安机关插手经济纠纷。对于公安机关插手经济纠纷，公安部先后发出了《公安部关于严禁越权干预经济纠纷的通知》《公安部关于严禁公安机关插手经济纠纷违法抓人的通知》和《公安部关于公安机关不得非法越权干预经济纠纷案件处理的通知》。以1989年发布的《公安部关于公安机关不得非法越权干预经济纠纷案件处理的通知》为例，该《通知》明确指出："最近发现一些基层公安机关以查处诈骗等经济犯罪案件为名，直接插手干预一些经济纠纷案件的处理，有的甚至强行收审、扣押一方当事人做人质，替另一方逼索款物；有的还按比例从争议金额中提成取利。这是一种严重的违法行为，既干扰经济纠纷案件的依法公正处理，侵犯法人和公民的合法权益，又损害公安机关的形象，必须坚决加以纠正。……必须划清经济犯罪和经济纠纷的界限，严格依法办事。在当前诈骗、投机倒把等经济犯罪日趋严重的情况下，依法查处按管辖分工应由公安机关管辖的经济犯罪案件，这是各级公安机关的重要职责。公安机关应当十分重视严厉打击严重经济犯罪的工作，采取有力措施，集中力量查处大案要案，以保证治理经济环境、整顿经济秩序的顺利进行。工作中，要注意划清经济纠纷和经济犯罪的界限，决不能把经济纠纷当作诈骗等经济犯罪来处理。一时难以划清的，要慎重从事，经过请示报告，研究清楚后再依法恰当处理，切不可轻易采取限制人身自由的强制措施，以致造成被动和难以挽回的后果。"从公安部如此三令五申严禁公安机关非法干预经济纠纷的情况来看，公权力非法介入经济纠纷的情况是比较严重的。也正因为如此，有必要将公权力介入的正当性作为合同民刑交叉界定的主要范式之一。

二、社会危害性的视角

社会危害性是犯罪行为的本质特征。合同民刑交叉的区分与界定需要从社会危害性的视角进行界定。尤其合同纠纷与合同诈骗的区分，或者说合同纠纷诈骗化、合同诈骗纠纷化的纠正，也都需要以社会危害性的存在与大小作为标准来判断。笔者认为，界分合同纠纷与合同诈骗的标准是行为是否具有严重的社会危害性。严重的社会危害性指行为的社会危害性程度高并且危及社会共同体的存续，达到了必须予以刑法处罚程度的“质”和“量”的违法性。“量”的违法性，是指合同签订、履行等过程中的欺骗性行为不仅违法，而且行为所侵犯的法益较为重要，危及社会共同体的生存，应予以刑法处罚。“质”的违法性，是指合同签订、履行等过程中的欺骗性行为的违法内容已危及社会共同体的存续，从而达到了应予以刑罚处罚的程度。通过行为的社会危害性的程度来区分合同纠纷与合同诈骗，不仅在刑事立法领域具有重要价值，而且可以成为司法实践中区分刑事犯罪与民事违法的有效界限。

从制度经济的角度，促进经济发展的制度是有效的制度，原则上要得到法律制度保护。反之亦然，对经济发展不利的制度，原则上要进行限制或废除。源于经济和社会传统，我国具有特别保护国有企业、国有资产的倾向。以西部某地发生的“张克强涉嫌经济诈骗案”为例，某国有矿山需要转让，地方国资委甚至作出规定只能卖给国有企业。某民营企业通过某外地国企购得相关矿山的权益，该外地国企按照合同再转让给该民企。该地国资委知道以后，要求地方检察机关以防止国有资产流失的理由要求司法机关对有关民营企业负责人按照诈骗罪进行处理。笔者以为，在这类案件中不论是否存在虚构事实、隐瞒真相的行为，仅从法益衡量的角度来看，民企购买国有矿山的行为属于平等市场主体之间的正常行为，对整个市场而言不仅盘活了国有矿山的权益，而且促进了真正的市场主体的发展，有益于社会，不构成相关的犯罪。

为进一步说明有关问题，我们对有关案件进行了整理。据《南方都市报》报道：[①] 2011 年 12 月 30 日到 2012 年 1 月 4 日，广东华美国际投资集团董事长兼总裁、曾入选福布斯富豪榜的广东知名民营企业家张克强涉嫌经济诈骗一案在云南昆明开庭。昆明市检察院指控，张克强等人利用云南中烟下属子公司兴云信的国企身份，绕开盐湖钾肥项目对民企设置的投资门槛，成功入股并获巨额收益，以 3.28 亿元套得 44 亿余元，非法占有国有资产，构成诈骗罪。公诉机关指控称，2006 年左右，盐湖集团重组 ST 数码，并将定向增发扩股以募集重组资金。为防止国有资

① 辛灵．盐湖重组获浮利 40 亿：是诈骗国资还是正常投资．http：//money.163.com/12/0111/07/7NFISOPG00252603.html，2016－5－2.

产流失，青海省国资委设定定向增发的条件是对象必须为国有企业。仅此一条，即把张克强拒之门外。“面对巨大的经济利益，一直经营民营企业的张克强等并不甘心，产生了非法占有国有股权的目的。”公诉人称，2006 年至 2008 年期间，张克强与广州市华美丰收资产管理有限公司总经理宋世新、副总经理曹迅毅和华美集团副总裁罗峰等人商议，利用兴云信的国企身份，虚构事实、隐瞒真相，收购青海盐湖集团股份成功后，再由张克强等人所有的华美集团、华美丰收将兴云信全部收购，从而占有 ST 盐湖的股份。公诉人称，2006 年，宋世新、罗峰、曹迅毅在兴云信公司董事长董晓云等人的配合下，持有兴云信的法人委托书、工商登记材料和云南烟草企业资质文件，以兴云信名义签订了增资盐湖集团 2 亿元和受让青海国投持有的 3818 万元盐湖集团国有法人股权的协议。此后，张克强等人向禾之禾、华美集团的股东、高管人员筹集了用于收购的资金共计 3.68 亿余元，其中有 4000 万元为兴云信投入资金。

张克强等人当庭否认指控，认为自己是正常的商业资本运作，此案有打压民企投资之嫌。张克强的辩护律师朱征夫提出：“多个法律法规显示，青海当时的盐湖开发明确鼓励利用民营资本和外资。并没有说股权不能转给民营企业或者外资企业，更没有说明只能转让给国企。”朱征夫还当庭反驳说“如果设了门槛是违法的。”针对当时是否设置投资门槛，青海盐湖在 2011 年 12 月 23 日发给云南省公安厅的最新说明函中表示，当时增发扩股操作是“优先选择国有企业”，但“没有《招股说明书》，当时可能有有关增发扩股条件说明的非正式宣传资料，但该类资料依照规定不属于归档保存文件，因此没有找到。”至于为什么不自己直接投资而是曲线入股，罗峰说有国有企业参与“好办事”。为何兴云信公司不自己投资，董晓云说自己需要华美的人脉。张克强辩护人朱征夫强调，张克强等人以信托方式投资，是正常的商业操作。《南方都市报》记者获得的资料显示，2006 年 7 月，华美以兴云信的名义增资青海盐湖集团。2006 年 11 月，华美与兴云信签订股权转让协议。但此次收购并未成功。为确保投资收益，2007 年 2 月，华美集团与兴云信签订信托协议，约定华美出资 3.28 亿元是委托兴云信以信托持股方式投资于“盐湖集团”项目。

研究有关案情，不难发现“张克强涉嫌经济诈骗案”系典型的“国企优先”观念破坏市场机理的案件。尽管从有关材料不难看出，上述民营企业具有以欺骗手段绕开地方国资委就盐湖钾肥项目对民企设置的投资门槛，但这样的欺骗行为不过是民营企业化解地方国资委违背市场规律为民营企业设置的不恰当的障碍的表现。有学者对此展开了专门的研究，从现代企业制度的基本原理来讲，“重国有、轻民营”的公司制度构成对非国有经济（尤其非公经济）的歧视。同样的问题也存在于《宪法》《民法通则》等法律法规中，以有“社会主义的公共财产神圣不可侵犯”的宣示为例，国有经济的优先地位一目了然。受此影响，改革开放以前公有经济一统天下，民营企业只能是非法抑或灰色的经济；即便改革开放以后，民营企业也不得不借“红帽子”创业，造“红帽子”自保。作为最适应市场要求，并且已经成为重要经济力量的民营经济，不仅需要面对国有与民营的公司的制度区分，打破国企垄断和争取平等地位的愿望与能力也很强烈。在他们谋求市场准入的时候，往往遭遇许可限制和土地瓶颈，为此他们往往不惜增加企业成本寻租、行贿，甚至冒“被公有”的风险借“红帽子”创业。当他们遭遇生产许可及融资的困难时，借“红帽子”自保是一个方面，如何生存进而寻求利益的最大化才是考验资本能力和智慧的硬道理。此时，民营企业不仅要继续通过包括行贿在内的各种手段尽力突破单方面存在于民营企业头顶的“制度天花板”，而且要使尽浑身解数来应对其他的干扰。其他的干扰，主要是指现存于社会治安和市场监管层面的问题。上述问题原本都属于正当市场秩序的范畴，是政府最该承担起来的职责，也是严重制约民营企业发展的因素。[①] 因此，民营企业是最适应市场经济的主体力量，各市场经济国家中国家对市场的介入都是非常慎重的，各国的国有企业原则上只参与那些民营企业不太愿意投资的项目和领域。但是，我国现在的情况完全相反，国家与民争利、国有企业挤压民营企业的情况还大量存在。在这样一种情况下，笔者以为具有衡平和救济作用的司法制度应该为符合市场机理、促进民营企业发展的制度保驾护航。在对民营企业为绕行非正当市场制度的行为进行界定的时候，要考虑到市场发展和国家的长远利益，从社会危害性的角度对有关行为的性质进行区分判断。

从社会危害性的角度对民刑交叉案件进行界定的时候，一定要注意到经济、社会发展的属性和规律。例如，在20世纪六十至七十年代，现代民营企业的一些雏形往往孕育在非法或者灰色的经济领域。此后相当长的时间内，代表生产力方向的民营企业长期受到国有企业的挤压，只能在国有企业无暇顾及或者无能为力的领域产生、发展，到现在民营企业已经发展成为中国经济的支柱和主力。实际上，民营企业的能力和效益远高于国有企业，这一点在国有企业与民营企业共同存在的一些领域，如物流、银行等行业表现得再明显不过。因此，鼓励先进生产力的发展对社会是有大作用的。从这个角度来讲，对民营企业的鼓励整体而言至少是对社会无害的。更何况在上述案件中，国资委阻碍民营企业以市场价格购买相关股份的行为明显属于阻碍民营企业发展的部门利益行为，当代中国利益部门化是很严重的。很显然，国资委的上述决定站在了国家利益和市场机理的对立面，因此作为具有公平、衡平属性的司法工作应当承担起从社会危害性角度区别对待有关行为的责任。

受上述政策思想的影响，“张克强涉嫌经济诈骗案”中尽管有关民营企业存在欺骗性购买股份的行为，但以正常市场价格购买股份的行为绝难具有非法占有的目的。如果硬要说有关行为违反了所谓的法律和规定，那也只是违反了国资委等以部门利益为出发点的阻碍市场发展的某些“禁令”。从社会危害性有无的角度，这些“禁令”的合法性与合理性都是有疑问的。考虑到这些，“张克强涉嫌经济诈骗案”只能按照合同纠纷处理，而不应该成立相关的诈骗犯罪。

---

① 周建军. 中国民营企业犯罪治理的刑事政策研究. 政治与法律，2012（7）：59－61.

三、刑法契约思想的区分作用

根据刑法契约的思想，合同纠纷属于民事纠纷，对合同纠纷的处理要遵守民法的私权自治原则，由当事人通过民事诉讼实现补偿。公安机关作为行政机关和执法机关，代表国家公权力，不应以行政机关的身份介入合同纠纷。相反，合同诈骗属于刑事案件，公安机关应当积极立案，不能拖延推诿。

在民商事法律中，合同利益是当事人意思自治的体现。只要没有对公共利益抑或基本规范产生破坏作用，合同事务应当依当事人的意思进行处分。一旦发生了合同纠纷，应依契约思想，按照当事人意思自治处理好纠纷事务，刑事法律原则上不得介入。即便发生了影响公共利益及其规则的行为，刑事法律的介入也要谨守谦抑原则的要求，尽可能发挥市场主体的地位和作用，遵循市场的属性和规律，通过市场来处理问题。一旦违反了上述契约思想，如同吴英案件所表现出来的那样，当事人遭受巨大损失还在其次，债权人的利益也无法得到保障。这样整个案件的处理，对国家和对相关合同的双方当事人都有害无益，社会效果极差。当然，如前文所述，当前我国立法对合同纠纷与合同诈骗界定不清，也给司法机关带来了执法的困难。要解决立法上的界定问题，同样需要遵循民法的私权自治原则，将侵害方的履行能力以及补偿能力作为案件性质区分的重要因素。

四、法制原则的区分作用

在合同纠纷与合同诈骗的区分中，需要系统理解法制原则的地位和作用，否则容易发生错位的问题。

首先，司法在处理合同纠纷和合同诈骗案件时应当严格遵守依法行政原则，不能故意地将合同纠纷诈骗化处理或者将合同诈骗纠纷化处理。这一依法行政原则是司法机关在合同案件处理上的最低要求，违反这一要求的司法机关实质上已处于违法的境地。

其次，依法行政原则还要求司法机关严格把握合同案件的相关法律，不能过失性地将纠纷诈骗化或者将诈骗纠纷化。这是依法行政原则对司法机关的另一个要求，为此司法机关有必要准确把握合同纠纷与合同诈骗的相关立法，防范过失地将合同纠纷诈骗化或合同诈骗纠纷化。

最后，依法区分合同纠纷与合同诈骗的时候，还需要考虑到上述两类案件之间的交叉、转化关系。根据刑法契约的思想，合同纠纷与合同诈骗的区分是相对的，相关的错位问题也应该放在相关的经济纠纷系统的背景下来解决。有关的民事和刑事法律（广义上还包括相关的司法解释）普遍存在自由裁量的范畴，民事化还是刑事化不仅要考虑到相关案件行为的作用和性质，还要根据系统治理相关问题的需要，结合具体的条件，综合考虑法益恢复、市场自由与秩序的要求，寻求最为系统、妥当的解决方案。

第三章　合同民刑交叉错位的具体形态与危害

民刑交叉是指案件因素同时涉及民事、刑事案件的情况。实践中，合同纠纷最容易形成民刑交叉的问题。考虑到合同主体及其利益的复杂性，相关的民刑交叉因素往往总是相互牵连、影响、变化的，加之司法权力的滥用，屡屡发生两类极其严重的民刑交叉错位的问题——纠纷的诈骗化和诈骗的纠纷化。纠纷的诈骗化是指将合同纠纷案件错定为合同诈骗的情况，笔者称其为“合同纠纷诈骗化”；与之相反，诈骗纠纷化是指将合同诈骗犯罪行为错误界定为合同纠纷的情况，亦即“合同诈骗纠纷化”。这两类问题的解决，不仅需要考虑到民刑交叉错位的动态本质，而且需要研究合同纠纷与合同诈骗民刑交叉的具体表现形式，在此基础上才有可能形成系统、有效的治理方案。

第一节　合同民刑交叉错位的欺诈形态

民刑交叉案件的错位就是指由于民刑案件中存在交叉因素，导致实践中出现错位定性——民事因素刑事化或刑事因素民事化，这也是“合同纠纷诈骗化”或“合同诈骗纠纷化”问题的基础。合同民刑交叉错位问题与相关的欺诈问题密切相关。一方面，合同纠纷的原因和表现形式多种多样，问题最严重的要属合同欺诈；另一方面，合同诈骗也与相关的欺诈行为密切相关。因此，合同欺诈本质构成与表现形式的研究对于相关民刑交叉错位问题的研究非常重要。

合同纠纷的原因和表现形式多种多样，问题最严重的要属合同欺诈。所谓欺诈，就是以欺骗、伪造的手段达到某种目的的行为。从现代词义学的角度来讲，欺诈和诈欺的含义相同。至于行为人是否以非法占有他人财物为目的，这对其行为性质是否属于欺诈并无影响。[①] 在大陆法系国家，欺诈是一种恶意，即以欺骗手段使相对人陷入错误或者利用相对人的错误使之成立不利的法律行为。[②] 正因为如此，合同欺诈与合同诈骗并不是完全相同的概念。一方面，考虑到诈骗行为必须具备非

① 赵秉志．防治金融欺诈——基于刑事一体化的研究．中国法治出版社，2014：128.

② 周楠．罗马法原论．商务印书馆，1996：590.

法占有的目的，合同诈骗与合同欺诈之间甚至还具有某种意义上的从属关系，即合同诈骗行为也是广义上的合同欺诈行为中的一种。另一方面，历史上不区分欺诈（诈欺）和诈骗的情况也是很普遍的。例如，《唐律疏议·诈伪律》在第373条“诈欺官私财物及知情而取买藏”中规定：“诸诈欺官私以取财物者，准盗论。”既然是以“准盗”论处，根据窃盗行为的性质，必然涵括非法占有的目的。由此可见，在《唐律》中诈欺与诈骗意义相同，都包含了非法占有的目的。这种情况也得到了我国台湾地区“刑法典”的支持，该法第32章“诈欺背信及重利罪”第339条（普通诈欺罪）明确规定：“意图为自己或第三人不法之所有，以诈术使人将本人或第三人之物交付者，处五年以下有期徒刑、拘役或科或并科一千元以下罚金。以前项方法得财产上不法之利益或使第三人得之者，亦同。”不难看出，诈欺犯罪也具有非法占有的目的。类似的情况，还有《美国模范刑法典》第223.3条（欺诈方式的盗窃）的规定：“行为人蓄意地以欺诈方式取得他人财产的，构成盗窃。行为人蓄意地实施下列行为的，即为欺诈……”总的来说，诈欺或欺诈与诈骗之间具有千丝万缕的联系。从这个意义上来讲，合同欺诈行为本质及其表现形式的研究，对合同民刑交叉错位问题的界定、治理具有先决性的地位和作用。

与此同时，根据行为主义或客观主义的要求，合同纠纷与合同诈骗的区分也需要从合同欺诈的构成和表现形式着手。

一、欺诈的本质构成

正像吴英案和“张克强涉嫌经济诈骗案”所反映出来的，欺骗行为与欺诈之间是有区别的。因此，合同民刑交叉的研究有必要对欺诈的本质构成作出说明。

（一）欺诈的含义

“欺诈”一词在汉语中，是指用狡猾奸诈的手段骗人。关于欺诈的立法，我国《云梦秦简》中最早出现了关于欺诈的规定，如“矫丞令”“发伪书”等。之后，战国时期的《法经》中将欺诈记入盗贼篇中。汉代的《贼律》中有“诈取（骗取财物）”的罪名。三国曹魏时首创《诈伪律》。北齐时，曾将这种行为改称为“诈欺”，北周时又将其恢复为“诈伪”，并为以后历代所沿袭。《唐律》中开始将“诈伪”列为十二篇篇名之一，详细规定了有关诈骗与伪证方面的法律。至明代，“诈伪”又被列入刑律篇。晚清时期仿德国和日本的民法，制定了《大清民律草案》，关于欺诈的规定沿袭了德国的规定。民国时期的《中华民国民法典》在总则中对民事欺诈进行了规定。新中国成立后，民事欺诈法律规定得到进一步完善与发展。我国民法通则的司法解释①将欺诈定义为：“故意欺骗他人，使其陷入错误判断，并基于此错误判断而为意思表示之行为。”因此，欺诈行为的实质是使受骗者

---

① 1990年12月5日最高人民法院通过的《关于贯彻执行〈中华人民共和国民法通则〉若干问题的意见》第69条。

陷入或者继续维持处分财产的认识错误进而处分财产的行为。①

在国外，欺诈的规定最早可以追溯到古罗马。古罗马法认为，一切为使相关人受骗或犯错误以便使自己得利的伎俩或欺骗，均为诈欺。例如，拉贝奥给诈欺下的定义是：一切为蒙蔽、欺骗、欺诈他人而采用的计谋、骗局和手段。② 同时，罗马法将欺诈分为善意欺诈和恶意欺诈。善意欺诈指交易习惯允许，法律不禁止的夸耀和吹嘘。例如，矛和盾的出售人作出的“自相矛盾”的吹嘘。但是，如果是交易习惯不允许且法律也禁止的欺诈则为恶意欺诈。例如，把镀金的首饰说成是纯金的首饰；把次品说成是正品；或者故意隐瞒产品存在缺陷的事实等。《德国民法总论》中认为，“欺诈是指有意（故意）引起某种错误。”③《布莱克法律辞典》解释：“欺诈是指故意歪曲事实，诱使他人依赖于该事实而失去属于自己的有价财产或放弃某项法律权利。”④《牛津法律大辞典》对诈欺的解释是：“在民法上，诈欺是一种虚伪陈述，或图谋欺骗的行为，通常以故意做虚假陈述或者做出其本人并不相信其真实性的陈述，或者不顾其是否真实而做出的陈述等方式构成，并意图（并且事实上如此）使受骗人引以为据。但是，诈欺同样也可以以隐瞒真相或故意不做出其理应做出的陈述方式，或者通过行为构成。”⑤

关于“欺诈”的定义，梁慧星教授认为：“所谓欺诈，指故意欺骗他人，使其陷于错误判断，并基于此错误判断而为意思表示之行为。”⑥ 王利明教授认为：“所谓欺诈，是指故意告之对方虚假情况，或者故意隐瞒真实情况，诱使对方基于错误判断作出意思表示。”⑦

综上，欺诈就是行为人主观上存在制造假相、隐瞒事实的故意，并实施了相应的行为，从而使他人误解上当的行为。只要欺诈行为人有故意实施欺诈行为并有导致他人误解上当的可能性，就构成欺诈。

（二）欺诈的构成要件

一般说来，欺诈行为的构成包括三个必要的条件：

1. 在客观方面，欺诈人实施了虚构事实、隐瞒真相的欺诈行为，而且该行为超过了法律、道德或交易习惯所允许的范围。

第一，欺诈必须达到一定的程度，即捏造并不存在的事实，或者明知事实的真相却不予以告知。如果只是行为人说话夸张，如商业吹嘘，或者虽然信息很有用，

① 张明楷．诈骗罪与金融诈骗罪研究．清华大学出版社，2006：59.

② ［意］彼德罗·彭梵得．罗马法教科书．黄风译．中国政法大学出版社，1996：72－73.

③ ［德］迪特尔·梅迪库斯．德国民法典．邵建东译．法律出版社，2000：594.

④ 曹建明．国际经济法学．中国政法大学出版社，2000：163.

⑤ ［英］戴维·M·沃克．牛津法律大辞典．李双元，等译．光明日报出版社，1988：350.

⑥ 梁慧星．民法总论．法律出版社，1996：170.

⑦ 王利明．民法．中国人民大学出版社，2000：106.

而行为人没有意识到该信息应当告知相对人，或者行为人根本不知道该信息，那么则不能认为行为人实施了欺诈行为。例如，2011 年某月，吉某向胜利汽车销售商购买 D 牌汽车，因客户需要的车型没有现货，在吉某支付完车款后，胜利公司遂从总代理某盛公司调来一辆全新的 D 牌车。由于某盛公司离胜利公司的距离不远，因此吉某一直在车场等候新车。在车子到达胜利公司后，尚未入库，吉某即开走了新车。但是，在车辆使用过程中，吉某发现该车辆存在刮痕，随后交相关部门鉴定，发现车子发动机盖、翼子板、前部表面漆膜均有修补过的痕迹，鉴定结论为该车的前部表面曾进行过修复作业。胜利公司将该车返还给某盛公司，某盛公司立即将车辆转卖给其他车主。

对于该案，由于胜利公司根本不知道卖给吉某的车辆存在修补问题，因此其不存在虚构事实或隐瞒真相的欺诈行为，不能认定为欺诈。

第二，欺诈可以分为作为与不作为两类。所谓作为，就是用积极的行动实施的欺诈行为，即虚构事实。作为的形式是欺诈最常见的一种形式。所谓不作为，是指行为人有履行告知真实情况的义务，却故意不履行告知义务而构成的欺诈行为，即隐瞒真相。如卖方明知其出售的是赝品，按照法律、合同或交易惯例有义务在交易中告诉交易相对人，但是卖方却不予以告知，这就是以不作为的形式构成的欺诈。行为人告知义务产生的根据有法律上的规定、合同的约定，还有交易习惯或者诚实信用原则的要求。欺诈在客观方面，并不要求有他人上当受骗、造成损害的实际结果发生，只要可能使他人产生错误的认识即可。因为欺诈行为从根本上违反了法律的基本原则和公认的商业道德，故即使未造成任何人的实际损害，也扰乱了正常的竞争秩序和社会经济秩序，具有社会危害性。因此，对欺诈行为认定的基本点是行为，不是结果。“可能使他人产生错误认识”的情况的确定，是根据主观标准还是根据客观标准来判断呢？主观标准是根据特定受欺诈人的具体情况，如学历、知识水平、年龄、经验技能、经历等来判断，而客观标准是依据欺诈是否可能使一个理性的普通人在施以平常注意力的情况下产生误解来判断的。有专家认为，判断是否“可能使他人产生错误认识”主要应采用客观标准，也就是梁慧星教授讲的“经验法则”，当然“经验法则”不能绝对化。主要采用客观标准有利于执法和司法人员掌握，因为客观标准不仅易于把握，而且可使执法和司法人员设身处地思考自己若是受欺诈者会作出何种反映，同时客观标准会使人更容易地考虑受欺诈者是哪一类人。

2. 在主观方面，欺诈人有欺诈的故意。即欺诈人有使被欺诈人陷入错误之意思，并使被欺诈人基于错误的判断而作出一定的意思表示或一定行为的意思。

欺诈的主观方面也是欺诈构成的基本要件之一，人的行为是受人的意识和意志支配的，欺诈是主观要件和客观要件的有机统一构成的。欺诈的主观方面和客观方面是对立统一的关系，是与欺诈行为紧密联系、相互依存、相互渗透的。

欺诈的主观方面只能由故意构成。所谓欺诈故意，是指欺诈的主体明知自己的欺诈行为会引起他人上当受骗的结果，并且希望或者放任这种结果发生的主观心理态度。在认识因素方面，行为人明知自己的欺诈行为会引起他人上当受骗的结果，在意志因素方面，行为人对引起他人上当受骗的结果抱着希望或者放任的态度。根据认识和意志因素方面不同的情况，我们可以把欺诈故意分为直接故意和间接故意。直接故意是欺诈行为人明知自己的行为会引起他人上当受骗的结果，并且希望这种结果发生的心理态度。在认识因素方面，直接故意既可以包括认识到他人上当受骗的危害结果的必然发生，也可以包括认识到使他人上当受骗的危害结果可能发生；在意志因素方面，直接故意对使他人上当受骗的结果抱着希望发生的态度，“希望”是积极追求使他人上当受骗的一种心理状态，具有直接追求性的特点，这一心理状态和特点与欺诈的目的是一致的，欺诈行为人对此有强烈的愿望。间接故意是欺诈行为人明知自己的行为会引起他人上当受骗的结果，并且放任这种结果发生的心理态度。在认识因素方面，间接故意行为人只能认识到使他人上当受骗的可能性，而不能认识到其必然性；在意志因素方面，间接故意是放任使他人上当受骗结果的发生，所持的是一种消极的、放纵他人上当受骗结果发生的心理态度。间接故意以追求其他某种目的的行为为前提，具有伴随性的特点。在欺诈的构成要件中，无论行为人的主观心理状态是直接故意还是间接故意，都不影响其行为的构成，但是过失行为不能构成欺诈行为。

如上文通说所述，如果欺诈人仅是为了获取交易机会，则属于合同欺诈；如果是为了获取他人的财产，则属于合同诈骗。关于欺诈人主观上是否存在故意，从保护合同相对人的角度看，不应当过于严格，应当综合双方的能力进行考虑。例如，2010 年某月，原告汪某在被告广东某电脑公司购买德国产 B 牌台式电脑，价格为 6600 元。在购买过程中，被告向原告承诺，该电脑是德国原装进口，而且在被告的销售展示厅中悬挂、摆置着许多德国电脑的认证标志、授权委托书和图片等，《使用说明书》亦用英文载明该电脑系德国制造，并在封面上用中文注明是德国 B 牌电脑的字样。后来由于被告不能提供该产品即为原装进口德国制造的证据，同时在 B 牌电脑销售过程中存在虚假宣传、虚构生产产地等一系列欺诈消费者的行为，被告供应商东莞某公司受到广州市和东莞市工商行政管理局的处罚。但是，原告在使用该电脑过程中，电脑未出现过任何质量问题。

对于该案，被告认为，其不知道供应商提供的产品是假货，其不存在欺诈的故意，而且产品未出现过任何质量问题，原告没有任何损失，故其行为不构成欺诈。但是，原告认为，产品的质量与本案无关，其也未在本案中对产品质量提出任何请求；但被告销售的电脑不是进口电脑，使原告在物质和精神上均遭到损害，被告销售的产品明知不是进口产品，却以进口产品对外销售，明显存在欺诈。法院经审理后认为，被告作为销售者，其对销售商品的产地等信息应比消费者有更多的了解，并在进货时负有谨慎的审查义务，应对商品的原产地负有举证责任。同时，被告对外宣称其销售的电脑为德国原装进口，对此却不能提供证据证明，实际上为其提供

B 牌电脑的供货方东莞某公司已被有关工商部门查实，该公司提供的电脑确非德国原装进口。针对上述情况，可以认定被告销售给原告的 B 牌电脑并非德国原装进口，被告的行为已构成对消费者的欺诈。

对于这个案件中的被告主观上是否存在故意，法院综合作为销售上的能力进行了考虑，并未简单认定其主观上不存在故意。事实上，对欺诈构成的认定上过严，只会使经营者很容易免责，而消费者显然无力也无法去维护自己的权益，这对消费者是极不公平的，也不符合社会正义。

3. 欺诈人的欺诈行为与被欺诈人的错误认识有因果关系，并依据该错误认识而订立合同。所谓因果关系，是指人们对客观事物之间的客观联系的认识，它具有客观性。法学上的因果关系不是研究一般自然现象的因果关系，而是研究一定的社会现象，是有人的行为参与的现象间的因果关系，并且一般地说主要是研究有一定法律意义的人的行为与特定的法律后果之间的因果关系。根据欺诈的本质特征，合同欺诈行为也应该符合使受骗者陷入或者继续维持处分财产的认识错误、进而作出一定意思表示的本质特征。在认定欺诈行为与被欺诈人的错误认识之间的因果关系时，应当注意：第一，要重视因果关系的时间的连续性。因果关系的时间连续性表现为原因在前、结果在后，前一现象是原因，后一现象是结果。从因果性上说，总是一定的原因引出一定的结果的，但从我们分析案件的具体情况说，一般是从损害事实开始，将损害事实作为结果，去探究引起这一结果的原因中有无当事人的行为。这时我们应当小心，不能把当事人的违法行为实施前已存在的现象作为结果。第二，要注意因果关系的客观性。因果关系是客观存在的，是不以人的主观意志为转移的，也不是由常人的观念所决定的。所以对因果关系的认定，必须建立在对实际情况的客观调查研究上，要反映事实的真相，而不能建立在主观臆断上。第三，要注意因果性表现的多样性。所谓多样性，是指损害结果原因包括当事人行为在内的诸因素引起的，当事人行为作为原因力的表现是不同的。

例如，张某的房屋坐落于云南昆明市某区，房屋所有权证记载的建筑面积为 50 平方米，用途为住宅。张某在某报纸上打出广告：低售门面，50 平方米，90 万。胡某看到该广告后，便和张某联系买房事宜。看房期间，张某向胡某提供了房屋产权证、与某打印社签订的租赁协议书等。胡某看到所出售的房屋已经将窗改成门，并由某打印社承租。2014 年 1 月，双方签订了买卖合同，胡某向张某支付部分购房款 50 万元。然而，在房产部门办理房屋过户手续时，胡某发现所购买的房屋没有“窗改门”的审批手续，也就是说该房并非经营性用房。于是，胡某以欺诈为由起诉至法院，请求法院判决撤销合同，张某退还购房款及利息，并承担违约责任。

对于该案，有的人认为，张某已经将房产证出示给胡某，房产证上载明房屋是住宅，因此张某没有将“窗改门”无审批手续的事实告知胡某与胡某陷入错误认识之间没有因果关系，所以张某的行为不应认定为欺诈。但笔者认为，从张某在报纸上打广告出售“门面”，以及“窗改门”后将房屋出租给打印社的行为看，张某未将“窗改门”未经审批的事实告知胡某，以及广告上提供的信息等与胡某陷入错误认识之间存在因果关系，张某的行为应当认定为欺诈。

二、合同欺诈的含义与表现形式

如上文所述，广义的合同纠纷包含了合同诈骗。从这个角度看的话，合同欺诈可以定义为：行为人故意隐瞒与订立合同有关的重要事实或者提供了虚假的情况致使对方作出了错误的意思表示，这种错误的意思表示或者是订立合同的意思表示或者是处分财产利益的意思表示。为了便于区别，本文将行为人为获取交易机会而为的欺诈称之为合同欺诈，把为非法占有他人财物而为的欺诈称之为合同诈骗。

对合同欺诈的各种表现形式进行归类，需要找到合理的归类标准。笔者综合合同订立与生效的要件以及合同履行情况，认为合同欺诈的表现形式可以从主体的身份、主体的能力、合同标的以及合同履行四个方面来进行归类。

1. 身份欺诈。身份欺诈是合同主体方面的欺诈。合同主体是指签订与履行合同的当事人。身份欺诈具体包括虚构主体、冒用主体、夸大或者隐瞒主体的资格。例如，以虚假的单位证明文件，如介绍信、资质证明等，来证明自己的身份，仿冒他人签订合同；或者以虚构单位的名义对外订立合同；或者隐瞒其身份；或者盗用其他单位名义对外订立合同。

例如，2012 年 3 月，原告艾某因脸上存在黄褐斑而在被告某公司星辰美容美发店办理了祛斑套餐，并支付了 5000 元的款项。原告在接受被告服务后，认为祛斑效果与其预料的结果和被告承诺的结果都不符，美容服务反而使其脸部的斑点沉着累积严重，与被告交涉未果后起诉到法院。经法院调查，被告某公司并无医疗美容服务的相关资质。对此，被告辩称：原告在被告处接受的只是一般的皮肤护理，并非仪器祛斑，被告未使用医疗仪器和医疗产品，没有恶意欺诈行为，被告行为和原告损害没有因果关系。

对于该案，笔者认为，《医疗美容服务管理办法》第 24 条规定：任何单位和个人，未取得《医疗机构执业许可证》并经登记机关核准开展医疗美容诊疗科目，不得开展医疗美容服务。该办法第 19 条规定：医疗美容服务实行主诊医师负责制，医疗美容项目必须由主诊医师负责或在其指导下实施。由此可见，普通的美容美发机构以及无行医资格的人员无权提供医疗美容服务。因此，在案件审理中，除要求美容美发机构提供营业执照、卫生许可证外，还应要求其提供《医疗机构执业许可证》以及相关人员的从业资格证。美容美发机构在指定期限无法提供相应材料的，应当认定其不具有从事医疗美容的资质。被告向原告承诺能祛斑，而且未将其不具备医疗美容资质的事实告知原告，存在身份欺诈。

2. 能力欺诈。能力欺诈包括缔约能力和履约能力两个方面的欺诈。如在建设工程合同中，投标者明明达不到招标者所要求的资质，却通过虚假文件提升自己的资质以达到签订合同的目的，这就是典型的缔约能力方面的欺诈。履约能力的欺诈则是指在明知自己没履行合同能力的情况下，还与对方签订合同。

例如，2010 年 9 月，原告钱某通过网络了解到云南昆明某经典公司面向全国从事某曼服装店的加盟招商工作，钱某便到该经典公司了解相关情况。2010 年 9 月 15 日，钱某与该经典公司签订了某曼服饰合同书。签订该合同书后，钱某向该经典公司交纳加盟费共计 100000 元。合同签订当日，该经典公司向钱某出示了某曼公司的授权书。此后，钱某为开展经营承租了店面并进行了装修，采购了经营用品，支付了大量相关费用。但是，被告从来没有对原告的经营提供过任何指导和帮助。后来，钱某了解到，某经典公司没有开展特许经营活动的资格；某曼商标的申请人为陈某，商标状态为驳回复审申请，与双方合同的承诺与保证中所约定的商标所有人不符。此外，某经典公司提供的商品种类单一而价格高昂，且存在并非某曼品牌的商品，商品质量又存在版式不对等问题。最后，某经典公司在进行首次供货后，该公司网站显示没有足够商品可供采购，且钱某首次进货和登录网站后看到的商品与其最初在某经典公司展厅看到的不符。

对该案，被告没有特许经营的资质，却伪造其他公司授权书，骗取钱某的信任，取得了与钱某签订特许经营合同的机会，属于典型的缔约能力的欺诈。

3. 标的欺诈。标的欺诈是最常见的合同欺诈形式，其具体形态多种多样。例如，出示不真实的商品说明书；产品的产地或者质量证明造假；没有专利而谎称其产品属于专利产品，或者冒充他人的专利产品；印制虚假的质量标志，或者在产品过期后改注生产日期；假冒他人的注册商标等，以此来达到骗取对方当事人对自己的商品产生信任的不法目的。①

例如，王某于 2005 年 3 月 20 日在某食品商店购买牛奶 10 盒，共计 150 元。王某在饮用该牛奶的过程中发现牛奶存在异味，经仔细查看包装发现牛奶的保质期被改过。在王某购买牛奶时，该牛奶早已超过保质期 3 天。同年 3 月 25 日，王某就其购买的牛奶向商店要求退款并进行双倍赔偿。就这个案件而言，食品商店更改牛奶保质期的行为显然构成标的欺诈，应当承担相应的民事责任。

4. 履行欺诈。履行欺诈属于履约欺诈，与前述的缔约欺诈有明显的不同，往往是在订立合同时并没有欺诈的任何故意，但在履行合同过程中因为自己情况的变化，或者因为了解到对方当事人过于善良、经常疏忽大意，或者对方当事人企业管理松散等原因，而产生欺诈的故意。

例如，苏某在高考期间，欲通过近视眼手术矫正视力后获得报考军校的资格。其在网上查询了治疗医院信息后，点击自称权威的某明亮眼科医院，在网络对话中得知检查费不到二百元后，苏某预定下午就诊。苏某到医院后由刘医师接诊，刘医师要求苏某去做检查并开具相应的检查单，但检查费近三百元。苏某心想到哪儿都

① 隋彭生．合同法论．法律出版社，1997：153.

要检查，检查费应该大致相同，遂交费进行了检查。刘医师在拿到检验单后，建议苏某及时做手术。苏某随即问到近视手术需要花费多少钱，刘医师答道："需要花费六七千左右，不会超过八千。"苏某觉得自己可以承受这个医疗价格，所以答应请他做手术。刘医师询问苏某带了多少钱之后，给苏某开具了进一步检查和眼药的费用，共计1000余元。一周后，苏某支付了6980元的手术费后，接受了近视眼手术。手术之后，刘医师对苏某说："手术很成功，你后期再继续巩固治疗一下，效果更好。"苏某想，既然医师这样认为，肯定听医师的比较好，就同意了刘医师的建议。于是，刘医师随即又开出各种后期检查和治疗费用共计3000余元。后来，苏某听同班同学说也进行过同样的近视手术，而且价格便宜很多，苏某遂到公立医院去咨询，得知其手术如果在公立医院治疗将少花3000多元，遂向法院起诉主张该明亮眼科医院构成医疗服务合同欺诈，要求该明亮医院按照与其等级相同公立医院的收费返还多收的费用。

在本案中，某明亮眼科医院的刘医师一开始并不存在欺诈的故意，但在履行过程中因了解到苏某过于相信医生的善意，从而产生了欺诈的故意，这就是一种履行欺诈。

上述欺诈形式的认定，不仅符合使受骗者陷入或者继续维持处分财产的认识错误并进而处分财产的本质特征，也是区分合同纠纷与合同诈骗的基础。但是，上述欺诈行为形式的归纳并不是区分合同纠纷与合同诈骗的全部，问题的关键在于相关民刑交叉因素的动态特性——案件行为究竟是民事合同纠纷还是刑事合同诈骗，不仅取决于基本欺诈行为类型的归类，也取决于系统理论视野下的治理方案。所谓系统理论视野下的治理方案，是指民刑交叉案件中相关交叉因素的处理存在亦民亦刑、或民或刑两种选择，如何处置并非只有一种范式，应当综合考虑当事人的意愿、相关利益的促成或恢复等因素，作出符合法制原则并有利于经济关系维护的处理。

三、合同欺诈与合同诈骗的关系

从我国法律的规定来看，合同欺诈和合同诈骗两者在客观上都具有欺骗对方当事人的行为，即虚构事实、隐瞒真相。行为人编造不存在的事实，骗取对方当事人的信任属于虚构事实；行为人掩盖客观存在的基本事实，不履行告之义务属于隐瞒真相。两者在客观表现方面有很多相似之处，但是行为目的是不同的，合同欺诈是为了骗取对方信任后签订合同，而合同诈骗是为了骗取对方的财物。从法律后果来看，合同欺诈产生两种民事法律后果：一种是《合同法》第54条规定的，一方以欺诈的手段，使对方在违背真实意思的情况下订立的合同，受损害方有权请求人民法院或仲裁机构变更或撤销合同；[①] 另一种是《合同法》第52条规定的，一方以

---

① 《合同法》第54条。

欺诈手段订立合同，损害国家利益，则合同无效。[①] 合同诈骗也会产生两种法律后果：一是情节轻微的合同诈骗，可以按照《治安管理处罚法》第49条进行行政处罚；另一种是社会危害严重，构成犯罪的，依照《刑法》追究刑事责任。打击合同诈骗必须使用公权力，用严厉的行政处罚、刑事制裁以及刑事附带民事诉讼的方式惩罚犯罪，保护受害人的财产权利。

按说处理合同纠纷与合同诈骗的法律手段界限是清晰的，但考虑到相互交叉的因素，出现民事因素的刑事化抑或刑事因素的民事化就不难理解了。事实上，由于民刑交叉的现象难以区分，给司法实践带来了很多的困扰：应该是合同纠纷的案件却被错定为合同诈骗，这不仅存在公权力的滥用，而且浪费了大量的司法资源；与之相反，应该是合同诈骗的却错误地认定为合同纠纷，这不仅歪曲了法律的本义，而且加剧了社会矛盾。尤其是“以钱买刑”的问题时有发生，在刑事和解制度改革、推行的过程中遇到过，可直到现在也没有更好的办法解决。因此，在合同纠纷与合同诈骗的区分中，需要尽量抑制相关制度的社会影响，严格依法而又能尽量做到让民众满意。

区分合同欺诈与合同诈骗，无论是理论上还是在实践上都存在较大的难度。因为关系相当密切，区分难度大。具体而言，二者的区分中目前存在两个难点：一是合同欺诈与合同诈骗的区分；二是合同欺诈与合同诈骗的转化。

（一）合同欺诈与合同诈骗的区分

一般认为，行为人是否因签订、履行合同而非法取得了财物是区分合同欺诈与合同诈骗的关键。合同欺诈与合同诈骗在客观表现上极其相似，即行为人采取欺骗方法与对方签订或履行合同。但是，合同诈骗的行为人意欲非法占有相对方的财物，并且在合同签订和履行过程中采取了虚构事实、隐瞒真相等诈骗方法，使得对方当事人自愿交付了财物。在取得对方的财物后，行为人又采用逃匿、挥霍、还债等方法处分他人的财物。而合同欺诈和合同诈骗最大的区别就在于欺诈的目的是签订合同，并能对合同义务积极承担和履行，但出于客观的原因而不是主观原因有可能没有履行合同义务，如客观原因可能是资金周转困难、货物备货困难、信息不畅、自然条件变化等，合同欺诈的行为人对于已经取得的财物一般不会继续采用虚构事实或者隐瞒真相的方法掩盖占有他人财物并自行侵吞，而会想方设法予以偿还或者交货。[②]

有学者认为，成立合同诈骗罪的前提条件是不具备履行合同的实际能力。明知自己没有履约能力，而在主观故意上制造假象，采取虚构事实或者隐瞒真相等手

① 《合同法》第52条。

② 赵秉志，于志刚. 合同诈骗罪犯罪目的之分析与认定. 黑龙江省政法管理干部学院学报，1999（2）.

段，使对方当事人产生误解或错觉，“自愿”交付财物，从而达到骗取财物的目的。① 还有学者认为，行为人除了是否具备履行合同的实际能力之外，是否有履约的诚意也是合同欺诈与合同诈骗的一个区分条件，如果行为人只是把这种履行能力作为欺骗对方当事人的一个诱饵，则不能因其具有履行能力就排除其行为构成合同诈骗罪。② 因而，也有学者认为，准确区分合同诈骗和合同欺诈，不能仅以行为人在客观上是否存在具有履约能力或担保来认定，还要考虑其主观方面。③

笔者认为，学者研究合同诈骗时，大多是从刑法的角度，特别是从犯罪构成的角度进行思考。这一研究方法固然遵守了学术研究应有的思路，但是因为犯罪构成的理论过于抽象，所以学者的研究成果也略显抽象，对于司法实践问题的解决并不能起到很大的作用。如果对这一问题的研究过分地注重目的、意思表示、能力等较为内在和抽象的要素，那么对于司法实务界的指导意义可能会有所降低。在此，笔者尝试从合同的实际签订及履行形态来分析合同诈骗。因为合同诈骗罪是利用合同进行诈骗，所以对合同诈骗罪的分析，有必要从合同本身的角度进行分析。

首先，合同的签订过程中的诈骗会导致合同根本不成立，产生合同法上的缔约过失责任。此种情况下的诈骗属于合同诈骗罪还是诈骗罪，有待商榷。其次，在合同已经成立的情况下，合同诈骗首先表现为通过签订合同，诈取对方当事人的定金、诚意金或者首付款，并从此消失，根本不打算履行合同。再次，在合同已经成立的情况下，合同诈骗深入到更为后期的阶段，其重要表现之一为骗取对方货物或者货款。最后，还有的诈骗则隐藏更深，主要表现为利用数个合同进行诈骗或者利用分期履行的合同进行诈骗。这一形式中，诈骗方会先履行前几次的合同或者合同的前几期，骗取对方的信任，以达到更大金额的诈骗目的。以上阶段中，前两个阶段容易与合同欺诈区分，而后两个阶段是实践中最难与合同欺诈相区分的。

为进一步阐释有关问题，特以案例作出说明。某市甲区法院于 2013 年 3 月 1 日受理了原告汪某诉被告王某房屋买卖合同纠纷一案，2013 年 3 月 2 日又受理了金某诉王某民间借贷纠纷一案。经审理查明，王某于 2009 年 12 月向春天房地产开发公司购买了惠民园 D－1－1402 号商品房一套、车位一个，双方签订了商品房购销合同并进行了备案登记。2010 年 7 月，王某将商品房购销合同交金某作为抵押，向金某借款人民币 200 万元。2010 年 11 月，王某又伪造了春天房地产开发公司的公章，制作了惠民园 D－1－1402 号商品房购销合同一份，并交付给章某作为抵押，向章某借款人民币 150 万元。2012 年 1 月，章某将王某诉至某市乙区法院，双方经法院调解达成民事调解协议，之后由于王某未履行调解协议，乙区法院于

---

① 刘荣生，但伟. 破坏市场经济秩序犯罪. 中国方正出版社，2001：830.

② 吕敏. 合同诈骗犯罪的认定. 法学，1994（2）.

③ 刘中发. 论合同诈骗罪的罪过形式及定罪界限. 黑龙江省政法管理干部学院学报，1999（4）.

2012 年 4 月对王某的房屋 D－1－1402 号进行预查封，并向房管部门送达了协助执行通知书，因未找到王某乙区法院未向王某送达房屋查封的民事裁定书。2012 年 5 月，王某向春天房地产公司调取商品房购销合同后，将惠民园 D－1－1402 号房屋及车位卖给汪某，双方没有到房管部门进行查询。之后，汪某发现其持有的钥匙打不开房门，并发现金某已入住该房，从而引发争议，汪某向甲区公安机关报案。之后金某、章某也到公安机关报案，三人均认为王某的行为涉嫌合同诈骗。甲区公安机关立案后将王某逮捕，并进行侦查，甲区公安机关向甲区检察院提起公诉。甲区检察院认为，王某与金某、章某之间存在民间借贷关系，与汪某之间存在房屋买卖合同关系，王某将商品房购销合同交付对方作为抵押，但由于抵押需要进行相应的登记，故抵押不成立；之后，虽然乙区法院对房屋进行查封，但由于王某没有收到查封裁定书，其买卖房屋的行为没有违反刑事法律，故其行为不构成合同诈骗罪。甲区公安机关随即将王某释放，并告知金某、汪某到法院起诉。因此，金某起诉至甲区法院，要求王某偿还借款人民币 200 万元；汪某起诉至甲区法院，要求王某履行交付房屋的义务。

对于以上两案的处理，甲区法院存在以下几种争议：

第一种，两案均涉及合同诈骗，法院应当驳回起诉，并将案件移送公安机关。理由是：根据《中华人民共和国刑法》第 224 条第 1 款的规定，① 被告王某利用其与开发商签订的房屋购销合同，在明知自己没有履行能力的情况下，隐瞒其将该房购销合同抵押给他人进行借款的事实，以非法占有为目的；在与原告汪某签订、履行合同过程中，王某收受汪某的房屋款项后，并未用于归还案外人金某、章某的借款，而是用于赌博，其行为已涉嫌合同诈骗罪。根据最高人民法院《关于在审理经济纠纷案件中涉及经济犯罪嫌疑若干问题的规定》第 11 条的规定，② 法院应当将两案驳回起诉，并将案件移送公安机关侦查。

第二种，两案均属于合同纠纷，两份合同均有效。理由是：根据《中华人民共和国合同法》第 52 条的规定，③ 民间借贷与房屋买卖合同均不存在无效的法定

---

① 《刑法》第 224 条第 1 款规定："有下列情形之一，以非法占有为目的，在签订、履行合同过程中，骗取对方当事人财物，数额较大的，处三年以下有期徒刑或者拘役，并处或者单处罚金；数额巨大或者有其他严重情节的，处三年以上十年以下有期徒刑，并处罚金；数额特别巨大或者有其他特别严重情节的，处十年以上有期徒刑或者无期徒刑，并处罚金或者没收财产：……（五）以其他方法骗取对方当事人财物的。"

② 最高人民法院《关于在审理经济纠纷案件中涉及经济犯罪嫌疑若干问题的规定》第 11 条规定："人民法院作为经济纠纷受理的案件，经审理认为不属经济纠纷案件而有经济犯罪嫌疑的，应当裁定驳回起诉，将有关材料移送公安机关或检察机关。"

③ 《合同法》第 52 条规定："有下列情形之一的，合同无效：（一）一方以欺诈、胁迫的手段订立合同，损害国家利益；（二）恶意串通，损害国家、集体或者第三人利益；（三）以合法形式掩盖非法目的；（四）损害社会公共利益；（五）违反法律、行政法规的强制性规定。"

情形。对民间借贷的有效性一般均无异议。对于房屋买卖合同，认为其有效的理由是：第一，不存在一方以欺诈、胁迫的手段订立合同，损害国家利益。由于乙区法院在查封涉诉房屋时，没有将民事裁定书直接送到王某本人，而是采取了公告送达，因此不能推断王某在明知存在查封的情形下，以欺诈、胁迫的手段与原告订立买卖合同，转让房屋。第二，不存在恶意串通，损害国家、集体或者第三人的利益。虽然双方买房时没有去房管部门查询房屋是否存在查封的情形，但是不能因此推断双方存在串通，因为房屋尚未取得产权证，非法律专业人士可能不清楚房屋存在预查封的情形。第三，不存在以合法形式掩盖非法目的。首先，本案不适用该种情形，合法形式掩盖非法目的是特指双方以合法的合同形式交易了限制经营、特许经营或禁止经营的物品，如毒品、麻醉品、烟草、黄金等；其次，虽然王某将涉诉房屋的购销合同书抵押给金某，但是房产抵押需要办理抵押登记，所以房产抵押不成立，王某将房屋卖出并不违法；最后，王某转让房屋的行为并不能当然推断其主观上存在逃避债务的非法目的。第四，房屋买卖未违反法律、行政法规的强制性规定。而《中华人民共和国城市房地产管理法》第 38 条第 1 款第 2 项的规定①属于管理性强制性规定，并非效力性强制性规定，因此双方的房屋买卖没有违反法律的效力性强制性规定，双方签订的房屋买卖合同有效。

第三种，两案均属于合同纠纷，但是民间借贷有效，而房屋买卖合同无效。认为房屋买卖合同无效的理由是：第一，被告王某转让被查封房屋的行为是“以合法形式掩盖非法目的”的无效行为。一是法律并没有规定“合法形式掩盖非法目的”是特指违反了禁止性、限制性、特许经营的合同；二是虽然王某没有收到查封裁定，但是乙区法院已经向房管部门进行了送达，双方应当知道查封的事实，原告未到房管部门查询，没有尽到相应的注意义务；三是王某将涉诉房屋的购销合同抵押给金某借款后，又向案外人章某交付虚假的购销合同以抵押借款，之后又将同一套房屋出售给他人，虽然王某借款时抵押不成立，但是他通过转让房产的合法形式达到转移财产的非法目的是显而易见的；四是王某在收到汪某的房款后，没有将房款用于偿还其他债权人的借款，其行为可证明其主观上存在非法转让财产的目的；五是关于法院查封对于合同效力的影响应当分情况来看，一种是合同签订于法院查封冻结之前，一种是合同签订于法院查封冻结之后；此外，还要看法院查封是生效法律文书作出前的查封，还是生效法律文书作出后的查封。具体讲，如果查封处于审判阶段，法院尚未作出生效判决，那么合同的效力处于待定状态，待生效判决作出后才能判断合同效力；如果查封处于执行阶段，由于生效判决已作出，双方当事人在法院查封后依然买卖房屋则合同无效，双方当事人在法院查封前签买卖合同则合同有效。就本案的情况看，乙区法院的查封属于生效法律文书作出后的执行

① 《城市房地产管理法》第 38 条第 1 款第 2 项规定：“下列房地产，不得转让：……（二）司法机关和行政机关依法裁定、决定查封或者以其他形式限制房地产权利的”。

阶段进行的查封，且查封在双方签订房屋买卖合同前一个月，因此房屋买卖合同无效。第二，根据现行有效的《最高人民法院关于转卖人民法院查封房屋行为无效问题的复函》（1997 年 4 月 7 日），对于查封民事裁定书未抄告房管部门，但已送达当事人的，转卖人民法院查封房屋的行为属于无效行为，因此双方签订的涉及被查封房屋买卖的合同约定无效。

对于以上三种意见，笔者赞成第一种意见，区分合同纠纷与合同诈骗不能独立地从一个案件的情况来分析，而应当联系前因后果综合进行评判。在王某向金某借款时，也许还不能准确判断其是否有诈骗的意图，但随着王某行为的发展，其伪造购房合同向章某借钱，在乙区法院查封其房屋后又持购房合同的原件将房屋转卖给汪某，这一过程中王某获取的资金根本没有用于债务的清偿，而是用于赌博、挥霍，因此王某非法占有他人财物的主观意图已经很明显，王某的行为已构成合同诈骗，而非合同纠纷。

在可以定性为诈骗犯罪的情况下，还不能将与合同有关的所有诈骗都定性为合同诈骗罪。我国现行刑法中，共规定了三大类诈骗犯罪，合同诈骗罪只是其中的一种。我国刑法分则第三章第五节“金融诈骗罪”，共包括 8 个具体金融诈骗犯罪：集资诈骗罪、贷款诈骗罪、票据诈骗罪、金融凭证诈骗罪、信用证诈骗罪、信用卡诈骗罪、有价证券诈骗罪、保险诈骗罪，[①] 这些金融犯罪中也完全可能出现合同，但不能因此认定为合同诈骗罪。

（二）合同欺诈与合同诈骗的转化

对于这一问题，学者中存在很大的争议。多数学者认为，严重的合同欺诈可以转化为合同诈骗，二者间并不是截然分开的关系。实务界也持有这种观点。[②] 沙君俊博士认为，合同诈骗罪与合同民事欺诈往往发生规范竞合，即构成合同诈骗罪的行为同时也构成了合同民事欺诈，但是构成合同民事欺诈却不一定构成合同诈骗罪。[③] 笔者赞同多数学者的观点，即严重的合同欺诈可以转化为合同诈骗，二者间并不是截然分开的关系。笔者之所以采取这种观点，原因之一是基于比较研究而对国外立法经验的借鉴，之二还因为这一观点有利于促进司法实践中司法机关严格执法，从而有利于保护有关合同当事人的利益，维护市场经济的秩序。

但也有学者认为，合同欺诈与合同诈骗不是同一个范畴，也不存在交叉或者包容关系，那种认为合同诈骗是一种严重的合同欺诈行为的观点是不合理的，二者的

---

① 1997 年《刑法》分则第三章第五节。

② 陈列．把合同欺诈从合同诈骗中“揪”出来．江南时报，2011－11－11．有公安经侦部门的同志就认为，“合同欺诈只是一般的违法，其后果是导致合同成为可撤销合同，但该行为已经具备转化为合同诈骗的潜在可能性。如果其违法行为进一步加重，则可能构成合同诈骗罪。也就是说，合同欺诈可以转化成合同诈骗，而合同诈骗只能向更高的罪名转化。”

③ 沙君俊．合同诈骗罪研究．人民法院出版社，2004：215.

区别在于是否有非法占有的目的。二者的共同点是欺骗，有非法占有目的的欺骗是诈骗，没有此目的的是欺诈。[①] 这种观点固然有合理之处，但问题是实践中是无法以非法占有目的这一单一因素来区分合同欺诈和合同诈骗的，因为如前所述，目的是存在于人的内心，在实践中没有足够的外在表现，无法判明。另外，人的目的和想法是随着客观形势的变化而随时变化的，也许合同一方当事人签订合同的当时出于某种原因有非法占有的目的，但不排除当事人后来产生认真履行合同的诚意；当事人也可能在签订合同时有履行合同的诚意，但后来因为经济状况的恶化而产生诈骗的故意。当然，转化与不转化是相对而言的。我国目前的立法中并没有对合同欺诈作出明确的界定，但是任何合同欺诈最终都会有非法占有的目的。只是我国刑法所规定的非法占有是指占有财物，而合同欺诈的目的是骗取对方签订并履行合同，最终占有超过其所支付对价的合同标的。这一标的，可能是劳务，也可能是知识产权，实际大多是有形的财物。因此，笔者认为，合同欺诈与合同诈骗并不能截然分开，严重的合同欺诈有可能转化为合同诈骗。

例如，2009 年 6 月 12 日，被告人赵某本是一个无业人员却以做生意需长期租车使用为由，与云南昆明某通达汽车租赁公司签订租赁汽车合同，租赁该公司的轿车月租金为 5000 元。赵某向该通达汽车租赁公司支付了 5000 元押金后即将车取走。同年 7 月至 12 月间，赵某又陆续支付了 10000 余元租金。2011 年 1 月，由于赵某无力支付租金，遂更换了电话，并将轿车转移到异地。2011 年 3 月 10 日，赵某被公安机关抓获归案，并缴获涉案的轿车。经鉴定，涉案轿车价值 100220 元。对此，被告人赵某认为，其行为是民事法律关系，汽车租赁公司可通过民事诉讼要求其承担违约责任，支付租金并进行赔偿，并不构成合同诈骗罪。但是，法院审理认为，被告人赵某以非法占有为目的，在履行汽车租赁合同过程中逃匿，其行为已构成合同诈骗罪。

笔者认为，虽然被告人赵某在租赁之始没有非法占有轿车的目的，但是其在租赁合同履行过程中，主观方面发生变化，在生意失败之后自己无力承担租金的情况下没有积极想办法归还轿车、偿还租金，反而更换联系方式和将轿车转移到异地，其行为符合“收受对方当事人给付的货物、货款、预付款或者担保财产后逃匿”的客观要件，说明这时赵某主观上已具有骗取财物的故意，案件性质从合同欺诈转变为了合同诈骗。所以，本案构成合同诈骗罪，而不是单纯的民事法律关系。

第二节 合同民刑交叉错位的形态

司法实践中，区分合同纠纷与合同诈骗的难点在于相关民刑交叉因素的处理。针对有关民刑交叉因素的处理，普遍存在两种严重的错位现象——合同纠纷诈骗化

---

① 黄京平. 扰乱市场秩序罪. 中国人民公安大学出版社，2008：160.

和合同诈骗纠纷化。这两类问题的存在不仅严重违背了系统处理相关问题的法理，也违背了司法权力的正当界限，不利于市场经济秩序的维护。

一、合同诈骗纠纷化的形态

民事法律行为是以民事主体设立、变更、终止民事权利与民事义务为目的，具有法律约束力的合法民事行为，保障自然人、法人和其他组织的意思自治是民事法律行为制度的主要功能。民事行为主体在订立协议时，有选择和谁签订协议的自由、选择达成还是不达成协议的自由以及协商决定协议具体内容的自由，这就是民事主体意思自治的主要表现。当然，在保障民事主体意思自治的前提下，还必须保障协议的内容不违反公秩良俗的要求，否则协议可能被撤销、变更或被确定为无效，从而引起合同纠纷。与合同纠纷相似的是，由于合同诈骗行为破坏了社会经济秩序，对国家利益、社会公秩良俗造成各种有形或无形的损害，因此必须追究行为人的刑事责任，给予最严厉的处罚。合同纠纷诈骗化，会错误追究当事人的刑事责任，不但不符合罪刑法定、罪责刑相适应的法律原则，还会破坏市场经济的正常发展。

（一）合同诈骗纠纷化的概念

合同诈骗纠纷化，是指在司法实践中混淆罪与非罪，将合同诈骗当作合同纠纷来处理的情况。

考虑到民刑交叉案件的处理具有亦民亦刑、或民或刑的进路，但对于合同纠纷与合同诈骗两类案件来说，亦民亦刑、或民或刑的处理进路还是有区别的。所谓亦刑亦民的进路，是指相关案件中的交叉因素存在既是民事因素也是刑事因素的性质，因此相关案件处理具有一定的综合性；或刑或民的进路，是指相关民刑交叉案件的处理具有动态特性，根据法制原则和经济原则的要求，具有从民事或刑事角度处理案件的可能性。严格说来，合同诈骗案件仅适用亦刑亦民的处理进路，而合同纠纷案件才具有亦刑亦民、或刑或民的进路。总之，对于已经构成犯罪的合同诈骗行为而言，根据法制原则的要求，只能依法对相关诈骗犯罪行为进行处理。从这个角度来看，合同诈骗纠纷化明显违背了法制原则的基本要求，应当依法纠正。

（二）合同诈骗纠纷化的主要形态

从实践的情况来看，合同诈骗纠纷化的情况还是比较严重的。归纳起来，合同诈骗纠纷化有以下几种主要形态。

1. 唯财物论的形态。在司法实践中，有的司法工作者将财物是否追回作为定性依据。例如，在实践中有些公安机关在接到合同诈骗的报案后，工作的重点有失偏颇，往往把重点放在财物损失的弥补和平息双方的纠纷上，把调查取证、固定罪名等工作放在次要位置，会以是否退回非法财物为标准来决定是否移送检察机关，即如果对方当事人将非法获得的财物退回，则将其行为认定为合同纠纷，不再移送检察机关；如果当事人无法退回其非法获得的财物，则将其行为定性为合同诈骗移送起诉。

例如，2010 年 7 月，被告人朱某与张某签订小麦购销合同，由李某将小麦发货至陕西某地，朱某在收货 30 天内将货款付清。刚开始，朱某均按时将货款付清。2010 年 10 月间，朱某在半个月内接连要张某发了十个车皮的小麦，当张某再次按履约时间催讨货款时，朱某却对此拒不理睬，后张某再联系朱某时，朱某的手机已停用，无法联系。为此，张某多次到江苏找朱某，但朱某一直避而不见。经了解，朱某住别墅、开小车，财产状况很好。

本案中，对朱某的处理有两种不同意见，第一种意见认为，被告人朱某不构成犯罪，朱某与张某签订购销合同后产生纠纷，因一时生意亏损而暂时无履行能力，并未以非法占有为目的，而且朱某即便是一时付不出款，至民事判决执行阶段时也可将其财产拍卖以偿付货款，也就是说朱某完全具备付款的履行能力，朱某与张某之间产生的纠纷属于一般的民事合同纠纷；第二种意见认为，被告人朱某的行为构成合同诈骗罪，被告人朱某以先部分履行合同的方法，使被害人张某对其履约能力和诚意信以为真，进而骗取被害人张某继续履行合同，从而达到诈骗钱财的目的。

以上两种观点中，第一种意见就是典型的唯财物倾向的观点，这种观点虽然也有一定道理，但是在这种观点的影响下，部分地方法院在定罪的时候往往会根据非法获得的财物能否退回作为罪与非罪的定案标准，即能退还财物或能弥补损失的就以合同纠纷论，反之则以合同诈骗罪论。在量刑之时，往往把主次标准颠倒，把行为人给对方造成的损害以及行为人事后的退赔、补救的情况作为主要的判断标准，而把法定的可以从轻、减轻的情况作为次要的判断标准。在这种观点的影响下，审判实践中往往会出现以下几种奇怪的现象：一是在合同诈骗与合同纠纷交叉时，一律认定为合同纠纷；二是在“本地企业”被认定为合同诈骗后，往往广泛适用量刑较轻的单位犯罪或适用缓刑；三是在“本地人”被认定为合同诈骗后，在没有单位犯罪或缓刑的情节时，往往设法将部分数额作为合同纠纷的数额，或是以实际造成的损失来认定合同诈骗的数额，以此达到低量刑的目的，从而为“地方保护主义”在司法活动中大开方便之门。

2. 唯审计论的形态。这种倾向的典型做法是仅仅将案件分析的重心置于审计报告的结果上。在这种倾向下，只要审计结果表明行为人没有完全履行合同，同时也没将基于合同收到的财物直接用于合同履行，就会认定行为人的行为构成合同诈骗。与之相反，在这种倾向下，只要审计报告没有显示上述的情况，就会认定该案件为合同欺诈。

例如，2011 年 3 月，甲公司与乙公司签订了油料买卖协议，约定由甲公司于 2011 年 5 月向乙公司供应油料 50 吨，每吨 6500 元，在甲公司供应油料后，60 天内乙公司付款。乙公司于 2011 年 4 月份与丙公司签订了一份买卖合同，约定以每吨 6800 元的价格将油料卖给丙公司，丙公司收货后半月内付款。2011 年 5 月，甲公司如约向乙公司供应了 50 吨油料，乙公司将油料卖给了丙公司，丙公司依约将货款34万元支付给了乙公司，乙公司收款后并未及时向甲公司支付货款。甲公司为追讨货款，四处寻找乙公司法定代表人黄某，结果发现乙公司的办公室已人去楼空，黄某也不知去向。后经多方寻找，得知黄某已回到老家河南。甲公司工作人员遂到河南找到黄某，黄某告知其已不是法定代表人，公司法定代表人于2011年6月已变更为刘某，但刘某也下落不明。

对本案，法院将乙公司的财务提交审计部门进行审计。经审计查明，乙公司收到丙公司货款后，将货款全部用于公司的经营，但因经营不利导致乙公司无法向甲公司支付货款。

对于本案的处理，有的人认为，乙公司不构成合同诈骗，因为审计结果表明乙公司收到的货款是用于公司的经营，并没有用于非法途径。有的人认为，乙公司及其原法定代表人黄某的行为构成合同诈骗，乙公司收到丙公司货款后未及时向甲公司支付货款，反而将应付货款用于其他经营活动，在经营失利后也未及时与甲公司取得联系以商讨货款支付的事宜，反而变更法定代表人及营业场所，导致甲公司无法追讨货款，其主观上存在非法占有的目的，应当成立合同诈骗。

笔者认为，通过审计结论来判断罪与非罪，把复杂的问题简单化，在实务中也有一定的作用。但是，如果审计结论错误，则要么错误地追究了他人的刑事责任，要么放纵了犯罪分子，不利于预防和打击合同诈骗犯罪。同时，即便是乙公司将应付货款用于公司的合法经营，也不能排除其主观上有非法占有的目的，因为在对甲公司的货款履行时间届满时，乙公司应当积极履行其还款义务，如果不能履行的话则应当积极与甲公司协商解决的方法，而不是一走了之。

3. 唯结果论的形态。唯结果倾向，也可称为客观归罪倾向，即过分追求工作的绩效，而忽视了司法的公平、公正。有学者认为，因为人做出任何行为都是在其主观的心理支配下进行的，所以反过来，只有通过人的外在行为和结果才能判断其主观心理状态。因此，通过结果及行为逆推动机，成为了部分司法工作人员区别合同诈骗与合同纠纷两种不同主观故意的主要方法。这种“逆推法”在一定程度可以有效区分合同纠纷与合同诈骗的主观故意，虽然符合以结果和行为逆推动机的逻辑性和罪刑法定原则，但是定罪量刑必须全面考量主客观的要件，不能一味地强调“结果论”。在唯结果论的观点影响下，公安机关往往过分注重结果，甚至在接警时只有铁板钉钉的案件才受理，否则一律视为合同纠纷，要求当事人到法院提起民事诉讼。

例如，王某原系某房地产中介的业主，其在没有房源的情况下与秦某签订合同，约定将某房源出售给秦某，秦某交纳中介服务费5万元后，王某一直未能提供房源。之后，秦某发现王某下落不明，且房地产中介的业主变更为王某的小工易某，易某无任何偿还能力。秦某认为，王某的行为构成合同诈骗，向公安机关报案。但是，公安机关认为这属于合同纠纷，理由是，王某与秦某之间已签订了合同，由于王某下落不明，王某将房地产中介转给易某的行为是否是逃避债务无法查明。

笔者认为，“动机与效果的统一并不是一个规律，二者有时统一，有时并不统一，所以，不能简单地用效果逆推动机。”① 虽然，结果一定程度上可以作为推测当事人主观心理态度的一种依据，但是司法工作人员要作出正确的结论，必须根据其他相关的情况，综合所有的事实，进行周密论证，排除其他一切可能。

4. 严格以构成要件论的形态。有的学者认为，在区分合同诈骗与合同纠纷的过程中，应当严格按照犯罪构成要件来判断，如果完全符合合同诈骗构成要件就进行认定，如果有任何一项不符合合同诈骗的构成要件，就不能进行认定。② 严格按照构成要件的判断方式，比较简便、易操作，这是值得肯定的地方，但是也存在一些难度。由于合同纠纷（特别是合同欺诈）与合同诈骗在构成要件上存在很多相似性，以及不同人对构成要件的要素和内容的理解不同，因此不同人在判断是否具备构成要件时往往也会持不同的观点，有些司法工作人员甚至会有意或无意地将合同诈骗当作合同纠纷来处理。

例如，燕某通过吕某介绍后认识李某，燕某欲向李某借款 40 万元，因李某不相信其偿还能力，故燕某提供了一辆越野车作为质押。但李某认为该越野车没有机动车登记证，要求燕某提供保证人。燕某向吕某许诺，如果吕某愿意作为保证人提供担保，则在其将借款投资盈利后，会给吕某若干好处费，吕某于是同意作为保证人。借款到手后，燕某将款项挥霍一空。借款期届满后，燕某多次找各种理由搪塞李某，之后李某了解到，燕某的房屋已被法院查封并拍卖，而其提供作为质押的车辆又抵押给了银行，因此李某向公安机关报案。

对于燕某行为的定性，通常有三种观点：第一种观点，本案是民间借贷纠纷。因为燕某以其真实的名义出具借条，其提供虚假质押的行为及事后逃避追债的行为都不能证明其存在非法占有李某财物的故意，李某可以通过民事诉讼的方式向燕某主张其债权。第二种观点，本案是民事纠纷，但是属于合同欺诈。李某可以按照合同法的规定，请求人民法院变更或者撤销民间借贷合同。燕某在向李某借款时，明知其车辆已经抵押给银行，却隐瞒了事实，致使李某相信其有偿还能力，从而作出了违背其真实意思的表示，同意将钱借给燕某。第三种观点，本案燕某的行为构成合同诈骗罪。首先燕某隐瞒其车辆已抵押给银行的事实，骗取李某的信任，取得李某提供的大额借款，之后燕某又刻意逃避李某的追讨，其非法占有他人财物的主观意图明显，其行为已经构成合同诈骗罪。笔者赞成第三种观点，本案中虽然燕某出具了真名借据，但是并不能说明其有履约诚意和履约能力。从主观方面看，燕某谎称其车辆不存在任何抵押，愿意以车辆作为质押，同时骗取保证人的信任，因此获得了借款；从客观方面看，燕某无正当职业和稳定的收入，没有履约能力，借到他

---

① 苏惠渔. 刑法学. 中国政法大学出版社，1997：155.

② 王勇，谢玉童. 合同诈骗罪中罪与非罪的界限. 人民法院网，2001 - 8 - 14.

人款项后没有用于正当途径，借款期限届满后燕某刻意回避李某，有逃匿行为，拒不履行还款义务，因此应该以诈骗罪追究燕某的刑事责任。

又如，被告人某甲借用某商贸公司的名义，与某服装厂签订买卖合同，合同价值15万元。某服装厂依约提供全部货物后，被告人某甲只支付了货款5万元，而后将全部服装低价转卖，所欠货款10万元经某服装厂多次催讨而拒不付还。同年，被告人某甲还借用某商贸公司的名义，与某棉纺厂签订价值20万元的棉花买卖合同。某甲支付8万元的预付货款后，该棉纺厂提供了全部货物，某甲随即将所有棉花低价转卖，所欠货款12万元经该棉纺厂多次催讨也拒不付还。第二年，被告人某甲再次借用某商贸公司的名义，与某建材厂签订钢材买卖合同，在预先支付10万元定金后，该建材厂依约提供全部货物。被告人某甲得到货物后，准备再次低价出让该批建材时，被公安机关查获。

本案应如何定性，实务界通常认为，被告人某甲虽然不是某商贸公司的员工，但其得到该公司授权，其签订合同的行为属于职务行为，其支付预付款或定金的行为也符合市场交易的规则；至于某甲低价转让货物的行为，属于违反市场规律的不法行为，但是不构成犯罪；某甲未及时归还所欠货款的行为属于违约行为，应承担民事责任。但是笔者认为，某甲借用某商贸公司的名义，分别与三个厂家签订货物买卖合同，并以部分履行合同或支付预付款、定金等的方法，诱骗合同相对方继续履行合同，并将骗取货物低价处理，其意图占有他人财产的主观目的明确，而且所涉及的款项巨大，某甲的行为构成合同诈骗罪，其应当承担刑事责任。

5. 便于处理的形态。法院在审理当事人以“经济纠纷”起诉的案件时，为方便一律以民事案件来对待，尽量不将案件转入新的侦查程序。

例如，毕某多次向他人借款不还，债权人起诉后，每次他都“积极”面对，态度“诚恳”，明确承诺愿意还款。但是，其举债已远远超出了其还款能力，终其一生也无法偿还。在这种情况下，法院通常以民间借贷案件处理，不会移送公安机关。但是，笔者认为，毕某虽然事后态度积极，但那是虚假的，其不停举债的行为已表明其非法占有的目的，已构成了合同诈骗。

公安机关对于诉至法院的“合同纠纷”案件，在法院认为成立合同诈骗移送公安机关侦查的情况下，为了便于处理也多以案件属于民事纠纷为由，拒绝立案。

例如，张某属于云南昆明某区某街道办事处的工作人员。2006年11月，张某所在单位计划集资建房，在房屋尚未建成的情况下张某将房屋的认购权卖给了李某，李某向张某支付了转让费8万元，并以张某的名义向张某所在单位缴纳了房款等34万元。房屋建成后，张某于2008年将房屋的钥匙交给李某，李某常年在外打工，没有入住该房。2009年，张某拿到房产证。2009年10月，张某以该房作为抵押，向胡某借款50万元，但房屋没有办理抵押手续。2009年12月，张某将房屋以63万元的价格卖给高某，并向高某交付了房产证，但双方没有办理产权过户手续，由于高某在异地工作未入住该房。2009年12月下旬李某发现其所持钥匙不能打开房门，经了解得知房产证已经办理，而张某已辞职至今下落不明，遂诉至法院。高某得知后，以有独立请求权的第三人身份，申请参加到诉讼中。某区法院经审查后认为，张某领取房产证后，隐瞒其已将房屋认购权卖给李某的事实，骗取胡某的借款之后，又将房屋卖给高某，最后携款逃匿，其非法占有李某房款和转让费、胡某借款的目的明显，且数额较大，构成合同诈骗，故移送公安机关立案侦查。公安机关审查后认为，张某虽然将房屋认购权卖给李某，但是双方未办理产权变更手续，房屋仍旧属于张某所有，张某有权将房屋卖给高某，张某的行为不构成合同诈骗。

笔者认为，张某如果将房屋卖给高某后，不选择逃匿，而是选择承担对李某、胡某的违约责任，则其行为不构成合同诈骗。但是，其辞职后下落不明的情况，已经表明其非法占有李某、胡某钱财的目的，应当成立合同诈骗。

从以上几种合同诈骗纠纷化的形态看，其形成原因可以从相关刑事诉讼主体的角度逐一展开分析。首先，当事人在财产能够及时追回的情况下，因为民事案件更简单快捷，都愿意将合同诈骗案件作为民事案件来诉讼，而不愿意进入复杂的刑事案件处理程序。其次，侦查机关方面在受理当事人的合同诈骗报案后，通常只进行形式审查：只要当事人有借条或合同，原则上不予立案，要求当事人到法院提起民事诉讼。对于法院移送的民事案件，由于合同诈骗与合同欺诈不易区分，侦查机关可能会因为合同诈骗案件侦查所花费的时间过多，也可能因为侦查机关与公诉机关的分歧，往往费力不讨好，因此不太愿意接受该类案件的侦办任务。再次，对公诉机关来说，出于谨慎的因素，也倾向于将相关案件作为合同纠纷来处理。最后，法院方面在民事案件的审理中即使发现合同诈骗的线索，也会以民事案件来对待，尽量不将案件转入侦查程序。这其中的原因主要是：第一，受“审判便利主义”的影响。因为我国当前法院在人员和其他资源方面都明显不足，而刑事案件又较多，所以很多法院对办理刑事案件都力不从心。第二，由于不同机关、不同的执法人员对合同纠纷与合同诈骗的理解不同，加之公安机关面临侦查结案率的考核，法院即使将案件移送公安机关处理，大多情况下公安机关也会将案件退回。第三，受“地方保护主义”的影响。地方法院为了地方经济的发展，对外地当事人告本地当事人的案件多数按照合同民事欺诈处理，目的是为了保护地方经济。第四，受人情的影响。有的法官在发现犯罪线索时，也倾向于人为地将合同诈骗纠纷化。

可见，合同诈骗纠纷化的问题既有理论研究不到位的因素，也有司法机关未能依法履职的问题。因此，合同诈骗纠纷化问题的解决至少取决于两个方面问题的解决，一方面，要加强区分合同诈骗与合同纠纷的理论研究；另一方面，仍然要加强以法制原则为基础的司法制度建设。

二、合同纠纷诈骗化的形态

与合同诈骗纠纷化的情况完全相反，合同纠纷诈骗化主要涉及刑事手段的滥用问题。

（一）合同纠纷诈骗化的概念

合同纠纷诈骗化，是指司法实践中将合同纠纷作为合同诈骗来处理的现象。与合同诈骗案件的处理不同，具有民刑交叉因素的合同纠纷案件的处理存在亦刑亦民、或刑或民的治理进路。其中，治理相关案件的亦刑亦民进路是指具有民刑交叉因素的合同纠纷案件的处理不仅需要厘清相关的民事、刑事因素，而且需要根据法制原则和经济原则的要求，防范刑事因素的扩大，尽可能恢复相关的经济利益。当然，在特定的情况下，由于案件因素的变化，合同纠纷案件也存在转化为合同诈骗案件的可能性。这一点，也可以从纠纷的广义属性得到理解。从广义上讲，诈骗案件也是一种纠纷。

实践中，合同纠纷诈骗化的案件存在两种类型：一种是由于合同纠纷与合同诈骗的标准模糊，加之其他人为因素的影响，将民事合同纠纷界定为诈骗犯罪案件的情况；另一种是在合同纠纷案件的处理中，出于各种原因纠纷升级，被害法益严重受损，民事案件转化为刑事案件的情况。这两种情况，固然有立法或理论上的原因，但也和司法权力的不当运行具有一定的联系。

（二）合同纠纷诈骗化的主要形态

归纳起来，合同纠纷诈骗化有以下几种主要形态。

1. 唯非法占有的形态。唯非法占有的观点认为，区分合同纠纷与合同诈骗的关键是是否以非法占有为目的，即合同诈骗的目的是非法占有，而合同纠纷的目的不是非法占有，其原因多种多样。合同诈骗罪是目的犯，我国《刑法》第 224 条明确规定合同诈骗罪需以非法占有为目的。只要是有非法占有对方当事人财物的目的就应该定罪，不管占有财物后对财物如何处置，无论把非法占有的财物是据为己有还是单位或者第三人占有，也无论将非法占有财物用于个人消费、单位发展生产或者为职工解决福利待遇等，都不影响犯罪故意的成立；① 由于合同诈骗与合同纠纷这两种不同性质的行为都在经济合同的光环笼罩下，所以不能被合同的形式所影响，而是要将有无非法占有他人财物的目的作为区分两种行为界限的本质特征。②在唯非法占有观点的影响下，实践中还是存在以下误区。

（1）忽视当事人主观目的的变化。例如，张某是 A 公司的采购员，其代表 A 公司签订购销合同后，收取了对方支付的货款。但是，由于张某好赌，其拿到货款后产生了将该款用于赌博的念头，故其没有将该款交付 A 公司，也没有用于采购货物，而是携带该款到澳门赌博。之后，全部货款被其赌输，其为了逃避责任不辞而别。对于张某的行为，是否构成合同诈骗呢？有的人认为，合同诈骗是目的犯，只要当事人有非法占有的目的，合同诈骗就成立。但是，笔者认为，如果在履行合

① 王萍．合同诈骗罪相关问题研究．法律适用，2004（7）：38.

② 熊意超．一“念”之差，合同诈骗罪 VS 民事欺诈行为．法制与社会，2007（11）：43.

同过程中当事人的主观意图发生变化，即使合同没有履行而造成对方当事人损失，也不应当认为是合同诈骗。另外，如果当事人一开始没有非法占有的目的，但是在合同履行过程中产生了非法占有的目的，在这种情况下当事人的行为也可能构成合同诈骗。

（2）把民法上的占有理解为非法占有。民法意义上的占有实质上是主体对物的实际控制，有时所有权与占有是可以分离的，即便所有权人让非所有权人占有财产，但是所有权人并没有丧失权利，财物还在所有权人的控制之下。如钱某利用和赵某是同学的关系，向赵某低价租赁了一间商铺。之后，未经赵某同意，谎称商铺为自己所有，将商铺高价转租给了周某。钱某的行为很容易被误认为合同诈骗，而根据我国《合同法》第224条的规定，承租人未经出租人同意转租的，出租人可以解除合同，所以钱某的行为不成立合同诈骗，而是合同纠纷，纠纷的解决就是出租人解除合同。

刑法上规定合同诈骗的“非法占有”，是对所有权整体权能还是任一权能的占有呢？合同诈骗属于财产犯罪，关于财产犯罪侵犯的客体目前有四种观点：第一种观点是所有权整体说，认为财产犯罪侵犯的是财产所有权的包括占有、使用、收益、处分等的全部权能的整体，而非其中某一项或者某几项权能。[①] 第二种观点是所有权整体与任一权能说，该说认为财产犯罪在多数情况下侵犯所有权整体，但是由于所有权能存在整体与部分的关系，对所有权的任一权能的侵犯就构成对所有权整体的侵犯。持这一观点的专家主要是赵秉志教授与高格教授。第三种观点是所有权与需用法律程序恢复应有状态的占有说，该说认为财产罪的客体主要是财产所有权，其次是需采取法律程序恢复应有状态的占有。主要原因是现代社会中占有与所有分离的情况日益增多，为了保护所有权，首先就要保护占有本身，在许多情况下占有者是否是合法占有财产不明确，如果不保护占有，就可能造成被害人随时采取措施取回他人非法占有的财产或他人持有的违禁品的混乱状态。因此，只有通过法律程序难以或者不可能恢复财产权利的紧急情况下，被害人才可以采取措施取回财产。持这一观点的主要有张明楷教授。第四种观点是占有权说，认为诈骗罪侵犯客体既是财产所有权整体，也可能是四项权能的基础占有权能，也可能仅是财产所有权中的占有权能，单纯的财产事实占有除自救行为外也应成为诈骗罪的客体，这是由财产所有权与其四项权能分离的特性所决定。因为对他人合法占有的侵犯也具有社会危害性，合法占有应受到刑法的保护，即使是所有权人对他人合法占有的自己财产实施诈骗，也不能因为所有权的存在而不受刑法追究，否则有失刑法的公平正义。另外，在所有人和占有人不一致的情况下，即使占有本身不合法，但向第三人诈骗的，也是对国家、集体、个人所有权的侵犯，就是无主财产最终也是国家的或

① 赵秉志，吴振兴. 刑法学通论. 高等教育出版社，1993：656.

者集体的。因此，对非法占有的侵犯，就是对隐藏在占有背后所有权的侵犯。[①] 结合以上四种观点，有的学者认为诈骗罪与抢劫、盗窃、侵占等传统财产犯罪一样是取得罪，即这些犯罪行为一旦得逞便使受害人丧失对其财产的所有权整体的支配。合同诈骗罪作为诈骗罪的一种特殊形态，其侵犯的所有权当然是指财产所有权的整体权能，包括占有、使用、收益、处分等。[②] 笔者赞成第三种观点，认为合同诈骗罪中的非法占有，主要是对所有权能整体的非法占有，其次是需要采取法律程序恢复应有状态的占有。

2. 唯履约能力的形态。由于以非法占有为目的属于人的主观意志，如何判断其具有非法占有的目的，也成了司法实践中的难题。有的人认为，当事人是否具有履行能力是判断其是否具有非法占有目的的条件和基础。[③] 但是，这种观点显然不全面，理由是：第一，上述观点没有考虑到履约能力的三种分类情况，即完全履约能力、部分履约能力和无履约能力；第二，即使行为人具备完全履约能力，行为人也可能不履约，或者只履行一部分合同义务，如果其因为毁约、避免自身损失或不可抗力而不履约，那么其行为不是合同诈骗，但是如果其不履行合同的原因是意图占有他人财物，那么其行为就构成合同诈骗；第三，如果行为人具备部分履约能力，而其只占有对方的财物并不履行约定，则其行为构成合同诈骗，但是如果其积极履约，而最后合同却因为各种主、客观原因没能完全履行或根本未履行，则其行为不构成合同诈骗；第四，行为人签订合同时无履约能力的情况，如果其一味蒙蔽对方，意图占有对方的财物，则其行为构成合同诈骗，但如果其在签订合同后又具备了全部或部分履约能力，并且积极履行合同，则不管其是否完全履行完合同都不能认为其行为构成合同诈骗，另外行为人虽然积极努力希望具备履约能力，但其最后仍不具备履约能力，只要行为人能积极退款、退货并弥补对方的损失，则其行为也不构成合同诈骗。从以上几点看，简单以履约能力的有无来判断行为人是否具备非法占有的目的，显然有失偏颇。

例如，被告人王某与深圳某公司的总经理李某签订了一份工矿产品购销合同，由于行情变化该合同没有执行。之后，双方又补签了一份补充协议。协议签订后，被告人王某通过甲银行信用卡透支了 5 万元支付给李某作为押金。之后，李某向王某支付了第一批货款 20 万元。被告人王某除留下 2 万元的现金外，余额 18 万元存入自己另一家银行信用卡的账户上，结果银行将其中 15 万元扣除用于归还王某的

---

① 王作富. 刑法分则实务研究（下）. 中国方正出版社，2001：1123－1124.

② 沙君俊. 合同诈骗罪研究. 人民法院出版社，2004：44－46.

③ 杜宏光. 合同欺诈与合同诈骗罪的界限. 法制与社会，2007（5）. 具体内容是：“行为人客观上有无实际履约能力是履行合同规定内容的条件和基础。由于合同诈骗行为人是以签订合同的方式来达到非法占有对方当事人财物的目的，故一般而言，凡客观上不具有履约能力也无相应担保而签约的，行为人主观上大都无履约目的而具有非法占有他人财物的目的，因而是合同诈骗犯罪。反之，是合同民事欺诈行为。”

透支款及利息。此后，王某无能力履行合同，李某要求王某扣除其支付的5万元押金后退还15万元预付货款，由于被告人王某无法退回15万元的预付货款便四处躲避。王某被逮捕归案后，一审法院审理后认为，王某在签订合同之前没有履行能力，对这一事实王某是明知的，但王某却与他人签订购销合同，然后透支信用卡向对方支付少量押金，从而骗取合同相对方的信任以获得对方更多的预付款。收到预付款后，王某没有将款项用于货物采购，而是用以归还其从银行透支的款项，王某的行为已构成合同诈骗罪。一审法院宣判后，王某不服，认为其行为不构成犯罪并提出上诉。二审法院审理后认为，王某与他人签订合同时担任山西某炉料公司经理，签订合同后立即到山西联系货源，而且王某也向对方支付了押金，对方支付部分货款后王某再次前往山西联系符合合同要求的货源。在王某与他人签订和履行合同过程中，王某主观上没有非法占有对方货款的故意，并且还积极地想办法去联系并组织货源，王某没有采取虚构和隐瞒事实真相的手段。王某将对方支付的预付款存入其信用卡账户时并未想到银行会扣除透支款及利息，虽然王某最后没有履行合同，但是这并非出于其主观故意，因此王某的行为不构成合同诈骗罪。

从以上一、二审法院不同的判决结果可知，履约能力并不是判断行为人的行为是否构成合同诈骗的唯一依据。本案当事人王某在签订合同时主体适格，其主观上没有非法占有他人财物的故意，之后由于货款被银行划扣用于还款导致王某没有按约履行合同，但王某还是积极寻找货源、争取履行合同，而且王某事实上已经找到了货源，因此王某的行为不构成合同诈骗，只是合同履行中的违约行为。

上述案例中王某的行为与采取合同手段骗取他人财物的“借鸡生蛋”行为不完全一样，如果王某根本没有货源或者没有积极寻找货源，那么其行为构成合同诈骗。采取合同手段骗取他人财物的“借鸡生蛋”行为是否构成合同诈骗罪呢？不同的人有不同的见解，但是笔者认为，如果行为人在主观上对自己的行为采取放任的态度，其明知自己可能有货源也可能没有货源，客观上其也没有积极去寻找货源，在没有货源的情况下给合同相对方造成较大的经济损失，侵犯了他人的财产权，破坏了市场交易秩序和合同制度，这种“借鸡生蛋”的行为就构成合同诈骗。

3. 唯履行行为的形态。当事人签订合同后，只要真正愿意履行合同，就会积极创造条件去履行合同，而对于以非法占有为目的的行为人而言，其在签订合同后根本不会考虑如何去履行合同，因此有的人认为，如果当事人签订合同后未积极履行合同，则不论其在合同签订和履行中是否有履行合同的能力，都应以合同诈骗罪来论处。但是，笔者认为，不能简单地以当事人是否具有履行行为来判断当事人的行为是否构成合同诈骗。

例如，2003年1月间，由被告人丁某任法定代表人的A省某市贸易有限公司得知B省某煤矿有煤要销售后，即联系到买主——A省某市发电厂，并于同月10日与该厂签订了3000吨煤炭的产品购销合同，同日丁某让其公司职员李某与B省某煤矿签订了3000吨煤的供货合同。两份合同分别约定：贸易公司以每吨270元的价格向B省煤矿购买，以每吨280元的价格将煤卖给A省某市发电厂。同月20日，丁某指派李某将煤炭提走，并将煤卖给了发电厂，之后发电厂如约支付了货款，但是丁某却未将相应款项支付给B省煤矿。经B省煤矿反复催要后，丁某才命其财务支付了一半款项，后来丁某以无能力支付货款为由，未再向B省煤矿支付剩余货款。同年5月，丁某以节省开支和其自身开展业务的能力有限为由，通过工商登记先后变更了其公司的经营场所。该贸易公司变更后的办公场所经常无人办公，致使B省煤矿无法与丁某及贸易公司联络。但是经了解，在这一期间丁某一直在积极寻找商机、筹措资金以期东山再起。对于这个案件，实务界有的人认为，丁某的行为构成合同诈骗，其理由是丁某一直拒不履行付款义务；但持反对意见的人认为，丁某的行为是套用他人资金的行为，其从发电厂取得货款后并没有用于非法途径，故其行为不成立犯罪，对于被告人当时能够归还货款而不予归还却挪作他用的行为，应认定为是一种套用他人资金的行为，从其使用该笔货款的情况来看，其并不是私人挥霍，而是用在正常的公司业务，而且丁某也偿还了一半的货款，因此丁某主观上没有非法占有的目的。

在司法实践中，把是否有履行合同的行为作为区分合同诈骗与合同纠纷的关键，即“唯履行行为”的观点一定程度上是正确的，因为意欲占有他人财物的人往往是不可能全面、适当履行合同的。但是，是否履行合同义务绝不是区分合同诈骗与合同纠纷的唯一界限。实践中要注意，如果行为人将取得的财物用于其他的合同经营活动，而没有用于合同的履行，只要其在合同履行期内将对方财物用于合同履行，或者予以返还，或者其主观上想返还、客观上也积极努力返还，但最后由于客观原因无法返还，则其行为均应视为合同纠纷；如果行为人将所取得的财物用于挥霍享受或其他违法犯罪活动，则其行为构成合同诈骗。

4. 唯涉案金额的形态。1996年最高人民法院《关于审理诈骗案件具体应用法律的若干问题的解释》（已失效）对诈骗数额作了详细规定，只有诈骗他人财物达到一定数额以上，行为人的行为才构成诈骗罪。据此，司法实践中有人认为，只要当事人损失的金额较大或巨大，就应当被当作合同诈骗来处理，但事实上并非如此。

例如，这个案例，① 1997年2月5日香港某公司驻福州办事人员杨一某被福州市公安机关拘留，2月13日港方经理杨志某的胞妹在福州机场被拘留，3月31日杨志某本人在北京机场被捕。自1997年2月5日始，香港某公司与内地的生意被迫全面中断，虽经数十次向福州市、福建省及国家各有关部门呼吁陈情，仍无济于事。这就是轰动一时的所谓诈骗亿元的“二·五”专案。据悉福州公安机关动用60余名民警，忙了一整年四处外调，终于在1998年3月25日由市检察院提起公诉。起诉书指控，1995年1月至1996年12月间，被告人杨志某担任香港某公司副

① 郭国汀. 涉港“亿元”合同诈骗案之辩护词. 清华紫光中国法律法规检索系统.

总经理期间，伙同梁某（该公司董事长）在公司本身不具备大宗生意贸易条件和没有信用证额度担保能力的情况下（注册资金仅300万港元），以需从国内出口服装为借口，先由公司开出小额信用证7份，继而以扩大业务之名行增加打包贷款之实，委托香港某福公司开出带有I/C软条款的即期不可撤销大额信用证44份，共计51份，金额折合人民币20017.7万元。该公司先后与福州市某粮油食品进出口公司等十家省市外贸企业签订了44份代理出口服装合同，总价值人民币19717万元。被告人杨志某与梁某明知其公司没有实际履行能力，采取虚开证、少履约的手段，以先履行小额合同和部分履行合同的方法骗取信任，利用境外连续高开的信用证，通过以上十家公司在福州各银行进行抵押打包贷款。两年来，十家公司从银行贷出打包数额资金达14436.8万元，投入自筹资金785万元，合计15221.80万元。杨志某以合同规定买方负责安排生产工艺和把好质量关为由，控制了其中汇出的预付款计14149万元，只将其中少量资金（2500万元）投入工厂组织服装生产……杨志某等采取欺骗手段，挪用大量款项为其公司偿还债务，金额高达1395万元；以预付货款名义骗取外贸企业款达11314万元。之后被告杨志某指使杨一某以虚假用途将上述货款分别转到个人信用卡和活期存折后提取现金，再通过地下钱庄刘某等人兑换成外币以套汇形式转移香港，造成国家重大经济损失计人民币6557万元。对此，辩护人认为："本案香港某公司至1997年2月5日止由于客观原因欠福州市数十家进出口公司贷款4000余万是事实，但欠款不等于诈骗，更何况造成欠款不能及时还清的原因众多，除了因市场变化（诸如，配额涨价等），主要原因在于国内生产厂家违约拒绝供货（出厂价约2300万元）造成该公司对意大利客户违约，巨额配额损失，存货贬值，以及后期造成的利息损失，客观上造成香港某公司甚至连本金也无法偿还。因此，辩护人认为公安机关对本案未依法办事，强行插手经济合同纠纷，亦负有相当责任。"另外辩护人还认为，杨志某等在主观上并没有非法占有公私财物的目的，否则梁某、杨志某及其胞妹就不会屡次向有关国家机关反映情况，杨志某也不会冒着被逮捕的风险而亲自前往北京陈情呼吁。

笔者认为，虽然涉案金额的高低与社会危害的严重程度成正比，但是涉案金额的高低并不能成为判断当事人的行为是否成立合同诈骗的唯一依据，必须根据具体情况来进行分析，司法工作者在定性合同诈骗时应当重视行为人主观方面的因素，不能仅以案件涉及的金额大小来进行判断，否则也容易造成错位定性的问题。

又如，2012年，云南昆明市某投资开发公司在得知某一开发项目的取得需打入一定数额保证金的情况后，向部分投资者发出项目合作开发的要约邀请，投资者们以为该公司已获得该项目，纷纷向该公司支付了项目合作资金。之后，该公司没有获得该项目，经投资者追讨，该公司向部分投资者返还了合作资金，没有获得赔偿的投资者有的向法院提起民事诉讼，有的向公安机关报案。某区法院受理的一起以该投资公司为被告的民事诉讼中，原告何某诉称其向该公司投资200万元作为项目合作的款项，该公司收款后，项目合作不成却不愿意退还款项。该公司也委托律师参加了诉讼，并辩称该款并非何某所投资，而是李某向何某借款作为投资，公司已将该款项退给李某。法院将李某追加为第三人，但李某无正当理由拒不到庭参加诉讼。某区法院经审理后认为，根据该公司出具的借条、银行的收款凭证看，付款人是何某，而非李某，该公司关于实际投资人是李某的抗辩主张没有事实依据，该公司应当将200万元投资款返还何某。对于该判决，某区公安机关却认为，该投资开发公司法定代表人田某在没有取得项目开发资格的情况下，虚构事实，骗取投资者的合作资金后将资金挪作他用，致使投资者上千万资金无法追回，其行为构成合同诈骗，并认为上述借款中涉及的200万元投资款也构成合同诈骗金额的一部分。对此，笔者认为，从上述200万元的借款纠纷看，虽然该投资公司无力归还上述200万元的借款，但是从该投资开发公司积极应诉，在法院宣判后也表示服判和未提起上诉的事实看，其主观上愿意承担相应的合同责任，没有非法占有他人财物的目的，不构成合同诈骗。

5. 唯事后态度的形态。有的学者认为，区分合同诈骗与合同纠纷的重要标志是行为人的事后态度。行为人在违约后承担责任的表现是完全不同的，合同诈骗罪的行为人在违约后不但不想方设法承担违约责任，反而千方百计地逃避责任，或者以“拆东墙补西墙”的办法还债，或者逃匿；而在合同纠纷中，行为人出于自身利益的考虑，虽然会对自己的违约行为作出一定程度的辩解，但是行为人通常都有承担合同责任的意愿，一般不会企图逃避。笔者认为，有时当事人事后的态度确实可以用来判断行为人是否具备非法占有的故意，然而这并非唯一的标准，必须综合来进行评判。例如，在法院审理买卖合同纠纷过程中，有的当事人由于暂时没有能力支付货款，因此采取通过各种借口甚至上诉的方式来拖延还款时间，最后公司资不抵债无法还款。又如有的人借钱后，因为生意亏损而无力还款、四处躲债，迫于债权人追得紧不得不再向其他人高利借钱来偿还，结果债务越滚越多，最后无力偿还。在以上两种情况下，能否通过其事后的态度来判断其是否具有非法占有的目的呢？笔者认为，以上两种情况下行为人事后的态度虽然不积极，但是行为人并没有非法占有的目的，其行为不成立合同诈骗。

第三节　合同民刑交叉错位的原因与危害

在此前的研究中，我们初步认识到合同纠纷诈骗化与合同诈骗纠纷化的问题的严重性。深入的研究表明，该类问题的产生不仅具有来自法律、经济、社会等层面的原因，而且具有严重的危害性质。

一、合同民刑交叉错位的形成原因

研究发现，合同纠纷诈骗化与合同诈骗纠纷化的形成具有法律、经济、社会等层面的原因。

（一）法律原因

1. 法律定性不清。从本书第一章概述部分看，我国法律关于合同纠纷与合同诈骗的定性存在交叉不清的问题。例如，关于合同欺诈与合同诈骗的法律构成要件存在如下共性：第一，以合同作为欺诈的基础，发生在经济交往过程中；第二，行为人主观上均存在故意，即明知其行为后果会引起对方的错误认识，却希望或放任结果的发生；第三，在客观上，均有虚构事实、隐瞒真相的欺诈行为；第四，被欺诈人与对方签订或履行合同时，外表是出于自愿、真实的意思表示，但实质上其意思表示存在瑕疵；第五，合同欺诈可能包容合同诈骗，但是合同诈骗则不能包容合同欺诈，不过有时合同欺诈可能转化为合同诈骗。在司法实践中区分合同纠纷还是合同诈骗确实不易。

2. 特定时期的司法政策影响。我国在特定时期的司法政策也可能造成合同民刑交叉错位的问题。例如，1983 年、1996 年、2000—2001 年的“严打”政策。严打是指一连串严厉打击刑事犯罪活动的简称，官方对严打的定义为“既不能照搬西方国家的‘轻刑化’政策，刑罚又要总体重于西方，要有节制的从严、从重”。1983 年 7 月 19 日，时任中共中央军委主席邓小平在北戴河向公安部指出：“对于当前的各种严重刑事犯罪要严厉打击，判决和执行要从重，从快；严打就是要加强党的专政力量，这就是专政”。1983 年 8 月 25 日，中共中央发出《关于严厉打击刑事犯罪活动的决定》，“从重从快严厉打击刑事犯罪活动”的“严打”拉开序幕。同年 9 月 2 日，全国人大常委会颁布了《关于严惩严重危害社会治安的犯罪分子的决定》和《关于迅速审判严重危害社会治安的犯罪分子的程序的决定》。前者规定对一系列严重危害社会治安的犯罪，“可以在刑法规定的最高刑以上处刑，直至判处死刑”；后者则规定在程序上对严重犯罪要迅速及时审判，上诉期限也由刑事诉讼法规定的 10 天缩短为 3 天。严打的宗旨是严厉打击刑事犯罪分子，并在各地召开公捕公判大会。在“严打”期间破获的各类案件，一律从重从快处理。“严打”虽然对指导中国刑事立法与司法、维护社会稳定发挥了很大作用，但同时也为纠纷诈骗化埋下隐患。当然，我们也不赞成“轻刑民事化”倾向，这可能放纵犯罪分子，导致诈骗纠纷化问题的发生。

（二）经济原因分析

鉴于合同行为的经济本质，合同民刑交叉错位的形成往往具有深刻的经济原因。一般来说，这些经济方面的因素主要来自当事人、相关职能部门、社会主义市场经济体制等三个方面。

1. 部门利益的干扰。源于社会主义初级阶段的实际情况，国内的制度依然存在不够完善的地方。一个显著的问题就是国内的法制建设，往往受到部门利益的干扰。所谓部门利益的干扰，主要有两个方面：一个是国家职能部门的干扰，一个是地方职能部门的保护主义。国家职能部门的干扰，如国资委、公安机关等。有一个著名的案件，一民营企业想投资一家国有矿山，但国资委硬性规定该矿山只能转让给国有公司。试想，市场经济条件下企业分为国有、民有，都是社会主义市场经济主体，更何况囿于国有产权具有不清晰的特征，国有企业的发展始终都是我国经济领域的大难题，因此国资委这样一个只允许将国有矿山卖给国有企业的规定并不是基于市场机理和国家利益的选择，而是基于自己的部门利益。实际上，这样的情况还有很多。客观地说，比部门利益更加严重的是地方保护主义的影响。地方保护主义是指地方政权的机关及其成员，以违背中央的国家政策法规统一的方式不顾大局地滥用或消极行使手中权力、以维护或扩大本地局部利益的倾向。地方保护主义的产生有体制原因，也有人文原因。有些地方政府机关或司法机关为了保护本地经济发展，当外地企业与本地企业发生合同纠纷时，为了打击外地企业和保护地方利益，利用合同纠纷与合同诈骗界限模糊的问题，有的时候将部分合同纠纷夸大成合同诈骗，有的时候又将某些涉嫌合同诈骗的案件以民事纠纷来了事。

还有一点需要说明的是，在我国国家职能部门与地方职能部门对司法工作具有实质性的影响力。尽管我们当前正在开展的司法改革已经将司法机关的独立性作为一个核心问题来抓，但这个问题的系统治理绝非可以一蹴而就的。国家职能部门与地方职能部门对司法机关的影响无处不在，司法机关很难不受相关部门利益的影响，因此发生合同民刑交叉错位的情况就很普遍了。

2. 社会主义市场经济体制不健全。社会主义市场经济体制的建立是对传统的计划经济体制的根本性变革，它已不再是传统的计划经济，而是市场经济了，具有市场经济的基本属性。在市场经济体制下，政府对经济的管理主要采取非行政手段，但是许多地方的政府对经济的管理还依然采取行政的手段来进行调控，为了地方政府的利益，可能就是政府机关的一句话，司法机关便不得不将部分纠纷诈骗化或诈骗纠纷化。例如，2008 年全球金融危机使云南的部分从事外贸的企业受到影响，与供应商签订合同后，供应商按约供货了，而外贸企业却关门大吉，工作人员不知去向。在这种情况下，为了不影响经济，很多案件都作为民事纠纷处理，而供应商拿到的判决书根本就是一纸空文，无法维护自身的合法权益。

3. 受当事人因素的影响。尽管部门利益与市场制度不完善是导致合同民刑交叉错位的主要因素，但当事人的影响也不容小觑。按说从市场的基本属性来看，合同行为有利于双方当事人，然而合同双方存在利益冲突、合作的基本范式。一旦利益发生冲突，而又没有更为有利的选择，当事人难免会将相关纠纷归结为诈骗行为来处理。实践中，这样的情况并不在少数。例如，合同双方 A 和 B 因为客观因素 B 不再具有履行合同的能力。A 一看这种情况，硬要逼 B 履行合同。于是 A 收集种种不利于 B 的证据材料证明 B 具有非法占有的目的。而司法机关本身不是合同当事人，加之非法占有目的的证明是依靠推定来完成的，倘若 A 还具有影响司法机关的能力，B 被错误认定为具有非法占有目的的可能性是客观存在的。

还有一个很著名的案件即吴英集资诈骗案，之所以对吴英是否具有非法占有的目的产生那么大的争议，根本原因也在于非法占有目的的推定不是很确定的事情。

与之相应，吴英的律师、家人和一系列的学者都坚持认为吴英无罪，也正是这个因素造成的。例如，吴英的父亲吴永正提出：吴英投入近1.6亿元到房产，其中东阳博大房产2200万元，通江花园近3000万元，望宁公寓5000多万元，湖北荆门1400万元，浙江诸暨近300万元等。吴英所购房产大部分为沿街商铺，三年过去这些房产都已大量增值。吴永正坦言，吴英的判断和胆量是自己不能比拟的，“我相信她有她的想法，不具备好的分析能力和魄力，不敢动这个念头。我没这个胆量，也没有这种分析能力。”① 而据新华网的报道，吴英本人也在申诉状中指出，原判决书表明案发时实际诈骗金额为38426.5万元无法归还，但实际情况是自己所借的欠款“绝大部分以固定资产和经营资金等形式正常运作，3.8亿元如若归还，绝对不成问题。”吴英认为，如果按照判决生效的2012年5月21日来算的话，自己不但能偿还全部债务，而且还绰绰有余。② 实际上，因吴英案在学界和广大媒体中甚至普遍发出了声讨的声音：“非法集资算什么罪？国有企业垄断着金融，又不给民企放贷，民企只好去向民间贷款。何罪之有？改革开放30年，经济增长最快的几个地方如深圳、浦东靠优惠政策，广东靠多少年来的外贸特权，只有浙江没有资源、没有特权，是靠浙江人的勤劳与智慧一点一点发展民营企业，取得了耀眼的经济成果。如果没有非法集资，浙江能发展起来吗？当然不能。如果吴英有罪，那恐怕浙江99%的民营企业都要被判非法集资罪。如果吴英要被判死刑，那么浙江的民营企业家可能有一半应该跟着吴英同赴黄泉。”不难看出，当事人具有一般人不具有的胆量和见识不仅是当事人经济成功的重要因素，也是当事人不被一般人理解转而被界定为犯罪人的原因所在。因此，合同民刑交叉错位中当事人的因素也是值得研究的。

（三）社会原因分析

1. 重刑轻民思想导致合同纠纷诈骗化。法律文化传统对后世的渗透力与影响力不可低估。我国封建社会历史悠久，封建社会的思想影响深远，加之我国的法律自古诸法合体，重刑轻民，历史上并无民事诈欺行为与刑事诈骗犯罪之分。同时，由于“重农抑商”自然经济传统的影响，导致了人们在观念上对商业交往中诈欺行为有一种本能的深恶痛绝，非得严惩之而后快。我国历代公私法不分的状况，一直延续至清末西方入侵。直到20世纪90年代，我国社会主义市场经济的建立和发展才使具有私法性质的民商法有了发展的经济基础、客观要求和重要契机，也证明了私法是社会主义法律体系的重要组成部分，并带来了公法与私法从观念到制度的分离。虽然我国现在民商事欺诈法律制度得以确立，但由于重刑思想和公权力运用

① 吴永正. 坚持吴英无罪，年轻人创业不容易. http：//finance.ifeng.com/news/people/20120210/5560903.shtml，2016-5-3.

② 新华网. 吴英向最高法申诉要求改判无罪，自认能偿清债务. http://news.xinhuanet.com/yuqing/2013-02/22/c_124375514.htm，2016-5-2.

“稳、准、狠”的传统仍然占据人们的内心、影响着人们的观念，因此“纠纷诈骗化”处理在某种意义上是当事人或司法机关所期望的方式，所以对合同欺诈界定不清，就将其纳入刑事法律范围进行调整，注重制裁机制而忽视补偿机制。“所谓重刑者，奸之所利者细，而上之所加焉者大也，民不以小利蒙大罪，故奸必止者也。”人们对于法的观念往往停留在法即是刑和刑即是法的认识水平上，民众往往希望通过刑法来惩罚那些无力偿债的“老赖”，而公、检、法机关的部分领导、干警也认为通过刑罚更能体现对案件的重视程度。在这种思想的影响下，由于合同纠纷与合同欺诈界限模糊，有些合同纠纷就理所当然地成为了合同诈骗，导致合同纠纷诈骗化。

2. “便利主义”思想导致合同诈骗纠纷化。在司法实践中，办案人员往往存在讲求“便利”的思想。笔者通过调查发现，由于司法资源的有限、刑事案件的高发，当前大多数法院存在刑庭人手严重不足的情况。而刑事案件在认定证据、工作时限等实体与程序上的要求均比民事案件程序的要求要严格，在这种客观情况的制约下，尽量选择走民事程序也是法院的无可奈何之举。同时，公安机关同样存在案多人少的问题，将合同诈骗案件推给法院民事处理即可减轻压力。在这种思想的影响下，司法实践中定会导致合同诈骗纠纷化。

（四）组织原因分析

1. 追求绩效。绩效，从管理学的角度看是组织期望的结果，是组织为实现其目标而展现在不同层面上的有效输出，它包括个人绩效和组织绩效两个方面。组织绩效实现应是在个人绩效实现的基础上，但是个人绩效的实现并不一定保证组织是有绩效的。公安机关在处理合同纠纷与合同诈骗案件中往往强调结果、重视审计，法院则希望将那些存在合同纠纷与合同诈骗交叉的案件移送公安机关处理，检察院则强调严格犯罪构成要件，这些往往都是考虑到案件的结案率、退侦率等指标考核，担心影响各自的绩效。

2. 各部门职责定位不准，相互推诿。对于涉嫌诈骗的合同案件，我国刑事诉讼法明确规定对刑事案件的侦查、拘留、执行逮捕、预审，由公安机关负责；检察、批准逮捕、检察机关直接受理的案件的侦查、提起公诉，由人民检察院负责；审判由人民法院负责。除法律特别规定的以外，其他任何机关、团体和个人都无权行使这些权力。[①] 但是，对于涉嫌欺诈的合同案件，在当事人无法准确区分合同欺诈与合同诈骗的情况下，三部门之间如何分工则没有相应的规定，这导致各部门之间的相互推诿。

（五）观念原因分析

主要是“利己主义”心理的影响。“利己主义”是把个人利益看作高于一切的生活态度和行为准则。利己主义往往被伦理学家界定为两个层面：一是心理的利己

① 《刑事诉讼法》第3条。

主义，即认为利己主义是关于人性的事实，人们在行动时通常只顾及自己的利益，总是做最符合自己利益的事情；二是伦理利己主义，也称“规范利己主义”或“理性利己主义”，即自我行动的必要及充分条件是对自己的某种欲望的满足，[①] 人们总是会为了满足自己的利益或欲望自然而然地做不公正的事，为了避免对自己产生消极的后果往往会拒绝遵守基本的道德原则。这就意味着，人们为了最大限度地达到自我的满足，对于公共利益并没有出于本性的尊重，如为了争抢公交座位可以不排队，甚至推挤老人、孩子。在这种观点影响下，有的当事人只关心自身的权益是否得到保障，对于案件本身属于合同纠纷还是合同诈骗并不在意，他们往往希望在自身利益得到最大维护的同时，使对方得到最大的惩罚。因此，当通过民事途径可以维护其利益时，他们就刻意隐瞒事实，要求法院及时判决；当通过刑事途径可以更快取证、更快追回损失、更重打击对方时，他们就想方设法通过刑事途径来维护自身的合法权益。同时，司法机关及其工作人员也为了自身、单位或地方的利益，故意混淆合同纠纷与合同诈骗而滥用公权力，当合同纠纷涉及权势部门或其人物的话就动用公权力，用刑事侦查手段来追究对方的责任，追回损失；当合同诈骗涉及关键部门或其人物时就听之任之，把合同诈骗当作合同纠纷来处理，致使当事人的合法权益得不到有效保护。

二、合同民刑交叉错位的主要危害

系统研究合同纠纷诈骗化与合同诈骗纠纷化的主要形态和原因后，上述问题的存在还可见以下几个方面的危害。这些危害的普遍存在，也决定了采取相关治理措施的系统性和综合性。

（一）对当事人权益的严重侵犯

不管是合同纠纷诈骗化还是合同诈骗纠纷化，都存在严重侵犯相关当事人合法权益的情况。所谓“合法权益”是指符合法律规定的权利与利益。权利是指宪法和法律所规定的公民的政治权利、民主权利、人身权利、经济权利、教育权利等。一方面，在合同纠纷诈骗化的形态中，原本是一个民商事的法律行为，由于刑法的不当介入导致相关当事人可能招致不当的罪刑待遇，明显会侵犯当事人的人身、财产权益。另一方面，在合同诈骗纠纷化的形态中，貌似可能降低相关当事人的刑事责任，但将犯罪问题民事化的情况最终也会破坏相关的市场秩序，最终影响到相关当事人的权益。

（二）对社会主义司法制度的影响

1. 损害公民的合法权益，激化社会矛盾。执法者对罪名认定的不准确，会导致错误追究当事人的责任，严重侵犯当事人的合法权益，影响社会公众对于司法机关的信任，激化社会矛盾，不利于社会和谐。

---

① 曹琪. 群体选择中的利己与利他问题初探. 西南大学硕士学位论文，2011：71.

2. 降低公检法机关职能的协调性，浪费司法资源。实践中，由于合同纠纷与合同诈骗定性不准，导致补侦、退案、重审的概率提高，公、检、法三家的协调性降低，大量浪费司法资源。

3. 某些人恶意利用国家司法资源，从而影响司法公正。合同纠纷诈骗化和合同诈骗纠纷化问题的产生，虽然有客观方面的原因，但也不排除人为方面的原因，部分掌握公权力的人可能会利用国家的司法资源为己谋私利，从而影响法律的公正性和司法的权威性。

（三）对社会主义市场经济的影响

1. 不符合市场经济的内在需要。合同民刑交叉错位问题会为地方保护主义大开方便之门，不符合市场经济的内在需要。市场经济要求以市场作为资源配置的基础，通过价值规律的作用来调节市场供求关系，以实现对资源的合理配置，从而最大限度地满足社会需要并实现社会福利的最大化。市场经济是自主性的经济，是契约经济，是竞争经济。地方保护主义将破坏市场经济活动的基本规则，不利于市场经济的发展。

2. 为司法机关干预经济纠纷提供借口。市场经济就是合同经济，合同民刑交叉错位问题会为司法机关干预经济纠纷提供借口，致使社会公众对相关问题无法在思想上建立起正确的认识，因此也就无法实现相关法律从单纯的“统治工具”向“法治精神”的良性转变，无法建立起遵守合同规范的良好社会氛围，这是对合同关系保护不利的重要原因，会制约社会主义市场经济的发展。

（四）对社会主义法治的破坏

社会主义法治追求公平、正义与秩序，一些明明是合同纠纷的案件被错定为合同诈骗，即“合同纠纷诈骗化”，这势必导致公权力的滥用，司法资源被不合理地占用，必将导致破坏社会主义法治的公平性；相反，明明是合同诈骗却被错误地当作合同纠纷，即“合同诈骗纠纷化”，也势必会导致“重刑民事化”，造成犯罪分子有“用钱或权买刑”的空子可钻，同样违背社会主义法治的基本精神。

概而言之，司法实践中合同纠纷与合同欺诈容易形成彼此交叉的情况，容易形成民刑交叉错位的问题。最复杂的就是“合同纠纷的诈骗化”和“合同诈骗的纠纷化”的错误界定。“合同纠纷的诈骗化”是指将合同纠纷案件错定为合同诈骗的情况；“合同诈骗的纠纷化”是指将合同诈骗犯罪行为错误界定为合同纠纷的情况。这两种错误界定不仅存在一些理论难题，也隐含着司法权力的滥用。为此，需要从合同纠纷与合同诈骗的民刑交叉表现形式着手，研究民刑交叉错位问题的界定，进而提出亦刑亦民、或刑或民的系统治理解决方案。

第四章　合同民刑交叉错位治理的主要进路

归根到底，合同纠纷与合同诈骗案件是否存在民刑交叉错位的判断，应当严格按照法制原则和经济原则（也称效果改善原则）的要求来判断。在这里，法制原则是指民刑交叉错位问题的处理应当符合法律的规定；经济原则是指民刑交叉案件的处理抑或民刑交叉错位问题的研究都要以相关案件效果的改善和被害法益的恢复为目的。一言蔽之，合同民刑交叉错位的治理，应当秉承刑法契约、刑事一体化和系统治理的思想，严格遵守法制原则和经济原则的要求，厘清相关因素，防范刑事因素的扩大化，尽可能恢复受损的合同法益。否则，就不可能根除合同民刑交叉错位问题的存在。

第一节　法制原则与经济原则的冲突和调适

在合同民刑交叉错位问题治理的原则中，我们提出了法制原则和经济原则(亦称效果改善原则)。一旦二者发生冲突，应如何处理呢？该类问题的解决不仅需要树立适度干预的指导思想，而且需要综合考虑到法制原则与经济原则的本质，并充分认识合同纠纷与合同诈骗行为之间的转化关系，进而形成一个能够指导实际司法活动的主要思路。

亦如前文所言，法制原则是指在合同民刑交叉错位问题的治理中需要严格根据现行的法律制度来认定、处理相关的问题。对现行法律的尊重，主要是指已经构成犯罪的，必须依照刑法的规定来处理；尚未构成犯罪的，可以参考系统治理原则或者经济原则的要求，综合考虑有关因素，不能机械适用刑法优先的思路，更不能简单、粗暴地处理有关问题。

在此过程中，还需要注意以下三个方面的问题：

第一，四类合同欺诈行为都不能单独构成诈骗犯罪行为。尽管我们认为，合同欺诈存在前述四类行为形式，但并不是说欺诈有身份、能力、标的、履行行为形式的，就构成合同诈骗犯罪行为。合同诈骗犯罪行为的认定，需要根据主客观相统一的原则，综合认定。

第二，充分考虑合同纠纷与合同诈骗的区分与转化关系。合同纠纷与合同诈骗之间是有区别的，但考虑到民刑交叉因素的转化性质，合同纠纷可以转化为合同诈骗犯罪行为。1996 年最高人民法院《关于审理诈骗案件具体应用法律的若干问题的解释》（已失效）（以下简称《解释》）第 3 条规定，行为人实施《决定》（指《全国人民代表大会常务委员会关于惩治破坏金融秩序犯罪的决定》，笔者注）第 8 条规定的行为，具有下列情形之一的，应当认定其行为属于“以非法占有为目的，使用诈骗方法非法集资”。[①] 该条所列四项推定有非法占有目的的行为，很多都发生在主要的合同行为之后，也有可能发生在司法介入之后。所以在司法介入之后，某些合同纠纷行为有可能会因上述推定有非法占有目的的行为发生而转化为合同诈骗犯罪行为。

因此，合同纠纷与合同诈骗犯罪行为的界定、错位都是相对意义上的概念。尤其司法机关对合同纠纷的介入、处理，不仅需要树立严格的法制精神，也需要注意政策的把握和运用，不仅要避免合同纠纷因司法机关的介入而转化为合同诈骗的情况，也要尽量维护相关合同利益的及时实现。

第三，处理好法制原则与经济原则的冲突问题。在合同民刑交叉错位的治理中，既要恪守法制原则的要求，又要遵守经济原则的要求，尽可能恢复受损的法益。一旦二者发生冲突如何处理的问题在笔者看来，法制原则是处理问题的底线，受损法益的恢复抑或相关案件效果的改善应当以遵守法制底线为前提。法制底线的遵守，尤其需要注意到合同诈骗犯罪行为的本质和形式，一旦行为确已构成诈骗犯罪，就必须按照罪刑法定的要求来处理。

然而，严格遵守法制原则的要求并不是说在合同诈骗犯罪行为的处理中只能消极、机械地适用法律。笔者以为，即便行为已经构成诈骗犯罪行为，也需要在案件的处理中尽量恢复受害的法益，[②] 而不是本末倒置地仅以国家暴力的宣示为目的。

第二节　完善立法的进路

合同民刑交叉错位问题的产生根本上源于立法中存在的问题，因此笔者将在借鉴外国立法经验的基础上，提出完善我国立法的相关建议；同时，将针对司法实践中存在的合同纠纷诈骗化和合同诈骗纠纷化的治理，提出相应的解决对策。

一、现行立法的主要问题

通常认为，民刑交叉错位问题是一个司法问题。为此，本书也确定了区分有关

① 1996 年最高人民法院《关于审理诈骗案件具体应用法律的若干问题的解释》（已失效）（以下简称《解释》）第 3 条的规定，列举了四种情况：（1）携带集资款逃跑的；（2）挥霍集资款，致使集资款无法返还的；（3）使用集资款进行违法犯罪活动，致使集资款无法返还的；（4）具有其他欺诈行为，拒不返还集资款，或者致使集资款无法返还的。

② 周建军. 刑事司法政策原理. 清华大学出版社，2011：233.

问题的法制原则。但是，从现行立法的角度来审视，相关立法的不足也是加剧民刑交叉错位问题的因素。

（一）合同纠纷规制的立法不足

关于合同纠纷的现行立法包括民法通则、合同法及相关的司法解释。

1.《民法通则》的相关规定及其不足。《民法通则》确定了处理合同纠纷的两项重要的原则，即诚实信用原则①和意思自治原则②。很显然，《民法通则》对诚实信用和意思自治原则的规定构成了认定欺诈行为的基础。但是，《民法通则》的有关规定过于笼统，缺乏明确的指导意义。以该法第 4 条的规定为例："民事活动应当遵循自愿、公平、等价有偿、诚实信用的原则"，什么是不诚信抑或欺诈的行为，欺诈（不诚信）与诈骗的混同和区别等，都缺乏进一步的规定。相应地，《民法通则》第 58 条的规定也存在类似的问题，法条中对于"何谓欺诈"缺乏必要的说明。与之相反，西方国家法律中专门有《不实陈述法》（The Misrepresentation Act 1967）的法律对欺诈问题进行规定，"不实陈述"是指一方故意或过失使所陈述的内容与事实不符，致使他人因信赖该意思表示而与之缔结合同。如果是基于故意的不实陈述，即为民法上之欺诈行为，从而构成欺诈性不实陈述（fraud of misrepresentation）。《德国民法典》第 123 条规定："因被欺诈或被不法之胁迫，而为意思表示者得撤销之。因第三人欺诈，对于相对人所为之意思表示，以他人明知其欺诈，或可得而知者为限，得撤销之。意思表示相对人以外之人，因意思表示而直接取得利益者，以该取得人对于欺诈明知或可得而知为限，得对之撤销其意思表示。"不难看出，因欺诈而生的民刑交叉错位问题之所以这么严重，与相关立法规定过于抽象和缺乏必要指导也是分不开的。

2.《合同法》相关制度及其不足。亦如在合同纠纷的基本规制中所介绍过的，

---

① 《民法通则》规定，当事人在民事活动中应当遵循自愿、公平、等价有偿、诚实信用原则，首次以条文形式表现了诚实信用这一法律原则，且贯穿于《民法通则》的始终。《合同法》规定，合同当事人行使权利、履行义务应当遵循诚实信用原则。当事人应当根据合同的性质、目的和交易习惯履行通知、协助、保密等义务。即使在合同的权利义务终止后，当事人也应当遵循诚实信用原则，根据交易习惯履行通知、协助、保密等义务。因此，诚实信用原则在大陆法上被称为"帝王规则"，是现代民法的最高指导原则，当然也是合同法中一项极为重要的原则。公平的价值要求和诚信原则的本质是利益衡平机制，它有两个基本点，即善意和利益衡平。其中，善意要素是程序公平，它反对欺诈、胁迫或乘人之危的交易行为，要求当事人应善意遵守交易。

② 意思自治即《民法通则》第 4 条中所称的"自愿"，指民事主体意志自由。作为传统民法学理论的核心内容，意思自治原则也是当今各国民事行为的通行准则；它要求保障当事人从事民事活动时的意志自由，不受国家权力和其他当事人的非法干预。1999 年我国合同法的颁布，进一步反映了我国民事立法对于"意思自治"基本精神的深入理解和民事法律规范在"意思自治"基本原则下的进步和完善。《合同法》第 4 条规定："当事人依法享有自愿订立合同的权利，任何单位和个人不得非法干预。"而欺诈行为正是对当事人意思自治的非法干预。

《合同法》规定了几项与民刑交叉错位问题密切相关的制度，即缔约过失制度、抗辩权制度[①]、法律效果以及违约责任制度等。

以我国缔约过失责任制度的规定看,[②] 其主要功能在于保护缔约阶段当事人合理的信赖，为当事人信赖利益损失提供救济，对规制合同欺诈而言更具有针对性和现实意义。但是，相关缔约过失的规定仍然存在与欺诈混同的问题。[③] 当然，如果只是从缔约过失制度的角度来说，这样规定是合适的。可是考虑到欺诈行为的整体规制，就有必要进行专门的、系统的欺诈行为立法，并在相关立法中明确指出相关欺诈行为的民事责任、刑事责任，从根本上解决合同民刑交叉错位的问题。概而言之，在相关的民事立法中还存在以下几个方面的问题：

一是部分效力待定合同也属于合同欺诈，应当赋予相对人撤销权。我国合同法中关于效力待定合同的规定包括了第 47 条、第 48 条、第 51 条，第 47 条规定限制民事行为能力人订立合同的情况，第 48 条规定无权代理的情况，第 51 条规定无权处分的情况。以上三种情况中，第一，部分限制民事行为能力人可能主观上没有欺诈的故意，但是也有部分限制民事行为能力人主观上可能存在欺诈的故意，或者其受到法定代理人控制而主观上不自由，在这种情况下对方当事人可能受到欺诈；第二，无权代理人、无权处分人在主观上明知自己没有代理权、没有处分权，却依然从事代理和处分行为，其行为实际上也是一种合同欺诈。根据《合同法》第 47 条、第 48 条规定，在法定代理人或被代理人追认前，善意相对人享有撤销权，但是如果在相对人知情前，法定代理人或被代理人已追认的情况下合同就是有效的，那么善意相对人就没有撤销权。另外，《合同法》第 51 条中就根本没有规定相对人撤销权。笔者认为，在以上情况下有可能剥夺了相对人的撤销权，不利于惩罚存在恶意的行为人。

二是表见代理中可能存在合同欺诈情形。《合同法》第 49 条规定，没有代理权、超越代理权或者代理权终止后以被代理人名义订立合同，相对人有理由相信行为人有代理权的，该代理行为有效。实践中，在明知自己没有代理权、超越代理权或者代理权已经终止的情况下，还要和他人签订合同，其主观上不排除存在欺诈的

---

① 包括同时履行抗辩、不安履行抗辩、先履行抗辩制度。

② 一般说来，缔约过失责任是指在当事人于合同缔结过程中具有过失，从而导致合同不成立，使对方当事人遭受损害而应当承担的法律责任。根据《合同法》第 42 条、第 43 条的规定，如果当事人以订立合同为借口，恶意进行磋商，或者故意隐瞒与订立合同有关的重要事实，或者提供虚假情况；或有其他违背诚实信用的行为，给对方造成损失的，那么当事人应当承担相应的损害赔偿责任。另外，如果当事人在订立合同过程中得知对方的商业秘密，则无论合同是否成立，都不得泄露或者不正当地使用他人的商业秘密。如果泄露或者不正当使用该商业秘密给对方造成损失的，则应当承担相应的损害赔偿责任。

③ 以《合同法》第 42 条第 2 项为例：“故意隐瞒与订立合同有关的重要事实或者提供虚假情况”的规定过于笼统。

可能性。但是，当事人有理由相信被代理人仍然会同意相关代理事项，抑或相关代理事项对被代理人显然更为有利的情况下，可以认定行为人没有相关恶意，相关行为不属于欺诈行为。尽管如此，表见代理人的行为仍然具有非法占有的嫌疑，具有成立欺诈行为的可能性。在司法实践中，应当根据具体情形，属于欺诈行为的，可以依照《治安管理处罚法》及《刑法》来惩罚表见代理中的代理人。

三是抗辩权制度的规定可能给违约方或犯罪分子找到借口。我国合同法关于抗辩权制度的规定中，只有不安抗辩权制度中规定“当事人没有确切证据中止履行的，应当承担违约责任”，同时履行和先履行抗辩权制度中没有规定关于行使抗辩权一方当事人没有合理依据而中止履行的情况下应当承担什么责任。在实践中，有的当事人违约后就借口行使抗辩权来逃避违约责任；更有甚者，有的犯罪分子在收受对方的定金、担保金、预付款等后卷款逃跑，如果被抓捕归案则以同时履行抗辩权、先履行抗辩权、不安履行抗辩权的规定为借口，逃避承担犯罪责任。

四是违约制度的规定可能为犯罪分子提供犯罪的手段。有些犯罪分子专门利用合同中违约条款进行犯罪，如在合同中约定产品必须达到某种质量认证体系，故意寻找不符合条件的相对人，利用某些人的疏忽大意或急于签订合同的心理，在订立合同后立即根据合同约定的质量条款要求相对人承担违约责任。因此，关于违约制度的规定中应当增加相应的例外情形规定。

（二）合同诈骗规制的立法不足

我国诈欺罪的历史起源较早，在西周奴隶时代就已出现有关诈欺的犯罪及处刑的规定。如《尚书·费誓》中记载：“窃马牛，诱臣妾，汝则有常刑。”由于在奴隶社会中“臣妾”是奴隶主的私有财产，因此采用诱骗的方法将其拐走与盗窃马牛一样属于犯罪行为，处以同样的刑罚。

1. 罪名的规定。合同诈骗罪的起源是不忠实履行合同罪。新中国一成立就开始了刑法的起草工作，并于1950年7月25日形成了初步的成果，印发了《中华人民共和国刑法大纲（草案）》，其中的第79条规定了不忠实履行合同罪。令人遗憾的是，该草案最终并没有得到实施。

我国第一部刑法——1979年《刑法》规定的与诈欺犯罪相关的条文有：诈骗罪（第151条）、惯骗罪（第152条）、神汉、巫婆诈骗罪（第165条）以及冒充国家工作人员招摇撞骗罪（第166条），以上法条都规定在侵犯财产罪一章中。由于当时经济发展状况的限制对于经济领域的诈欺性犯罪规定较少，处罚较低。这是因为当时的计划经济体制没有为经济的自由发展提供空间，当然经济欺诈犯罪也无从生根。计划经济体制的一大特征就在于社会产品的产供销都采取行政调拨的手段，并没有采取市场交易的手段，因此以合同为手段的犯罪几乎没有。

1997年修订后的《刑法》在第三章“破坏社会主义市场经济秩序罪”中增设了大量的关于经济欺诈性犯罪的条款，其中第五节规定了“金融诈骗罪”，具体包括集资诈骗罪、贷款诈骗罪、票据诈骗罪、金融凭证诈骗罪、信用证诈骗罪、信用卡诈骗罪、有价证券诈骗罪、保险诈骗;[①] 在第六节“危害税收征管罪”第二百一十条规定，如果行为人使用欺骗手段骗取增值税专用发票或者可以用于骗取出口退税、抵扣税款的其他发票的，那么应当按诈骗罪处罚；在第三章第八节中特别将合同诈骗罪单列一条，即第二百二十四条；在第五章侵犯财产罪第二百六十六条规定了诈骗罪。

2. 起刑点的规定。1996 年 12 月 16 日，最高人民法院公布了《关于审理诈骗案件具体应用法律的若干问题的解释》（已失效)，对普通诈骗罪的定罪量刑数额标准作出了明确的规定。根据其规定，个人诈骗罪的起刑点是诈骗公私财物达到 2000 元以上；单位诈骗罪的起刑点是诈骗公私财物 10 万元以上。[②] 该法规已于 2013 年 1 月 18 日废止。

2001 年 4 月 18 日公布的最高人民检察院、公安部《关于经济犯罪案件追诉标准的规定》对合同诈骗罪定罪标准和量刑标准作出进一步详细的规定，即个人诈骗公私财物 5000 元至 2 万元为合同诈骗罪的起刑点，单位诈骗公私财物 5 万元至 20 万元的为单位合同诈骗罪的起刑点。[③] 该规定已于 2010 年 5 月 7 日废止。

2011 年 3 月 1 日，最高人民法院、最高人民检察院公布了《关于办理诈骗刑事案件具体应用法律若干问题的解释》，对诈骗罪的数额标准、从重从宽等情节作出更为详细的规定。其中，数额较大是诈骗公私财物价值三千元至一万元以上；数额巨大是诈骗公私财物达到三万元至十万元以上；数额特别巨大是诈骗公私财物达到五十万元以上。[④]

3. 诈骗数额的确定。1991 年 4 月 23 日《最高人民法院研究室关于申付强诈骗案如何认定诈骗数额问题的电话答复》经研究答复如下：“在具体认定诈骗犯罪数额时，应把案发前已被追回的被骗款额扣除，按最后实际诈骗所得数额计算。但在处罚时，对于这种情况应当作为从重情节予以考虑。”[⑤]

4. 情节的规定。如何认定“非法占有的目的，利用经济合同进行诈骗”，最高人民法院《关于审理诈骗案件具体应用法律的若干问题的解释》（已失效）中进行

---

① 1997 年《刑法》第五章第三节。

② 1996 年 12 月 16 日，最高人民法院公布的《关于审理诈骗案件具体应用法律的若干问题的解释》（已失效）第 1 条。

③ 2001 年 4 月 18 日公布的最高人民检察院、公安部《关于经济犯罪案件追诉标准的规定》第 69 条。

④ 2011 年最高人民法院、最高人民检察院公布的《关于办理诈骗刑事案件具体应用法律若干问题的解释》第 1 条。

⑤ 《最高人民法院研究室关于申付强诈骗案如何认定诈骗数额问题的电话答复》，1991 年 4 月 23 日。

了规定。[1] 1997年《刑法》则规定，如果行为人的行为符合法定情形，[2] 则视为以非法占有为目的。1998年4月21日公布的最高人民法院《关于在审理经济纠纷案件中涉及经济犯罪嫌疑若干问题的规定》对于单位从事合同诈骗，或者个人以单

① 第一，行为人明知没有履行合同的能力或者有效的担保，采取1. 虚构主体；2. 冒用他人名义；3. 使用伪造、变造或者无效的单据、介绍信、印章或者其他证明文件的；4. 隐瞒真相，使用明知不能兑现的票据或者其他结算凭证作为合同履行担保的；5. 隐瞒真相，使用明知不符合担保条件的抵押物、债权文书等作为合同履行担保的；6. 使用其他欺骗手段使对方交付款、物的等欺骗手段，与他人签订合同，骗取财物数额较大并造成较大损失的。第二，行为人在合同签订后，携带对方当事人交付的货物、货款、预付款或者定金、保证金等担保合同履行的财产逃跑的；第三，行为人挥霍对方当事人交付的货物、货款、预付款或者定金、保证金等担保合同履行的财产，致使被害人的财物无法返还的；第四，行为人使用对方当事人交付的货物、货款、预付款或者定金、保证金等担保合同履行的财产进行违法犯罪活动，致使上述款物无法返还的；第五，行为人隐匿合同货物、货款、预付款或者定金、保证金等担保合同履行的财产，拒不返还的；第六，合同签订后，行为人以支付部分货款，开始履行合同为诱饵，骗取全部货物后，在合同规定的期限内或者双方另行约定的付款期限内，无正当理由拒不支付其余货款的。

② 第一，以虚构的单位或者冒用他人名义签订合同的；第二，以伪造、变造、作废的票据或者其他虚构的产权证明作担保的；第三，没有实际履行能力，以先履行小额合同或部分履行合同的方法，诱骗对方当事人继续签订和履行合同的；第四，收受对方当事人的货物、货款、预付款或者担保财产后逃匿的；第五，以其他方法骗取对方当事人财物的。

位名义从事合同诈骗作出了较为详细的规定。①

2009 年 2 月 28 日公布的《中华人民共和国刑法修正案（七）》第 8 条规定，在刑法第二百六十二条之一后增加一条，作为第二百六十二条之二，即如果行为人组织未成年人进行盗窃、诈骗、抢夺、敲诈勒索等违反治安管理活动的，则处三年以下有期徒刑或者拘役，并处罚金；如果情节严重的，则要处三年以上七年以下有期徒刑，并处罚金。有学者研究了《刑法修正案（七）》第 8 条中的“违反治安管理活动”的含义，认为对该处的“违反治安管理活动”宜限定为组织进行的“盗窃、诈骗、抢夺、敲诈勒索”四种突出的侵财行为。也有学者认为，“违反治安管

① 最高人民法院《关于在审理经济纠纷案件中涉及经济犯罪嫌疑若干问题的规定》第 2 条规定：“对于单位直接负责的主管人员和其他直接责任人员，如果其以为单位骗取财物为目的，采取欺骗手段对外签订经济合同，其骗取的财物被该单位占有、使用或处分构成犯罪的，那么，除依法追究有关人员的刑事责任外，还应责令该单位返还骗取的财物；如果行为人给被害人造成经济损失的，那么，单位应当承担相应的赔偿责任。”第 3 条规定：“如果单位直接负责的主管人员和其他直接责任人员，以该单位的名义对外签订经济合同，并将取得的财物部分或全部占为己有而构成犯罪的，则依法追究行为人的刑事责任；该单位对行为人因签订、履行该经济合同造成的后果，依法应当承担民事责任。”第 4 条规定：“如果行为人借用单位的业务介绍信、合同专用章或者盖有公章的空白合同书，以出借单位名义签订经济合同，骗取财物归个人占有、使用、处分或者进行其他犯罪活动，给对方造成经济损失构成犯罪的，那么，除依法追究借用人的刑事责任外，出借业务介绍信、合同专用章或者盖有公章的空白合同书的单位，依法应当承担赔偿责任；但是，如果有证据证明被害人明知签订合同对方当事人是借用行为，仍与之签订合同的，那么出借单位不承担赔偿责任。”第 5 条规定：“如果行为人盗窃、盗用单位的公章、业务介绍信、盖有公章的空白合同书，或者私刻单位的公章签订经济合同，骗取财物归个人占有、使用、处分或者进行其他犯罪活动构成犯罪的，那么，单位对行为人该犯罪行为所造成的经济损失不承担民事责任。但是，行为人私刻单位公章或者擅自使用单位公章、业务介绍信、盖有公章的空白合同书以签订经济合同的方法进行的犯罪行为，单位有明显过错，且该过错行为与被害人的经济损失之间具有因果关系的，单位对该犯罪行为所造成的经济损失，依法应当承担赔偿责任。”第 6 条规定：“企业承包、租赁经营合同期满后，如果企业按规定办理了企业法定代表人的变更登记，而企业法人未采取有效措施收回其公章、业务介绍信、盖有公章的空白合同书，或者没有及时采取措施通知相对人，致原企业承包人、租赁人得以用原承包、租赁企业的名义签订经济合同，骗取财物占为己有构成犯罪的，那么，该企业对被害人的经济损失，依法应当承担赔偿责任。但是，原承包人、承租人利用擅自保留的公章、业务介绍信、盖有公章的空白合同书以原承包、租赁企业的名义签订经济合同，骗取财物占为己有构成犯罪的，企业一般不承担民事责任。单位聘用的人员被解聘后，或者受单位委托保管公章的人员被解除委托后，单位未及时收回其公章，行为人擅自利用保留的原单位公章签订经济合同，骗取财物占为己有构成犯罪，如给被害人造成经济损失的，单位应当承担赔偿责任。”第 7 条规定：“如果单位直接负责的主管人员和其他直接责任人员，将单位进行走私或其他犯罪活动所得财物以签订经济合同的方法予以销售，买方明知或者应当知道的，则因此造成经济损失，其损失由买方自负。但是，买方在不知该经济合同的标的物是犯罪行为所得财物情况下购买的，卖方对买方所造成的经济损失应当承担民事责任。”

理活动”包括了盗窃、诈骗、抢夺、敲诈勒索活动以及与其对社会秩序破坏程度上大体相当的其他行为。还有学者认为，“违反治安管理活动”包括《治安管理处罚法》规定的全部238种违反治安管理的行为。

5. 立案标准的规定。2010年5月7日最高检察院和公安部联合颁布的《关于公安机关管辖的刑事案件立案追诉标准的规定（二）》规定，合同诈骗罪的立案标准为人民币20000元。①

6. 赃物处理的规定。1982年12月4日最高人民法院转发财政部《关于银行被抢、被盗、被骗等追回款项处理问题的复函》的函，对关于银行被抢、被盗、被骗等追回款项的处理问题，要求参照财政部（82）财预字第129号文件的规定：“属于银行内部发生的贪污受贿、盗窃和诈骗国家财产，依法追回的赃款赃物，由于这类案件是有失主的，为照顾原单位处理财务，银行如有悬账，可按我部（82）财预字第78号‘关于追回赃款赃物的财务处理办法’的有关规定，首先归还银行处理悬账。但发生案件的银行也要从中吸取教训，承担应负的责任。”

1992年8月26日《最高人民法院研究室关于对诈骗后抵债的赃款能否判决追缴问题的电话答复》中规定：“犯罪分子以诈骗手段，非法骗取的赃款，即使用以抵债归还了债权人的，也应依法予以追缴”。追缴赃款赃物的方式法律规定有多种，判决追缴只是其中一种。根据最高人民法院、最高人民检察院、公安部、财政部1965年12月1日（65）法研字第40号《关于没收和处理赃款赃物若干问题的暂行规定》第三条关于“检察院、公安机关依法移送人民法院判处案件的赃款赃物，应该随案移送，由人民法院在判决时一并作出决定”的规定，人民法院对需要追缴的赃款赃物通过判决予以追缴，符合法律规定的原则。赃款赃物的追缴并不限于犯罪分子本人，对犯罪分子转移、隐匿、抵债的，均应顺着赃款赃物的流向，一追到底，即使是享有债权的人善意取得的赃款也应追缴。刑法并不要求善意取得赃款的债权人一定要参加刑事诉讼，不参加诉讼不影响判令其退出取得的赃款。

1998年4月21日，最高人民法院公布的《关于在审理经济纠纷案件中涉及经济犯罪嫌疑若干问题的规定》，对于经济纠纷涉案财物的处理作出了较为明确的规定。② 对于缴获的赃物，如果权属能够查实清楚的，发还给相应的被害人；对于查不清权属的，则按比例发还被害人。对于已经被行为人处理了的赃物，如果具有下列情形之一的，应当依法予以追缴：第一，对方当事人明知是诈骗所取得的财物而

① 2010年5月7日，最高人民检察院、公安部《关于公安机关管辖的刑事案件立案追诉标准的规定（二）》第77条规定：“以非法占有为目的，在签订、履行合同过程中，骗取对方当事人财物，数额在二万元以上的，应予立案追诉。”

② 1998年4月21日，最高人民法院《关于在审理经济纠纷案件中涉及经济犯罪嫌疑若干问题的规定》第9条，具体规定是：如果能查实清楚案发后查封、扣押、冻结在案的诈骗财物及其孳息的权属，那么应当将其发还被害人；如果查实不清权属的，则可按被骗款物占查封、扣押、冻结在案的财物及其孳息总额的比例发还被害人，但已获退赔的应予扣除。

受让；第二，对方当事人没有支付对价取得诈骗财物；第三，对方当事人以明显低于市场的价格取得诈骗财物；第四，对方当事人源于非法债务或者违法犯罪活动而取得诈骗财物。如果对方当事人善意取得诈骗财物，则不予追缴。[①]

2002 年 12 月 4 日，最高人民法院审判委员会通过的《关于刑事附带民事诉讼范围问题的规定》，其中第 1 条第 1 款规定：“因人身权利受到犯罪侵犯而遭受物质损失或者财物被犯罪分子毁坏而遭受物质损失的，可以提起附带民事诉讼。”第 5 条规定：“犯罪分子非法占有、处置被害人财产而使其遭受物质损失的，人民法院应当依法予以追缴或者责令退赔。被追缴、退赔的情况，人民法院可以作为量刑情节予以考虑。经过追缴或者退赔仍不能弥补损失，被害人向人民法院民事审判庭另行提起民事诉讼的，人民法院可以受理。”

7. 关于合同纠纷与合同诈骗区别的司法解释。如本书第一章中所述，对于合同纠纷与合同诈骗的区别的司法解释分别为：（1）最高人民法院和最高人民检察院于 1985 年 7 月 18 日颁布的《关于当前办理经济犯罪案件中具体应用法律的若干问题的解答（试行）》（已失效），主要以当事人是否具有非法占有目的和当事人是否具有合同履行能力来区别合同纠纷与利用合同进行诈骗的界限。[②]（2）最高人民法院于 1996 年 12 月 25 日颁布的《关于审理诈骗案件具体应用法律的若干问题的解释》，对于利用经济合同进行诈骗的具体情形进行了明确。[③]（3）2002 年 5 月 22 日，《最高人民检察院办公厅关于对合同诈骗、侵犯知识产权等经济犯罪案件依法正确适用逮捕措施的通知》规定，认定经济犯罪必须严格依照刑法规定的犯罪基本特征和犯罪构成要件，从行为的社会危害性、刑事违法性、应受惩罚性几个方面综合考虑。

纵观诈骗、合同诈骗犯罪立法的有关规定，上述规定至少存在以下几个方面的问题：

第一，现行的诈骗犯罪立法的规定割裂了诈骗行为的体系。一开始，这种割裂源于《刑法》第 13 条规定的犯罪成立的定量因素。根据《刑法》第 13 条的规定，“……情节显著轻微的，不认为是犯罪”的表述方式过于轻率。由于欺诈和相关的诈骗犯罪行为之间未必有十分确定的界限，而刑法的规定又明确地在二者之间划定了一个“定量因素”，造成了相关行为认定的混乱。

第二，诈骗犯罪行为是否必须具备非法占有的目的是有争议的。通观现行的刑

① 最高人民法院《关于在审理经济纠纷案件中涉及经济犯罪嫌疑若干问题的规定》第 10 条，1998 年 4 月 21 日。

② 最高人民法院、最高人民检察院《关于当前办理经济犯罪案件中具体应用法律的若干问题的解答（试行）》（已失效），1985 年 7 月 18 日。

③ 最高人民法院《关于审理诈骗案件具体应用法律的若干问题的解释》（已失效）第 2 条，1996 年 12 月 25 日。

法规定，一般认为诈骗犯罪必须具备非法占有的目的。但是，《刑法》仅对集资诈骗、贷款诈骗和恶意透支的行为明确规定了“非法占有”的目的。实际上，《刑法》规定的部分诈骗类犯罪并没有非法占有目的的规定。因此有学者提出，部分诈骗类犯罪（如信用证诈骗罪等）并不需要行为人具有非法占有的目的。实践中，司法机关也先后多次对那些不具有非法占有目的，或者无法证明行为人具有非法占有目的的行为却宣告了相关诈骗犯罪。这些情况导致了诈骗犯罪（尤其进入诈骗犯罪）不以非法占有目的为必要条件的观点相当流行。[①] 很显然，这也加大了司法机关区分合同民刑交叉问题的难度。

第三，在处理相关诈骗、合同诈骗犯罪的立法中，存在处理范式的矛盾。例如，1985 年 8 月 9 日和 1987 年 3 月 11 日最高人民法院、最高人民检察院和公安部分别两次联合下发的《关于及时查处在经济纠纷案件中发现的经济犯罪的通知》和《关于在审理经济纠纷案件中发现经济犯罪必须及时移送的通知》，明确规定在审理经济纠纷案件中发现经济犯罪必须及时移送。换句话说，上述司法解释明确规定了处理民刑交叉问题的先刑后民的司法原则。然而，1998 年 4 月 21 日最高人民法院通过的《关于审理经济纠纷案件中涉及经济犯罪嫌疑若干问题的规定》第 1 条又规定：“同一公民、法人或其他经济组织因不同的法律事实，分别涉及经济纠纷和经济犯罪嫌疑的，经济纠纷案件和经济犯罪嫌疑案件应当分开审理。”[②] 这就是“分别涉及经济纠纷和经济犯罪嫌疑的，经济纠纷案件和经济犯罪嫌疑案件应当分开审理”的规定，并没有坚持先刑后民的规定。问题更加严重的是，2005 年最高院在《关于银行储蓄卡密码被泄露导致存款被他人骗取引起的储蓄合同纠纷应否作为民事案件受理问题的批复》中，又明确规定了民刑并行的原则。换句话说，民事审理可以和刑事审理分开，并行不悖。司法实践中，究竟是先刑后民、还是先民后刑，很难确定，这也加剧了民刑交叉错位的问题。

第四，有关合同诈骗的法律争议之一在于有没有必要将其单列为一个罪名。有学者认为，合同诈骗本属于诈骗，只不过采用合同的形式，没有必要因此将其列为一个罪名。由于社会政治经济等各种形势的变化，诈骗犯罪具体行为方式必然会层出不穷，以这种具体行为方式决定罪名的设定必然造成刑法中罪名的变化不定。[③] 现在有合同诈骗、票据诈骗等，随着市场经济的发展以及诚信缺失的加剧，诈骗手段也日益增多，已经有网络诈骗、诉讼诈骗，法律有无必要随时修订呢？就现在而言，有无必要明确规定“诉讼诈骗”这一罪名即是个问题。这里，仅以最近经常

---

① 赵秉志，周加海．论“以非法占有为目的”是信用证诈骗罪的必备要件．人民检察，2001（3）．

② 1998 年 4 月 21 日最高人民法院通过的《关于审理经济纠纷案件中涉及经济犯罪嫌疑若干问题的规定》第 1 条。

③ 高铭暄，王作富．中国惩治经济犯罪全书．中国政法大学出版社，1995：1057．

出现的诉讼诈骗为例来说明合同诈骗的立法必要性。

诉讼诈骗是指行为人以非法占有他人财物为目的，以提起民事诉讼为手段，利用法院的错误判决，骗取数额较大的公私财物的行为。关于诉讼诈骗的争议，在于诉讼诈骗是构成诈骗罪还是构成其他犯罪。有学者认为，严重的诉讼欺诈行为破坏司法权威的树立，破坏和影响人民法院司法活动的正常进行，具有极大的社会危害性，必须对其刑事化立法。① 还有学者认为，我国刑法没有规定诉讼欺诈罪，而诈骗罪、帮助伪造证据罪、妨害清算罪和民事诉讼法规的妨害民事诉讼惩戒措施行为等均不能对诉讼欺诈进行完全调整，因此我国刑法应增立诉讼欺诈罪，以保护裁判机关的正常裁判活动和他人的财物所有权或者财产性权益。② 总之，持有此类观点的学者不在少数。笔者认为，学者的研究为了提升研究的实践价值，往往会在研究的最后提出立法建议，这样的研究范式固然会提升研究的高度和价值，但是如果不计成本、也不考虑现有立法对解决问题的可行性，而一味地提出立法建议则不利于维护法律的稳定性。其实，较早注意这一问题的张明楷教授并没有主张对诉讼诈骗增设罪名，而只是认为诉讼诈骗是典型的三角诈骗，构成诈骗罪。③ 笔者也赞同张教授的观点，不主张随意地修订刑法和增设罪名。笔者认为，将诉讼诈骗在司法实践中作为诈骗罪处理即可。

与笔者对诉讼诈骗罪的观点相同，笔者也对当下的合同诈骗罪的立法必要性持怀疑的态度。同时，从比较研究的角度来看，将合同诈骗罪列为一个罪名，在其他国家或者地区的立法中是比较少见的。在我国港澳台地区的立法中，没有关于合同诈骗罪的规定，同样是按照诈骗罪来认定和处理的。④ 德国、日本、加拿大和美国法律中也都没有专门的合同诈骗罪名。

第五，有关合同诈骗的法律争议之二在于现行法律规定对合同诈骗的规定是否合理。这首先涉及罪状描述的问题，还涉及定罪标准的问题。应当指出，仅就刑法第 224 条对合同诈骗罪的罪状在表述上也存在诸多问题。

（1）对合同诈骗罪的“合同”界定不明确。具体而言，合同究竟是民事合同、行政合同，还是劳务合同；仅是合同法意义上的合同，还是包括了以财产为内容的财产合同；仅是书面合同，还是包括口头合同；仅是有偿合同（是否包含了民间借贷），还是包括了部分无偿合同（如无偿的保管合同、仓储合同、委托合同）等。这些问题都存在争议。笔者认为，合同诈骗罪中的合同应当仅是合同法意义上的合同，包括书面与口头合同，合同可以是有偿的也可以是无偿的。

（2）合同诈骗罪的对象外延不清。合同诈骗罪的对象“公私财物”是指有体

---

① 刘远，景年红．诉讼欺诈罪立法构想．云南大学学报法学版，2004（2）．

② 张卫兵．论诉讼欺诈之刑法调整．国家检察官学院学报，2004（5）．

③ 张明楷．论三角诈骗．法学研究，2004（2）．

④ 陈泽宪．经济刑法新论．群众出版社，2001：98．

物还是包括无体物，是否包括劳务和智力成果呢？笔者认为，从立法来看，合同诈骗罪属于扰乱市场秩序罪，因此凡是可以用于市场交易的财产都可以成为合同诈骗罪的对象，财产包括属于特定人的权利及权利关系的综合。

（3）“签订合同”的用语不确切。使用“签订”可能让人产生误解，似乎只能是书面的合同，但是随着经济的发展，采用口头或者电子数据交换等形式订立的合同也可能成为合同诈骗犯罪的手段。

（4）“骗取对方当事人财物”的表述不具体。[①] 如表述为“虚构事实、隐瞒真相，使对方主观上陷入错误而自愿交付财物”。

因而沙君俊博士建议：应明确界定合同诈骗罪的“合同”为“市场交易合同”；应将“签订合同”修改为“订立合同”，从而避免口头合同不能成为合同诈骗罪的合同这一问题；应具体表述“骗取”的含义为：行为人采取虚构事实、隐瞒真相的手段，使对方当事人产生错误认识并交付财物或者提供有偿服务、有偿消费或者其他能够以金钱估价的财产性利益。[②]

至于定罪标准，虽然现行刑法第 224 条第二、第三量刑幅度将“其他严重情节”“其他特别严重情节”分别与“数额巨大”“数额特别巨大”并列为量刑的标准，但是该条规定的第一量刑幅度则仅以犯罪数额作为合同诈骗罪的既遂标准，这样很容易使人误以为是“数额较大”才是对合同诈骗罪定罪的唯一或者绝对标准。因此，有学者建议，应当对合同诈骗罪的定罪标准进行重新界定，除了突出犯罪数额在合同诈骗定罪中的重要作用之外，其他影响合同诈骗定罪的情节也应当有所体现。具体表述可以采用“数额较大或者有其他重大情节的”“数额巨大或者有其他严重情节的”“数额特别巨大并有其他特别严重情节的”规定方式。

第六，对合同诈骗罪客体中财产所有权内容的界定不够明确。目前在我国刑法及其相关的司法解释中，均没有关于合同诈骗罪中侵犯财产所有权内容的界定。对此，有的人认为，财产所有权的内容包含了财产所有权的全部权能，即占有、使用、收益、处分；有的人认为，财产所有权的内容包含的是所有权整体权能与任一权能，即既可能是财产所有权的全部权能，也可能是其中的任一权能，如使用权；有的人认为，主要是财产所有权，其次是需要采取法律程序恢复应有状态的占有；还有的人认为，既可能是全部的权能，也可能是四项权能中的基础——占有权能。由此便导致了司法实践中的混乱。笔者认为，财产所有权包含了四项权能，对于其中任一权能的侵犯都会损害当事人的财产所有权，合同诈骗罪中的财产所有权应当包括财产所有权的整体权能及其任一权能，但是对四项权能中的基础——占有权能应当限定为“需要法律程序恢复应有状态的占有”，也就是说，对于他人非法占有的财产，只有通过法律程序难以或者不可能恢复财产权利的紧急情况下，被害人才

---

① 沙君俊．合同诈骗罪研究．人民法院出版社，2004：258.

② 沙君俊．合同诈骗罪研究．人民法院出版社，2004：260.

可以采取措施取回财产。有的人认为“需要法律程序恢复应有状态的占有”可能会使当事人的合法权益得不到保障，但是笔者认为，当事人可以采取诉讼保全等措施来及时保障自己的合法权益，这种担心是不必要的。在这一观点的指导下，对于以合同手段骗回自己债权或财物的行为和以合同手段骗用他人财物的行为（即“借鸡生蛋”）都应当认为是侵犯了合同诈骗罪的客体。

第七，对合同诈骗罪的客观表现的规定不够准确。（1）应明确不以合同是否成立作为合同诈骗罪成立的必要。如果在合同缔约过程中当事人骗取对方的财物，也应当以合同诈骗罪论处。这主要是因为，规定合同诈骗罪是保护市场的交易秩序，而被害人在合同缔约过程中出于对市场秩序和合同管理制度的信任才导致被骗。（2）法条列举了5种行为方式，但5项列举中存在一些问题。一是虚构不存在的自然人或者冒用单位的名义是否属于“虚构单位或者冒用他人的名义签订合同”；二是在不知情的情况下，使用了虚假的票据或者产权证明进行担保，是否属于虚假的合同担保行为；三是开始没有履行能力，但是在履行期届满前具备履行能力，或者没有履行能力，但在合同履行期内虽然积极努力具备履行能力，但最后仍不具备履行能力，能否定性为“隐瞒不能履行合同的真相”；四是如何区分“躲债”与“逃匿”。（3）被害人交付财物的行为是否处于“自愿”没有明确。（4）合同诈骗罪的定罪量刑数额确定有问题。合同诈骗罪规定了起刑点，但是关于如何计算合同诈骗罪的数额却没有规定。有的人认为应当以行为人的主观希望骗取的数额为依据，有的人认为应当以行为人实际骗取的数额为依据，有的人认为应当以对方当事人实际损失为依据，有的人认为应当采用双重标准，犯罪既遂和犯罪预备、未遂、中止分不同的标准来判断。笔者认为，不应当采取双重标准，应当将行为人意图骗取的金额作为定罪的依据，行为人实际骗取的金额作为量刑的依据。

二、相关立法的比较研究

通过比较法的研究，可以为我国解决合同纠纷与合同诈骗的区分问题提供一些立法或者做法的借鉴。为了更好地进行比较法的研究，下面划分英美法系和大陆法系分别进行比较。

（一）英美法系的相关立法

英美法系国家的法律将虚假陈述分为三种：无辜的虚假陈述（innocent misrepresentation）、过失性虚假陈述（negligent misrepresentation）和欺诈性虚假陈述（fraudulent misrepresentation）。其中的最后一种，即欺诈性虚假陈述相当于我国合同法中的欺诈。英国制定了《1967年虚假陈述法》（Misrepresentation Act 1967），但该法案并没有规定刑事责任。根据英国法，所有类型的虚假陈述合同都是可撤销合同，相对方都享有撤销权，以使其恢复到缔约前的状态。欺诈性虚假陈述中，相对方还有权要求赔偿。这种赔偿要求不是根据合同法的规定，而是根据侵权法有关欺骗的规定。因此，这一赔偿要求也就不受合同法对赔偿损失的可预见性的要求。

很多英联邦国家的合同法都有大体相同的规定，如新加坡。① 根据英国法的规定，合同的民事欺诈在很多情况下会同时构成诈骗犯罪。例如，如果合同当事人采取伪造文件的手段进行欺诈，则可能触犯英国《1981 年伪造及仿造法》中的刑事犯罪规定，也可能违犯知识产权方面的刑事法律。②

对于民事欺诈，美国并没有成文法的统一规定，而是根据以前的判案和纠纷的具体案情来认定。③ 但是，在民事欺诈诉讼中原告至少要证明以下要件：被告故意对重要事实的虚假陈述或者隐瞒重要事实、被告有引诱原告做出或者不做出某种行为的意图、原告受到损害、受损害与被告的行为间有因果关系。④ 这一标准的来源是美国联邦最高法院在 1887 年 southern development co. v. silva 一案中对民事欺诈的界定。⑤ 绝大多数情况下，对于既存事实的虚假陈述都可能会被提起诉讼，所以说法（即关于未来事件的投机性陈述）即使有误导性，也往往不能成为欺诈诉讼的基础。例如，一个二手车销售员向一个较为无知的顾客保证：一辆已经开了二十年的旧车还可以让该顾客有几年的驾驶乐趣。这一陈述可能不会导致其承担刑事责任，而如果这位汽车销售员明知该汽车已经行驶了 15 万英里，却告诉顾客只行驶了 1.5 万英里，就很可能要承担刑事责任。⑥ 另外，允诺将来要做某事一般与实际无关，不会构成欺诈。做出一个允诺而没有履行，也只是违反约定而已。但是如果在做出允诺的当时就根本不打算履行，则构成欺诈。⑦

对于刑事欺诈，在美国联邦立法中，诈骗（fraud）并不是一个单独的罪名。相反，在整个英美法系中，诈骗只是存在于不同立法的一个概念。美国对欺诈的刑事立法，可以分为一般性立法和专门性立法。一般性立法是针对范围较广的欺诈行为或者手段的立法，主要有串谋欺诈罪立法⑧《电话欺诈法案》以及《邮件欺诈法案》。专门性立法是针对特定欺诈而制定专门法案，主要有《破产欺诈法案》《医

① The law of contract. http://www.singaporelaw.sg/content/ContractLaw.html, 2015-11-23.

② An Introduction To Corporate Regulation and Standardization, http://legal.practitioner.com/regulation/standards_9_3_1.htm, 2015-11-23.

③ McGuire, Civil vs. criminal: differences and similarities in fraud - the AICPA. http://conferences.aicpa.org/materials/downloads/Fraud%2028.pdf, 2015-11-23.

④ McGuire, Civil vs. criminal: differences and similarities in fraud - the AICPA. http://conferences.aicpa.org/materials/downloads/Fraud%2028.pdf, 2015-11-23.

⑤ ACFE, The Fraud Trial, http://www.acfe.com/uploadedFiles/Shared_Content/Products/Self-Study_CPE/Fraud-Trial-2011-Chapter-Excerpt.pdf.

⑥ Association of certified fraud examiner, The fraud trial, http://www.acfe.com/products.aspx?id=2969, 2015-11-23.

⑦ Legal City: You and Your Rights: Fraud, http://www.legalcity.net/Index.cfm?fuseaction=RIGHTS.article&ArticleID=1821888, 2015-11-23.

⑧ 对串谋欺诈罪，美国并无单独立法，而是存在于多部立法。

保欺诈法案》《婚姻欺诈法案》《银行欺诈法案》《计算机欺诈法案》等。1996 年 10 月 11 日，美国国会通过《计算机反欺诈和滥用法（修订）》（Computer Fraud and Abuse Act）。该法初次颁布于 1986 年，主要目的是惩处计算机欺诈和与计算机有关的犯罪行为，被称为惩治计算机黑客犯罪的里程碑。2009 年 5 月 20 日，美国总统奥巴马签署了《欺诈执行与救济法案》（Fraud Enforcement and Recovery Act, FERA），以增强政府应对经济危机中出现的欺诈的能力。① 除了司法机关外，美国还有专门应对欺诈的行政机关，如司法部下属的反欺诈科。② 有学者指出，美国刑法对欺诈的立法方式实际上是参照了英国法的立法方式。③

除了上述与诈骗有关的犯罪外，美国法律中还有其他与诈骗相关的罪名。《美国刑法典》第 8 章第 3 节中将诈骗罪（false pretenses）定义为："怀着欺骗意图以捏造虚假事实的方式取得他人财产的行为。"还有很多州的立法中有诈骗侵占罪（larceny by trick）。二者都是对财产的侵占，但区别在于后者只是占有了财产，而前者不仅占有了财产，而且已经完成相关法律文件或者产权证书的变更。例如，有个女人想方设法让一个老太太相信她是老太太失散多年的女儿，并使老太太将汽车过户至其名下，这一行为就构成了诈骗罪。而如果这个女人只是借走老太太的车，并且根本不打算还回，则构成诈骗侵占罪。④ 这样看来，在美国法中，民事上的欺诈性虚假陈述（fraudulent misrepresentation）可能会触犯刑法上的三类罪名，即诈骗相关罪名、诈骗罪以及诈骗侵占罪。

有美国学者认为，应当尽量避免对欺诈犯罪的一般性立法，而多采取针对具体欺诈行为的专门性立法。专门性立法有助于约束公诉机关的自由裁量权，也有助于更好地引起犯罪分子和整个社会的注意，还对区分民事欺诈和刑事欺诈有重要作用。还有美国学者认为，对欺诈犯罪的一般性立法很多是历史上的"古董"立法。例如，《邮件欺诈法案》就是在 1872 年对《邮政法案》的修订过程中制定的。这些"古董"立法因为内容过于宽泛，已经导致行政权和司法权正在侵蚀立法权的应有功能。专门性立法则是对这些"古董"立法的更新和换代，有助于维护立法权的崇高地位。⑤

---

① PUBLIC LAW 111 – 21 – FRAUD ENFORCEMENT AND RECOVERY ACT OF 2009"OR" FERA, HTTP://WWW. GPO. GOV/FDSYS/PKG/PLAW – 111PUBL21/CONTENT – DETAIL. HTML, 2015 – 11 – 23.

② Fraud Law, http: //www. hg. org/fraud – law. html.

③ BH DRUZIN, The Criminalization of Lying, The Journal of Criminal Law and Criminology, Vol. 101, p. 549, No. 2, 2011.

④ What are false pretenses? http://criminal – law. freeadvice. com/criminal – law/white_collar_crimes/false_pretenses. htm, 2015 – 11 – 24.

⑤ Ellen S. Podgor, Criminal Fraud, http://www. wcl. american. edu/journal/lawrev/48/pdf/podgor. pdf, 2015 – 11 – 24.

至于专门性立法的技术，有美国学者认为，最好不要通过规定欺诈的构成要件来进行立法，因其过于抽象，不利于司法，具体可以采取多种立法技术：一是明确规定犯罪的领域，如破产欺诈和医保欺诈；二是规定犯罪的对象，如银行欺诈的受害对象就是银行等金融机构；三是列举具体的犯罪行为，如计算机欺诈的各种具体行为；四是规定犯罪所涉金额的起点。① 但是，值得注意的是，对于欺诈行为的刑事化，英美法系曾坚持认为侵犯公共利益的行为才应当被刑事化，而对于私人之间的欺诈行为则交由民法来处理。随着社会的发展，这一传统观点早已被打破，越来越多针对私人的欺诈行为已经被刑事化。②这种对欺诈进行刑事化立法的做法还有进一步发展和扩大的趋势。③

对于欺诈行为的民事与刑事的区分，有美国学者认为，在一般纠纷的民事与刑事的区分中，是否存在犯罪的意图是一个主要的区分标准。然而，对于欺诈纠纷而言，这一区分标准无法站得住脚，因为民事欺诈案件的构成要件中也有故意欺诈的意图这个要件。侵占财产的欺诈案件的民事与刑事区分上，犯罪意图也同样都存在。④ 另外，如上所述，只要有欺诈的犯意，无论对方是否有损失，无论欺诈是否得逞，都构成犯罪。这就意味着，民事欺诈案件总会伴有刑事责任，而刑事欺诈案件则不一定会有民事诉讼的发生，因为要提起民事欺诈之诉就要证明受欺诈方遭受了实际的损失。这样看来，在美国法律中，重要的不是欺诈的民事与刑事的区分问题，而是对欺诈是否存在的认定问题。所以，美国学者的研究中关注欺诈的民事与刑事区分的不多，而关注欺诈本身构成的则较多。

有美国学者指出，很多欺诈都可以同时引起刑事和民事两种诉讼：检察官提起刑事诉讼，而受害人同时提起民事诉讼。⑤ 欺诈的民事诉讼必须证明有损失，但刑事诉讼不以损失为要件。根据《美国联邦民事诉讼规则》，欺诈之诉的要求比其他民事诉讼的要求更为严格。该规则第 9 条 b 项规定，原告必须说明虚假陈述的内容、对象、方式以及被告相信的原因等。刑事欺诈案件中，公诉人不需要证明欺诈已经成功，并使受害人遭受损失，只要证明其行为为了骗取对方财产而设计和实施即可。政府不需要证明有人因为欺诈性虚假陈述而受损，只要该虚假陈述有欺诈的

① Ellen S. Podgor, Criminal Fraud, http://www.wcl.american.edu/journal/lawrev/48/pdf/podgor.pdf, 2015-11-24.

② BH DRUZIN, The Criminalization of Lying, The Journal of Criminal Law and Criminology, Vol. 101, p. 548, No. 2, 2011.

③ BH DRUZIN, The Criminalization of Lying, The Journal of Criminal Law and Criminology, Vol. 101, p. 550, No. 2, 2011.

④ ACFE, The Fraud Trial, http://www.acfe.com/uploadedFiles/Shared_Content/Products/Self-Study_CPE/Fraud-Trial-2011-Chapter-Excerpt.pdf, 2015-11-24.

⑤ Association of certified fraud examiner, The fraud trial, http://www.acfe.com/products.aspx?id=2969, 2015-11-24.

故意即可。但在民事诉讼中，原告必须证明其相信了虚假陈述并做出了行为，而且遭受了实际的人身或者财产损失。在欺诈的刑事诉讼中，公诉人可以要求法院发出禁令，防止涉案的欺诈方将来再从事欺诈行为。①

美国法律中，在构成欺诈的前提下，学界和实务界关注较多的是提起民事诉讼和刑事诉讼的不同要求。根据美国法律界的通识，美国法院对欺诈的民事诉讼和刑事诉讼的不同要求主要如下：②

（1）二者的证明责任不同。刑事的举证责任一般在公诉方，证明标准要求很高，要超过合理怀疑，至少98%或者99%确定对方有罪。民事的举证责任在主张方，证明标准要求较低，只要一方证据的证明力超过对方即可，即优势证据原则；从量化上说，只要陪审团认为有超过50%的可能是被告的过错致原告受损即可。③

（2）二者的目的不同。刑事和民事都要求有非法的意图，但又有所不同，刑事诉讼以故意为目的，民事诉讼则是明知或者不顾及事实。刑法往往会法典化，会在法典中列明故意的情形，而民法则没有成文法，没有具体标准，需要根据个案来确定。辛普森案中，刑事陪审团认为辛普森无罪，而民事则评估了800万的补偿金和2500万的惩罚性赔偿金。因为对于陪审员而言，让嫌疑人坐牢的心理负担要重，因而不会轻易作出决定，而让其赔款的决定却易于做出。

（3）对陪审团的要求不同。刑事案件中，陪审团不需要一致同意，根据美国联邦最高法院的规定，只需要9∶3即可。而民事案件中，则需要一致同意，这大概和民事案件所要求的证明标准较低有关。

（4）行为性质不同。构成刑事欺诈主要是侵犯了公共利益（public wrong），而构成民事欺诈主要是侵犯私人利益（private wrong）。

因为在美国多数欺诈会构成刑事犯罪，同时也经常伴有民事诉讼，所以如何在诉讼方案上合理安排民事诉讼和刑事诉讼反而成为一个重要的问题。在民事诉讼和刑事诉讼的选择上，美国法律并不禁止受欺诈者同时进行民事和刑事诉讼。④ 但问题是，当事人应当进行谨慎的选择。在有些州，如果同时进行民事欺诈诉讼和刑事欺诈诉讼，是非常不明智的。例如，在俄勒冈州，法律禁止一方当事人迫使另一方

---

① ROGER JEWELL, ELEMENTS OF FRAUDULENT MISREPRESENTATION, HTTP://WWW.EHOW.COM/INFO_8542087_ELEMENTS-FRAUDULENT-MISREPRESENTATION.HTML, 2015-11-24. McGuire, Civil vs. criminal: differences and similarities in fraud - the AICPA. http://conferences.aicpa.org/materials/downloads/Fraud%2028.pdf, 2015-11-24.

② McGuire, Civil vs. criminal: differences and similarities in fraud - the AICPA http://conferences.aicpa.org/materials/downloads/Fraud%2028.pdf, 2015-11-24.

③ Ronald B. Standler, Differences between Civil and Criminal Law in the USA, http://www.rbs2.com/cc.htm.

④ McGuire, Civil vs. criminal: differences and similarities in fraud - the AICPA http://conferences.aicpa.org/materials/downloads/Fraud%2028.pdf, 2015-11-24.

当事人在民事陪审团面前引用宪法权利。如果被告在民事诉讼中被问到他是否从事了欺诈行为，他可能会引用美国宪法第 5 条关于免于自证其罪（self - incrimination）的规定。因此，这样的问题在俄勒冈州的民事案件中是不能问的。[①] 在这种情况下，原告方要证明被告有欺诈行为就会有很大的难度。俄勒冈州的立法之所以作出这样的规定，主要是因为一旦被告方引用宪法中免于自证其罪的权利，就会因此不回答相关问题，而陪审团就可能因此而认为被告的确从事了欺诈行为。所以，在俄勒冈州欺诈受害人最好等到刑事诉讼结束后，再开始民事诉讼。当然，这种选择的另一个好处就是刑事诉讼会收集充分的证据，会减轻民事诉讼的举证负担。但是，如果等到刑事诉讼结束再开始民事诉讼也有对原告的不利之处，因为刑事诉讼过程会公开所有的事实和细节，原告在民事诉讼中就不能只选取对自己有利的事实和证据。美国刑法中并没有像我国立法中规定的统一的诈骗罪，关于诈骗犯罪的规定是由不同的专门法来规定的。所以，到底刑事和民事是同时进行，还是先刑事后民事，要根据具体案件来具体选择。

加拿大《刑法典》第 10 章规定了“与合同和贸易有关的欺诈性交易”,[②] 其中的第 462 条规定，法院可以判决将被骗取的财产返还给其合法所有权人；在财产已经被法院没收的情况下，除了罪犯之外的任何对该财产有合法利益主张的人都可以在没收判决作出之日起 30 日内，向法院申请从财产中返还相应的利益。法院应当举行听证，以决定是否予以返还。

澳大利亚的联邦立法和州立法都将虚假陈述定性为违法行为，而且将特定情形下的虚假陈述定性为犯罪行为。[③] 例如，南澳大利亚州的《1972 年虚假陈述法》（Misrepresentation Act 1972）将通过虚假陈述诱使对方签订合同或者交付财产的商业和贸易行为定性为犯罪，但同时也规定了嫌疑人可以抗辩的情形，即例外情形。[④]

（二）大陆法系的相关立法

英美法系将合同领域民事的欺诈称为 fraudulent misrepresentation，而将构成刑事的欺诈称为 fraud。大陆法系有所不同，在合同法中直接采取 fraud，或者类似的概念。对于合同无效或者可撤销的情形，英美法系是以“合同抗辩”的概念规定的，其具体情形包括缔约能力、不当影响、错误以及虚假陈述；大陆法系则将影响

① McGuire, Civil vs. criminal: differences and similarities in fraud – the AICPA. http://conferences. aicpa. org/materials/downloads/Fraud%2028. pdf, 2015 – 11 – 24.

② Canadian Laws Dealing With Fraud, http://www. crimes – of – persuasion. com/laws/canada/criminal_laws. htm

③ False or misleading representations. http://www. lawhandbook. sa. gov. au/ch08s03s03s03. php, 2015 – 11 – 24.

④ South Australia Misrepresentation Act 1972, http://www. legislation. sa. gov. au/LZ/C/A/MISREPRESENTATION%20ACT%201972/CURRENT/1972. 46. UN. PDF, 2015 – 11 – 24.

合同生效的情形称为瑕疵（vices）或者合意的瑕疵（defect of consent），具体情形包括错误（error）、欺诈（fraud）、暴力（violence）以及不等价（lesion）。[①] 在承担违约责任的形式上，英美法系强调金钱赔偿，而大陆法系强调继续履行。[②] 对于欺诈的界定，大陆法系和英美法系也有一定的区别。在英美法系，对重要事实的沉默也会构成欺诈，而在大陆法系，沉默不会构成欺诈，只有积极的行为才会构成欺诈。[③] 对于欺诈的诉讼处理，两大法系也有不同，大陆法系一般不允许针对同一行为同时分别提起民事和刑事诉讼，而会在同一判决中解决针对私人的赔偿问题和针对侵犯公共利益的责任问题，而英美法系则允许针对同一行为同时分别提起两种诉讼。[④]

《德国民法典》第 123 条所规定的可撤销合同中，欺诈是原因之一。欺诈情节或者其后果严重的，可能会构成《德国刑法典》第 263 条规定的诈骗（Betrug）罪。[⑤] 根据《德国刑法典》第 263 条的规定，诈骗是指某人做出的一种行为，其目的在于为自己或者他人获取非法的物质利益，并使另一人的财产受到损害。另外，该法第 74 条 C 款 1 项还规定了其他具体的诈骗罪，主要有补贴诈骗、投资诈骗、信用诈骗、证券诈骗等。[⑥] 显然，在德国，并没有专门的“合同诈骗罪”。

《法国民法典》第 1116 条规定：“当契约一方当事人作出欺诈陈述，而另一方当事人若非因这一欺诈性陈述就不会订立契约，则欺诈构成撤销契约的理由。”法国最高法院在 1975 年的一个判例中指出：“基于《法国民法典》第 1382 条，被欺诈人依据《法国民法典》第 1116 条和第 1117 条请求撤销合同的权利，并不排除这种可能——欺诈行为的受害人向欺诈人提起侵权之诉，以便获得损害赔偿。”法国学者 Valoteau 指出，合同缔结中即便有刑事犯罪的介入，也并非意味着该合同在体系上必然要承受绝对无效的结果。[⑦] 至于欺诈犯罪，法国刑法中没有对欺诈进行统

---

① J Hermida, Convergence of Civil Law and Common Law Contracts, http://www.julianhermida.com/dossier/dossierpubhk.pdf.

② J Hermida, Convergence of Civil Law and Common Law Contracts, http://www.julianhermida.com/dossier/dossierpubhk.pdf, 2015 - 11 - 24.

③ Mark R Simmons, Recognizing the Elements of Fraud, http://www.facilitatedcontrols.com/fraud - investigation/fraudwww.shtml, 2015 - 11 - 24.

④ Criminal law, http://www.1911encyclopedia.org/Criminal_law, 2015 - 11 - 24.

⑤ 叶名怡. 涉合同诈骗的民法规制. 中国法学，2012（1）.

⑥ NHS Counter Fraud and Security Management Service, The International Fraud and Corruption Report, http://www.nhsbsa.nhs.uk/CounterFraud/Documents/International_fraud_and_corruption_report.pdf, 2015 - 11 - 24.

⑦ 叶名怡. 涉合同诈骗的民法规制. 中国法学，2012（1）.

一的界定，而像是美国立法一样规定了不同种类的具体欺诈犯罪。[①] 法国主要在其《刑法典》和《消费者法典》（Consumer Code）中规定了与欺诈有关的犯罪。《法国刑法典》第313条规定了“欺诈性获取财产罪”，第314条第7款规定了“欺诈性破产罪”，第314条第2款规定了“欺诈性违反信托罪”。《消费者法典》第L213－1规定了“虚假描述产品罪”，该罪的主体无论是否为合同的当事人都可以构成，其主要目的是为了欺骗合同的相对方，其主要手段是对产品的品质、规格、原产地、数量以及效用进行虚假描述。对于此种行为，《消费者法典》规定了最高为两年的有期刑和37，000欧元的罚金。《消费者法典》第L121－1规定了“欺诈广告”。[②] 与德国类似，法国也没有专门的“合同诈骗罪”。

《瑞士刑法典》第146条规定了诈骗罪，但并没有细分不同的诈骗形态。对于非商业领域的诈骗，处以5年以下监禁，或者处以罚金；对于商业领域的欺诈，则处以10年以下的监禁，或者处以罚金。瑞士法在规定欺诈的同时，也同样保护受害人的民事利益。这种保护通常是由受理刑事诈骗的法院主动进行民事赔偿的诉讼，并作为刑事诉讼程序的一部分来进行。但是，当民事部分过于复杂时，刑事法院可以将民事诉讼移交到民事法庭来进行。[③]

自从安然事件后，美国加大了公司法人的刑事责任，公司要为其董事或者职员的违法行为承担刑事责任。与美国不同，大陆法系国家，如法国和德国，从不追究法人的刑事责任。最近，法国在谨慎地尝试追究法人的刑事责任，而德国则一如既往地坚持法人不承担刑事责任。[④] 根据德国法，要承担刑事责任的是公司的董事或者职员，而公司则承担行政责任和民事责任。德国的行政法责任是一种准刑事责任，也有罚款和没收财产等处罚。

如果犯罪成立，一般而言，大陆法系国家的受害人可以通过刑事附带民事诉讼要求获得相应的赔偿。[⑤] 例如，根据德国刑事诉讼法的规定，由犯罪事实所造成的

---

① NHS Counter Fraud and Security Management Service, The International Fraud and Corruption Report, http://www.nhsbsa.nhs.uk/CounterFraud/Documents/International_fraud_and_corruption_report.pdf, 2015－11－24.

② NHS Counter Fraud and Security Management Service, The International Fraud and Corruption Report, http://www.nhsbsa.nhs.uk/CounterFraud/Documents/International_fraud_and_corruption_report.pdf, 2015－11－24.

③ Ravio Romerio, Roman Richers and Claudio Bazzani, Corporate Crime, Fraud and Investigations: Switzerland － Homburger, http://www.homburger.ch/fileadmin/publications/PLCCCFI2012.pdf, 2015－11－24.

④ EB Diskant, Comparative Corporate Criminal Liability: Exploring the Uniquely American Doctrine Through Comparative Criminal Procedure, the Yale Law Journal, http://www.law.yale.edu/documents/pdf/cbl/Diskant_paper.pdf, 2015－11－24.

⑤ 林智远．论涉嫌合同诈骗案件之诉讼方式选择．海峡法学，2011（4）．

包括物质的、身体的和精神的损害，都可以提起的诉讼要求赔偿。[①] 在法国，其刑事诉讼法也有类似规定。[②] 德国法不利于当事人同时提起附带民事诉讼的另一原因在于德国刑事审判要保护当事人的隐私，从而不利于受害人同时提起民事诉讼。因此，受害人大多只能在刑事诉讼结束以后才能单独提起民事诉讼。这一点，德国和美国的做法比较接近，但是美国当事人不能同时提起民事诉讼的原因是在于宪法对犯罪嫌疑人权利的保护。

三、完善相关立法的建议

综合以上的研究，完善相关立法的建议将从完善相关民事和刑事立法的角度来展开。

（一）完善相关民事立法的建议

通过以上对各国立法的比较可以看出，在合同欺诈的民事立法领域中，我国的立法与国外的立法并无实质的不同。如上所述，英美法系国家的法律将虚假陈述分为三种：无辜的虚假陈述（innocent misrepresentation）、过失性虚假陈述（negligent misrepresentation）和欺诈性虚假陈述（fraudulent misrepresentation），其中的欺诈性虚假陈述就相当于我国立法中的欺诈。而大陆法系有所不同，在合同法中直接采取“欺诈”或者类似的概念。显然，无论是英美法系还是大陆法系，都存在针对欺诈的民事立法，只是具体的用语有所不同。

与国外对欺诈的民事立法相比，我国民事立法在对欺诈的认定和法律后果上与国外立法有所不同。如前所述，广义的合同欺诈除了合同法明文规定的欺诈外，还包括合同法出现的其他没有明文规定、但是又在本质上属于欺诈的情形。欺诈的本质在于主观的恶意，依此而论，《合同法》中还存在大量的欺诈情形，如《合同法》规定的恶意串通、以合法形式掩盖非法目的的无效情形，无处分权人处分他人财产的效力待定的合同情形，还有表见代理人借表见代理之名行欺诈之实的情形，都可以被归属于合同欺诈。

在理解以上我国《合同法》中关于欺诈的规定的基础上，我们应该注意到《合同法》对于这些属于广义的欺诈情形的法律效果的规定却是各不相同的。恶意串通损害国家、集体或者第三人利益，以及以合法形式掩盖非法目的的这两类合同被直接规定为无效合同；明知无处分权而订立的合同却被规定为效力待定的合同；而

① 在德国，由于提起民事赔偿请求的范围仅限于财产损失和赔偿最高限额不得超过3000马克等，被害人几乎很少在刑事诉讼中提起请求补偿之诉，而另行提起独立的民事诉讼予以解决，从而使这一程序实际上已被虚置。

② 《法国刑事诉讼法》规定：民事诉讼应包括作为起诉对象的罪行所造成的物质的、肉体的及精神的全部损失。受害人对是否提起附带民事诉讼有选择权，同时可以就物质损失申请国家补偿金。

表见代理直接被规定为有效的合同。所有以上的情形中，合同的一方当事人都存在主观的恶意，即在明知自己不具备相应履行合同的能力的情况下，还要与对方签订合同，并以此期望从对方获取一定的物质利益。至于这三种情形下的法律后果，《合同法》分别规定为无效、效力待定以及有效，而没有规定为可撤销合同。这在很大程度上没有考虑到合同当事人的自由处分权。将恶意串通的合同直接规定为无效，没有考虑受损一方特定情形下可能希望保持合同有效并让对方当事人履行合同的情况，因为对欺诈一方过于严厉会导致对受欺诈方的"保护不足"；无处分权人订立的合同名义上是效力待定，实际上已经包含了合同相对人的撤销权，"待定"是等待确定，如果对方当事人没有行使合同法规定的追认权，就相当于间接行使了撤销权，最终使得合同无效；而将表见代理直接规定为有效合同，也不利于完全保护合同相对方的权利，存在"保护过度"的问题，即忽略了对方当事人可能想撤销合同的情况。

《合同法》对上述三种情况法律后果的规定，与国外立法有所不同。国外立法多将因欺诈而订立的合同规定为可撤销合同。如上所述，英国法将欺诈性的合同都规定为可撤销合同；《德国民法典》第123条所规定的可撤销合同中，欺诈是原因之一；《法国民法典》第1116条规定："当契约一方当事人作出欺诈陈述，而另一方当事人若非因这一欺诈性陈述就不会订立契约，则欺诈构成撤销契约的理由。"

综上所述，笔者认为，对于属于广义的合同欺诈的三种情况，《合同法》应当考虑明确规定可撤销的情形，以充分尊重、保护合同当事人的自由处分权。在合同相对人同意或者没有遭受损失的情况下，根据意思自治或法益保护的原则，可原则上不得认定相关的诈骗犯罪行为。

（二）完善相关刑事立法的建议

如前所述，合同诈骗本属于诈骗，只不过采用合同的形式，但没有必要因此将其列为一个罪名。由于社会政治经济等的变化，诈骗罪的具体行为方式也层出不穷，如果以具体行为方式决定刑法中罪名的设定，那么必然造成罪名的规定变化不定。[①] 目前有合同诈骗、票据诈骗，随着市场经济的发展以及诚信缺失的加剧，诈骗手段的日益增多，还会有网络诈骗、诉讼诈骗等，因此法律不应该也无法随时修订，使之不断处于变化之中从而影响法律权威。

另外，从以上比较研究的角度来看，将合同诈骗罪列为一个罪名，在其他国家或者地区的立法中是几乎没有的。前述美国关于诈骗的刑事立法，无论是三类一般性立法还是多类专门性立法都没有"合同诈骗"的罪名，而英国、德国、法国、加拿大也没有"合同诈骗"的罪名。同时，在我国港澳台地区的立法中同样没有关于合同诈骗罪的规定，而是按照诈骗罪来认定和处理的。[②] 之所以会出现这样的

---

① 高铭暄，王作富．中国惩治经济犯罪全书．中国政法大学出版社，1995：1057.

② 陈泽宪．经济刑法新论．群众出版社，2001：120.

情况，笔者认为在市场经济条件下，合同无处不在，以合同作为认定诈骗的外在标志必然会导致罪行的泛化和司法中定罪的困难。合同纠纷与合同诈骗之所以在我国成为一个学术界和实务界的一大难题，很大程度上是与立法本身存在的不足有关的。

如前所述，有美国学者认为，应当尽量避免对欺诈犯罪的一般性立法，而多采取针对具体欺诈行为的专门性立法，专门性立法有助于约束公诉机关的自由裁量权，也有助于更好地引起犯罪分子和整个社会的注意，还对区分民事欺诈和刑事欺诈有重要作用。还有美国学者认为，对欺诈犯罪的一般性立法很多是历史上的"古董"立法。专门性立法则是对这些"古董"立法的更新和换代，有助于维护立法权的崇高地位。[①] 我国的"合同诈骗罪"是在"诈骗罪"的基础上于 1997 年《刑法》中新增的罪名，在当时的立法中不失为一种进步。但是，现在看来，随着多种金融类诈骗罪[②]的罪名制定，"合同诈骗罪"的罪名似乎也正在成为"古董"立法。参照美国的立法经验，我国也应该多采取专门性立法，尽量少地采取一般性立法。因此，笔者认为，我国应当在适当的时候取消"合同诈骗罪"这一罪名，而对以合同形式进行的诈骗加以更为细化地规定，并根据实际的具体手段的不同而修订法律。

最后，在避免对欺诈犯罪进行一般性立法的同时，需要对欺诈行为进行专门性的立法。这种专门性的立法，不仅可以避免《刑法》第 13 条造成的割裂欺诈行为规制体系的不足，而且可以进一步完善区分、治理相关欺诈行为的体系。要知道，一旦存在一部相对完整的欺诈行为规制法，不仅可以分别规定一些典型的合同民刑交叉问题，让专门的问题得到法律的专门处理，而且可以避免一些不必要的纷争，诸如"非法占有目的"是否有必要性的质疑也就被消除了。更重要的是，一部相对完整的欺诈行为规制法将形成相对系统的规制体系，必将有助于相关行为的系统治理。

然而，以上的立法建议只是一种制度设计上的愿景，但是在法律没有修订之前，我们还是要面对当前广泛存在的合同纠纷与合同诈骗的区分问题。在既定立法的前提和框架下，要解决好这一个问题，只能期望司法机关精确把握现行立法并在此基础上认真执行现行立法。为此，笔者对司法机关提出一些对策和建议，以期在一定程度上有助于司法机关在实践中解决合同纠纷与合同诈骗的区分问题。本书研

---

① Ellen S. Podgor, Criminal Fraud, http://www.wcl.american.edu/journal/lawrev/48/pdf/podgor.pdf, 2015-11-24.

② 如前所述，我国现行刑法中，共有三大类诈骗犯罪，合同诈骗罪只是其中的一种。我国刑法分则第三章第五节"金融诈骗罪"共包括 8 个具体金融诈骗犯罪，即集资诈骗罪、贷款诈骗罪、票据诈骗罪、金融凭证诈骗罪、信用证诈骗罪、信用卡诈骗罪、有价证券诈骗罪、保险诈骗罪。

究的是合同纠纷与合同诈骗的区分问题，而前述的论证表明，合同纠纷的多种类型中，无论是理论上还是实践上与合同诈骗最不易区分的是合同欺诈。因此，这里主要是针对合同欺诈与合同诈骗的区分问题提出相应的对策和建议。

第三节　治理民刑交叉错位问题的司法进路

合同民刑交叉问题的处理原则上是一个司法问题。根据司法问题的基本性质，民刑交叉错位问题的处理应当符合法律的规定。对此，魏东教授等也提出："刑民交叉首先是个法律问题，依法解决当是题中应有之义，因此，法制原则是刑民交叉问题处置中必须坚持的首要原则……"，"法制原则要求我们必须首先从现行法律制度上寻求具体刑民交叉案件的解决办法，而不能无视现行法律制度的明确规定，不能超越现行法律制度而行非法之事；同时，我们在研究解决刑民交叉问题的对策框架时，也必须力求在法律制度层面上对刑民交叉问题提出对策性建议，通过修订完善现行立法、司法解释及规章制度等，从法律、法制的角度规范刑民交叉问题的解决方式，在保证立法和司法统一性的原则下，实现对该问题的合法且规范的解决。"①

因此，解决合同民刑交叉定性错位问题，必须了解我国关于合同民刑交叉案件处理涉及的一系列民事、刑事法律规定和有关的司法解释，以及司法实践中在适用、执行以上法律、司法解释过程中的现状，并分析其中立法、司法中存在的问题，以找到解决问题的方法。

一、相关司法政策的改进和运用

考虑到合同民刑交叉错位问题的复杂性和系统性，治理相关问题的司法进路不仅需要加强相关理论、政策的研究和运用，而且需要展开专门问题的研究。在立法尚未根本改观的前提下，司法政策的改进和运用也能有效地加强相关问题的治理工作。

（一）重视政策的研究和运用

在合同民刑交叉错位问题的研究中，笔者发现，没有深厚的经济、法治理论基础，很难准确把握刑法的运用和相关合同纠纷行为的发展变化。现今的情况下，这些条件对多数的司法官员来说也是有难度的。因此，需要加强刑事政策的研究，在法律规范难以穷尽的部分，充分发挥刑事司法政策的指引作用，提升司法官员对某些专门问题的理解，改善司法系统保护和恢复相关法益的能力。

关于政策的地位和作用，国内存在很多误解。关于政策的负面作用，正如刑事

---

① 魏东，王育林．论刑民交叉问题对策研究的创新思路——关于《论刑民交叉及其关涉问题》的后续性研究．四川警察学院学报，2010（1）：32．

政策问题专家周建军教授所言：国内的政策（政治）理论和实践长期停留在“阶级统治”“政治挂帅”抑或“政治压倒一切”的意识形态中，政策主体封闭、单一，政策目标过于绝对、非妥协，凡此种种。于是，在政策的名义下，“文化大革命”得以爆发，“严打”运动得以存续，立法粗疏甚至无法可依的情形比比皆是……久而久之，学术与政治日渐疏远，以至于陈兴良教授明确指出：“刑法知识的政治化以及意识形态化，实际上是政治对刑法学的一种侵蚀，有损于学术的独立性和知识的纯粹性。”① 此外，卢建平教授等人也提出：“建国初期，受特定历史条件的限制，出现‘以政干法’或者政策压倒法律的情形有一定的必然性。1949 年 2 月，中共中央发布的《关于废除国民党的六法全书与确定解放区的司法原则》在宣布‘人民的司法工作不能再以国民党的六法全书为依据’的同时，也表达了要‘以人民的新的法律作依据’的愿望。但是，‘在人民新的法律还没有系统地发布以前，应该以共产党政策以及人民政府与人民解放军所已发布的各种纲领、法律、条例、决议作依据。’尤其司法机关，不仅要坚持‘有纲领、法律、命令、条例、决议规定者，从纲领、法律、命令、条例、决议之规定；无纲领、法律、命令、条例、决议规定者，从新民主主义的政策’的办事原则，同时还要‘以学习和掌握马列主义、毛泽东思想的国家观、法律观及新民主主义的政策、纲领、法律、命令、条例、决议的办法，来教育和改造司法干部’，并以此提高‘我们司法干部的理论知识、政策知识与法律知识的水平和工作能力’。不难看出，有关的治理方式，马列主义、毛泽东思想的国家观、法律观居于最高地位，新民主主义的政策次之，纲领、法律、命令、条例、决议居于最后。其中，马列主义、毛泽东思想的国家观、法律观（不是法律本身）、我党的政策、新民主主义的政策、人民政府与人民解放军发布的各种纲领、命令、决议又都是执政党政策的表现形式。因此，执政党的政策一开始就取得了压倒法律的地位和性质。”② 确实，政策在司法实践中具有非常重要的地位和作用，尤其对于疑难司法问题的理解与适用，政策的研究有助于帮助司法人员统一认识取向并尽量作出“相同”的判决。

当然，在司法政策对民刑交叉问题的指引中，还要特别注意政策与法律的冲突问题。对此，亦如周建军教授所言：“就政策与法律的冲突情形而言：政策，上不能超越法律的界限，下绝不至于被禁绝适用，此中的范围大小，既取决于法律体系的完备程度，也取决于社会的情势变更。就算转型完成、法治实现，法律制度极其完备，也可谓‘法有限而情无穷’，政策必然存在于立法和司法的各个环节，影响司法人员的取向和判断，指导市民理解法律、信仰法律。因此，政策与法律的博弈，虽可谓此消彼长，但绝不至于一方唱罢，一方登场。”③ 笔者以为，政策与法

① 周建军. 生活在别处的法律. 法学家茶座，2015（1）.

② 卢建平. “笨媳妇和面”与刑事政策的系统治理. 清风，2011（10）.

③ 周建军. 刑事司法政策原理. 清华大学出版社，2011.

律的冲突对合同民刑交叉问题的深入研究非常重要。一方面，国内的确存在政策取代法律抑或“以政干法”的传统和习惯，为此需要在法治原则抑或法制底线的层面树立依法行政、依法审判的范式，树立法治权威；另一方面，“以政干法”的历史并不能否定刑事司法政策对合同民刑交叉界定问题解决的指引作用。其实，这个道理也很简单：若因“以政干法”的传统而否定刑事司法政策的科学指引，相当于给孩子洗澡的时候将孩子与洗澡水一起倒掉。

政策与法律的冲突，还要结合当代中国的实际情况（特别是变革社会情形）来考虑。在变革社会条件下，制度的供给和冲突是很严重的问题。但是，制度经济学的研究表明，变革社会的制度平衡就是制度需求和供给的平衡。在这样一种条件下，刑事政策需要将有效制度的供给作为一个突出问题来解决。为此，有论者指出：制度供给，尤其法律制度的供给，严格讲来，仅指立法机关通过立法程序颁布的法律制度。就当代中国的情形而言，政治改革远远地落后于经济发展，立法能力尤其滞后，已经成为制度供给的瓶颈。当然，即便立法能力极其突出的国家，法理学的研究也表明，由于立法是一般性的和指向未来的，现有的成文法规可能会不足以解决一起已经发生利益冲突的案件。如果这种情况发生，那么就可能有必要确定相关事实并就相互对立的主张中何者应当得到承认的问题作出裁决。尤其在实定法模棱两可或未作规定的情形下，公共政策构成法官可以适当诉诸的法律的非正式渊源。可见，政策本就是法律的非正式渊源，只是在变革社会情形下，法律制度供给严重不足，导致政策需求旺盛，功利主义难免过了头，以至于政策与法律的冲突（二元背反）成为一个突出的问题。① 因此，政策在推动有效制度供给的同时，也会对合同民刑交叉问题的治理起到推动作用。

（二）重视专门问题的系统研究

合同民刑交叉错位问题的研究，对司法机关工作人员的选任制度也提出了更高的要求。因此，需要严格司法机关工作人员的准入制度，进一步提高司法工作人员的整体素养。目前，公、检、法机关工作人员在准入机制方面的条件基本一致，即通过公务员考试进入司法机关工作。但在这种选拔过程中，往往忽视了对司法工作人员的政治素质、道德品质、个人性格及其职业素养的考察，导致有些司法工作人员考试能力强、学历高，但不具备司法工作人员的基本品质。在司法工作人员的执业生涯中，往往由于案多人少，又忽视了对司法工作人员的政治素质、司法人格、职业操守、专业素养的培养与提高，这导致有些司法工作人员在遇到合同纠纷与合同诈骗交叉错位问题时，或不能正确作出区别，或徇私枉法。

（三）树立司法有限观念和系统看待民刑交叉问题

司法不能解决全部经济问题，应当树立司法有限的观念，系统看待民刑交叉问题。众所周知，法律不是万能的，任何一个社会都是一个整体系统，其中有多种子

---

① 周建军．变革社会中的刑事政治问题．法律科学，2010（5）：45.

系统在相互起作用。司法也不例外，也要与外部的系统和因素相互起作用。这些外部的因素和系统就是司法环境。具体而言，司法工作的正常开展离不开其他机关和部门，如人大、政协、政府以及社会民众等。之所以如此，主要是因为一些地方为了地方的利益，其有关部门会对司法机关的工作施加不当的影响，给司法工作带来不必要的阻碍。要改变司法实践中存在的合同纠纷诈骗化和合同诈骗纠纷化的现象，应当营造一种良好的司法环境，首先应当克服地方和部门保护主义，切实加强和改善党对司法工作的领导，支持司法工作人员独立履行职权；其次应当培养公民的法律意识，培养个人的公正之心；最后应当引导社会舆论和规范媒体活动，加强对司法工作的监督。

（四）限制法官在相关案件中的自由裁量权

正如英国法学家戴维·M·沃克指出的，所谓自由裁量权，就是法官酌情作出的、在当时情况下正义、公正、正确和合理的决定的权力，由于情势所需，法律会授予法官在某种情况下可以行使自由裁量权。① 从中可知，法官行使自由裁量权受到当前法律体系和法律原则的限制。在合同纠纷与合同诈骗发生交叉时，法官的自由裁量权更显得重要。由于合同诈骗属于目的犯，而目的属于主观意识形态，如何判断其具有非法占有的目的，不同的人根据相同的情况就可能会有不同的司法推定。因此，笔者认为，在处理具体案件时应当根据法律和司法解释等所规定的具体行为，并结合近年司法实践经验以及司法改革的发展趋势，综合考虑事前、事中、事后的各种主客观因素进行整体判断，作出可信的司法推定。

概而言之，市场经济是以自由交易为基础的法治经济，而合同是经济交易的工具和法律形式。市场经济条件下，合同无处不在。随着我国社会主义市场经济体制的建立和发展，合同纠纷和合同诈骗的案件也越来越多。然而，我国目前仍然处在社会主义社会的初级阶段，社会主义市场经济也处于不断发展、完善的阶段，必然存在诸多不够完善的地方。加之社会转型的情况下，各种社会矛盾突出，导致合同纠纷和合同诈骗层出不穷，严重影响了市场经济的效率和国民经济的发展。因此，合同民刑交叉错位问题的治理是一个系统工程，我们对相关司法治理问题的论述只是这个系统工程的一部分。从某种角度来讲，“纠纷诈骗化”与“诈骗纠纷化”的问题远不止是一个司法问题，同时也是一个经济、政治和立法问题，相关的治理方案不仅是市场经济条件和法治国家建设的融合，也是法治原则、经济原则的融通，更是法益恢复、报应、预防等刑法目的的整体实现。

二、改善其他专门机关活动的建议

在合同民刑交叉错位问题的系统治理中，不仅理论研究的条件是非常重要的，

① ［英］戴维·M·沃克. 牛津法律大辞典. 李双元，等译. 光明日报出版社，1988：261.

各司法机关如何将相关的理论运用于案件的具体处理也需要一定的条件。换句话说，合同民刑交叉错位案件的处理绝不是机械适用法律所能完成的司法任务，对市场条件、刑法目的的理解和诠释，对相关合同纠纷行为发展变化的准确把握，都有待各专门机关活动的整体改善。

（一）公安机关加强相关治理工作的对策与建议

如上所述，多数学者认为，严重的合同欺诈可以转化为合同诈骗，二者间并不是截然分开的关系。实务界也持有这种观点。例如，有的公安机关经侦队就认为，“合同欺诈只是一般的违法，其后果是导致合同成为可撤销合同，但该行为已经具备转化为合同诈骗的潜在可能性。如果其违法行为进一步加重，则可能构成合同诈骗罪。也就是说，合同欺诈可以转化成合同诈骗，而合同诈骗只能向更高的罪名转化。”①

又如，沙君俊博士也认为，合同诈骗罪与合同民事欺诈行为常常发生规范竞合，即构成合同诈骗罪的行为同时也构成了合同民事欺诈，但是构成合同民事欺诈却不一定构成合同诈骗罪。②

分析上述论述中，需要强调三个观点：合同欺诈只是一般的违法；严重的合同欺诈可以转化为合同诈骗；反过来看，构成合同诈骗罪的行为同时也构成了合同民事欺诈。对于“合同欺诈是一般的违法”这一观点，其正确性是毋庸置疑的，但问题在于合同欺诈违反了什么法呢？合同欺诈违反了合同法，这是无须论证的，但其有没有违反其他法律呢？有的人认为，合同欺诈还违反了其他法律，其中首先是违反了《治安管理处罚法》第49条的规定，③ 这里又涉及欺诈与诈骗的区分问题。我国学者花费了大量的精力来区分欺诈和诈骗，但似乎并没有取得较为令人信服的结论。而前述的比较研究资料也表明，国外立法中几乎没有区分欺诈和诈骗，而是统一地称为诈骗（fraud）。

基于此，我们能否考虑将所有的合同欺诈都作为违反《治安管理处罚法》的违法行为来处理，对于较为严重的合同欺诈则转化为合同诈骗呢？笔者认为，合同欺诈和合同诈骗是两种不同性质的行为，在不能将所有合同欺诈都作为违反《治安管理处罚法》的违法行为来处理的情况下，我们应当遵循当前学术研究和司法实践中对欺诈与诈骗的区分，并在此基础上将合同诈骗进一步区分为违反《治安管理处罚法》的一般违法行为和违反《刑法》的犯罪行为。另外，在确定为合同诈骗的基础上，并非所有的合同诈骗都会达到或者构成犯罪行为，因为如前所述我

① 陈列. 把合同欺诈从合同诈骗中“揪”出来. 江南时报，2011－11－11.

② 沙君俊. 合同诈骗罪研究. 人民法院出版社，2004：215.

③《治安管理处罚法》第49条规定：“盗窃、诈骗、哄抢、抢夺、敲诈勒索或者故意损毁公私财物的，处五日以上十日以下拘留，可以并处五百元以下罚款；情节较重的，处十日以上十五日以下拘留，可以并处一千元以下罚款。”

国公安机关对合同诈骗罪有一定的金额标准。

公安机关实践中存在的问题是，对于那些已经构成合同诈骗，但未达到合同诈骗罪的立案标准的行为，该如何办理呢？笔者建议，在此情形下公安机关应当严格遵守《治安管理处罚法》第49条的规定，这样就会形成只要是合同诈骗，必将承担民事责任以外的其他责任。具体而言，一般违法意义上的合同诈骗要承担《治安管理处罚法》规定的行政责任，而严重的合同诈骗则要承担刑事责任。

此外，公安机关还要严格履行自己的职责，对于当事人认为涉嫌犯罪的案件报案后，公安机关必须受理，受理后如果认为不涉嫌犯罪的，应当由公安机关交检察院审查后决定是否移送法院。这样可以避免在有些案件涉嫌犯罪的情况下，公安机关为推卸责任而将案件推给法院审理，或者在不涉嫌犯罪的情况下，法院不愿意受理案件而使当事人的合法权益不能得到及时保障。

（二）检察院加强相关治理工作的对策与建议

“不构成犯罪”和未提起公诉的合同诈骗案，当事人可以在刑事案件之外另行提起民事诉讼，民事纠纷部分能够得到解决。但是，司法解释规定合同诈骗案的被害人因为被告人的犯罪行为所遭受的财物损失不能提起刑事附带民事诉讼，而只能另行提起民事诉讼，这不利于节约司法资源，也不利于提高司法效率，还有可能危害司法公正。被告人因为同一犯罪事实既触犯了刑法，又损害了被害人的权益，如果允许被害人提起刑事附带民事诉讼，法官通过庭审查清了被告人的犯罪事实，也就基本查清了被害人所遭受的损失。对于被害人所遭受的部分损失因证据问题不能计入合同诈骗数额的，可以在民事审判部分由被害人举证，如果达到了民事审判所需的证据标准，则判处被告人承担赔偿责任。判决结果出现民事案件赔偿金额高于刑事案件涉案金额的情况也属正常情况，因为两种案件的证明标准是不同的。通过将刑事案件和民事案件一并审理，可以避免法院就同一事实两次组成合议庭、两次开庭审理，节约了本来就紧张的司法资源，减去了“先刑后民”等中间环节，提高了诉讼效率，还节约了被害人的诉讼成本。同时，通过一并审理，法官划分的双方当事人的责任，既可以作为对被告人量刑的情节，又可以作为其承担民事责任的依据，避免了不同的法官因不同的认识而作出不同的判决，有利于维护司法的公正和权威。因此，现在有必要修改相关司法解释，将合同诈骗案的被害人所遭受的财物损失纳入刑事附带民事诉讼的范围之内。

“事实不清，证据不足”的合同诈骗案，要解决被害人无权“独立自主”地向法院提起诉讼的问题，可以有两种办法。一是对公安机关继续侦查的期限加以限制。2013年生效的《刑事诉讼法》已经对“事实不清、证据不足”需要补充侦查的时限作出了规定，公安机关无权无限期地侦查下去。[①] 对于期限届满证据仍不充分的，公安机关应当撤销案件，使被害人获得另行提起民事诉讼的权利。公安机关终止侦查后，被害人或公安机关发现新的证据的，可由被害人提起自诉，这样既追究了被告人的刑事责任，又保障了被害人的民事权利。二是规定在公安机关继续侦查的期限届满前已经预见到据以定罪的关键证据无法补充的，应被害人的申请，可以由公安机关、检察院出具相应证明材料给被害人，被害人凭证明材料到法院提起民事诉讼，法院应当受理。

① 《刑事诉讼法》第171条第3款规定："对于补充侦查的案件，应当在一个月以内补充侦查完毕。补充侦查以二次为限。补充侦查完毕移送人民检察院后，人民检察院重新计算审查起诉期限。"

第五章　合同民刑交叉错位治理的实践运用

从实践的情况来看，合同民刑交叉错位问题的处理涉及法律规定、政策、理念等一系列的问题。即便我们已经确立了法制、经济等专门处理合同民刑交叉错位治理的原则，也针对有关专门司法机关提出了一系列的对策和建议，但实践中相关问题的处理仍然值得研究。

第一节　牟其中信用证诈骗案的治理分析

牟其中信用证诈骗案审判之初，国内对金融诈骗犯罪的研究尚不成熟。该案的推理和判决，不仅影响了信用证诈骗罪的构成要件的认定，在某种程度上甚至还形成了推定金融诈骗犯罪之“非法占有”的“狭义推定说”。如今回顾牟其中信用证诈骗案审理相关的事实与法律，再行探讨金融纠纷与金融犯罪的界限、非法占有的目的的推定以及相关金融诈骗问题的治理，不仅是要推动对金融犯罪立法与审判的反思，而且希望由此进一步认识合同民刑交叉错位问题治理的重要意义。

一、牟其中信用证诈骗案的基本情况①

上诉单位（原审被告单位）：天津开发区南德经济集团，1991 年 8 月 10 日在天津市工商行政管理局登记注册，注册资金人民币 3500 万元，集体所有制性质。

上诉人（原审被告人）：牟其中，天津开发区南德经济集团总裁（法定代表人）。因本案于 1999 年 1 月 7 日被刑事拘留，同年 2 月 28 日被逮捕。

本案还有上诉人夏某炜，原审被告人姚某、牟某、牟某 1。

天津开发区南德经济集团（以下简称南德集团）、原审被告人牟其中等信用证诈骗案，经审理，有关法院认定了以下的事实。

1995 年年初，国家实行紧缩银根的经济政策，南德集团在银行的贷款渠道被

① 周建军．牟其中信用证诈骗罪的法律分析．中国刑法案例评论（第二卷）．中国人民大学出版社，2008（2）．

宣东．牟其中案的法理分析．法制日报，2009－8－27（2）．

堵死。该集团前期贷款陆续到期，再加之该集团经营卫星业务急需继续投入大量资金，作为集团总裁的被告人牟其中为偿还债务和继续扩大业务，于1995年2月多次在有被告人姚某、牟某、牟某1等人参加的会议上强调要广开门路，采取开立信用证的方式为集团融资。同年6月，被告人牟其中与原湖北省轻工业品进出口公司离职人员、时任澳大利亚澳华公司经理的何君（在逃）相识后，即与何共同策划以虚构进口贸易的方式，通过对外循环开立180天远期信用证的手段，非法获取银行资金。经商定，何君联系到可为南德集团开立信用证的湖北省轻工业品进出口公司（以下简称湖北轻工）后，被告人牟其中即委托何君作为南德集团的代理，负责与湖北轻工联系，以外贸进口的方式对外开立信用证，并指使被告人姚某、牟某持牟其中签发的“授权委托书”到武汉与何君具体商谈开证事宜，积极配合何君工作。1995年7月，被告人牟其中以南德集团法人代表的身份，与湖北轻工签订了代理进口货物总金额为1.5亿美元的委托代理进口协议，并由何君编造虚假的外贸进口合同，通过湖北轻工为南德集团从中国银行湖北分行（以下简称湖北中行）对外开出180天的远期信用证，开始由何君所在的澳华公司及美国索斯曼公司代理境外贴现（共贴现4单）。

1995年9月，随着开证金额的增大，湖北中行、湖北轻工提出如继续开证必须提供担保。被告人牟其中又与交通银行贵阳分行（以下简称贵阳交行）信托投资部主任李某平取得联系，要李为其提供具有担保内容的“见证意见书”，并缴纳了“见证意见书”手续费。在此期间，被告人牟其中先后派被告人姚某、牟某、牟某1前往贵阳交行和李某平联系，从贵阳交行李某平处开出20份具有担保内容的“见证意见书”。与此同时，牟其中又以南德集团的名义与香港东泽科技有限公司签订了代理贴现协议。湖北中行、湖北轻工在对贵阳交行提供的“见证意见书”进行核保并收到香港东泽科技有限公司提供的27套无货物的虚假单据后，先后又开出27单信用证。

从1995年8月15日至1996年8月21日，南德集团采取虚构进出口货物的手段，通过湖北轻工在湖北中行共计骗开信用证33份，开证总金额共计80137530美元。南德集团通过我国香港东泽公司以及澳大利亚澳华公司、美国索斯曼公司代理贴现（我国香港东泽公司代理贴现27单；澳大利亚澳华公司、美国索斯曼公司各代理贴现2单），在香港的渣打、丰业、东亚、运通等银行议付信用证31单，获取总金额75074004.1美元，折合人民币623339456.04元。被告人牟其中直接指使被告人姚某、牟某发指令给我国香港东泽公司，将代理贴现资金转入南德集团的指定账户，用于返还集团债务及业务支出21978096.58美元（折合人民币182184135.9元）和人民币4158211.19元；余款用于循环开立信用证、支付利息及手续费。最后，造成湖北中行实际损失35499478.12美元，折合人民币294752166.83元。

案件审理中除有证明被告人牟其中知道上述事实的证据之外，还有以下几份证明上诉人牟其中提起犯意以及具有诈骗行为的证据：

1. 南德集团卫星公司总经理王某国1998年4月19日证言节录：老牟在做卫星业务期间，在有关的会上不止一次说要大家多种形式去做融资，做票据业务，即信用证融资。

2. 被告人姚某在公安机关和检察机关多次供述及当庭供述：1995年2~3月份，牟其中几乎天天开会，想尽办法融资，提出组建融资小组。不久，牟其中在另一次金融会议上又说，货不进了，但这种业务方式做资金可以，若能从时间上衔接得上，可以通过循环开信用证的方式，那第一笔钱就可以长期使用下去了。

3. 被告人牟其中1996年7月1日和8月19日分别写给姚某、何君的信中提出："为了使循环不致中断"，"请何君再帮助循环1个月"。

4. 被告人姚某、牟某签署的银行汇款申请，证明将信用证项下的货款分别汇入南德集团在北美的分公司以及国际卫星组织等。

5. 南德集团财务部长黄某忠关于信用证项下资金使用情况提供证言：关于信用证开出的资金，金融部在留足下批信用证保证金后，按老牟的要求汇了一部分到北美、俄罗斯用于卫星业务，有一少部分回到公司作为应付款记账，钱还了一部分国内到期债务，如还了华城财务1000万元人民币等。从来没有付过信用证进口业务的货款，也没有收货物的情况。南德用第3批、第4批信用证的钱还了第1批、第2批的信用证的钱，形成的债务也就是第3批、第4批信用证到期银行垫付的总数约4000万美元。

原审判决认定被告单位天津南德集团犯信用证诈骗罪，判处罚金500万元人民币；以信用证诈骗罪判处被告人牟其中无期徒刑，剥夺政治权利终身；判处被告人姚某有期徒3年，缓刑5年；判处被告人牟某有期徒刑3年；判处被告人牟某1有期徒刑3年，缓刑3年；对夏某炜免予刑事处罚。

原审被告单位南德集团及辩护人、上诉人上诉提出：（1）原判适用法律不当，骗取信用证的"行为人"是开证申请人，即湖北轻工并非南德集团，湖北轻工应负主要责任。（2）南德集团主观上没有非法占有信用证项下资金的目的，属于一时无力偿还拖欠款项的民事债务纠纷。

原审被告人牟其中及辩护人上诉提出其行为不构成犯罪：（1）牟其中不具备信用证诈骗的主观故意。（2）牟其中及南德集团不具备信用证诈骗的犯罪主体资格。（3）牟其中及南德集团没有实施信用证诈骗的犯罪行为。南德集团既不是信用证的申请人，也不是信用证项下人，更不是开证行，当然就不可能实施信用证诈骗的犯罪行为。（4）牟其中、南德集团与湖北轻工签订虚假的外贸代理进出口协议不是信用证诈骗的犯罪手段，牟其中、南德集团欺骗的对象只是湖北轻工，而湖北中行开证并非依据南德集团与湖北轻工的协议。欺骗湖北中行同意承兑的当事人是香港东泽公司，该公司是独立法人，而不是南德集团和牟其中。

某高级人民法院经审理认为，原审被告单位天津开发区南德经济集团及其法定代表人牟其中为非法占有国家资金，与他人共谋，采取虚构进口货物的事实，骗开信用证，获取资金数额特别巨大，给国家造成了极大的经济损失，情节特别严重，其行为构成信用证诈骗罪。原判定罪准确、量刑适当、审判程序合法。裁定驳回上诉，维持原判。

二、牟其中信用证诈骗案的法律分析

牟其中信用证诈骗案法律争议的焦点问题集中在非法占有目的的判断方面。亦如前文所言，在部分诈骗犯罪是否必须具有非法占有的目的方面存在两种观点：一种认为，部分诈骗犯罪不以非法占有目的为必要；另一种观点认为，不管是从诈骗的含义抑或立法的体系来看，所有的诈骗犯罪都必须具有非法占有的目的。很显然，后者是通说。

从该案的具体情况来看，由于资金周转困难，南德集团负责人牟其中决定采用系列远期信用证进行融资，相关行为不具备非法占有的目的。从控方的举证来看，没有证据证明南德集团属于明知没有归还能力而大量骗取资金，不存在相关当事人非法获取资金后逃跑、肆意挥霍有关资金、使用骗取的资金进行违法犯罪活动，也没有抽逃和转移资金、隐匿财产、隐匿和销毁账目、搞假倒闭以逃避返还资金等行为，更没有其他非法占有资金、拒不返还的行为。因此，从通说来看，鉴于该案中未能证明牟其中具有非法占有的目的，南德集团及其负责人利用远期信用证进行融资的行为不构成信用证诈骗罪。该案的法律分析还可以参见周建军教授撰写的《牟其中信用证诈骗罪的法律分析》一文，在此不再赘述。

需要特别说明的是，从法律的角度说该案明显属于民刑交叉错位的案件。众所周知，远期信用证的确存在融资的功能。牟其中通过虚构贸易的方式欺诈获取了部分资金的使用权，但并不具备非法占有的目的。如果最终能够宣布该案是一个错案，那么这个案件就是当代中国历史上迄今最大的民刑交叉错位的案例，本案的系统研究必将具有标志性的地位和作用。

三、牟其中信用证诈骗案的民刑交叉错位问题的系统治理

现在看起来，牟其中信用证诈骗案至少产生了两个非常严重的后果：其一是案件的当事人，曾经位列第一期胡润中国富豪榜第 16 名的牟其中至今还在监狱，距其被判信用证诈骗罪入狱已经超过了 14 个年头。这个后果显然很严重！但和曾经是民营企业巨无霸的南德集团的命运相比起来，后者还关乎着中国民营企业改革和市场经济制度建设的宿命——非法治，真正的市场和公正将无从谈起。因此，牟其中信用证诈骗案的系统治理具有非常深刻的意义。

之所以判处牟其中构成信用证诈骗罪，主要有两个原因：第一，1997 年《刑法》刚刚出台，关于信用证诈骗罪的构成要件还有很多争议。其中，也包括相关诈骗犯罪是否必须具备非法占有目的的问题。第二，此案必然存在的一些非法治的因素。否则，一个那么明显的错案，加上诸多顶级法学家的吁求，绝不至于一错到

底。由此可以看出，合同民刑交叉错位的问题不仅是一个立法、司法的问题，也是一个法治问题。在我们高举十八届四中全会精神，全力推进社会主义法治国家建设的大背景下，这个案件的深入研究必将具有更加深远的意义。

在立法、司法之外，牟其中信用证诈骗案还揭示出民刑交叉错位问题治理的经济意义。众所周知，市场经济和法治国家是相伴相生的两个事物。根据市场经济的原理，民营企业才是完全意义上的市场主体。亦如前文所言，一个案件导致中国曾经的民营企业巨无霸轰然坍塌，所产生的后果远不是一个企业的生死问题，还关系到民营企业制度、私有财产保护等与法治建设密切相关的重大问题。从这个角度来看，合同民刑交叉错位问题的治理还将对经济与社会的法治起到重大的推动作用。反之亦然，合同民刑交叉错位问题的继续存在，也可能给中国的经济与社会发展带来严重的后果。

第二节　许某涉嫌合同诈骗案的治理分析

在合同民刑交叉错位问题的治理中，判断行为人是否具有非法占有的目的是非常关键的。但是，非法占有目的的判断也是一种系统判断，现有的法律、司法解释的相关规定都只为判断行为人是否具有非法占有的目的提供了一些推定的方式。既然是一些推定的方式，就可以通过事实来证否。在事实不足以证否的时候，还可以通过系统治理的思维，认真考虑相关合同是否现实履行，合同责任（尤其违约责任）是否能够实现，合同相对人是否实际遭受损失等方面来综合判断行为人是否具有非法占有的目的，进而确定相关民刑交叉行为的处理方式。说到底，亦民亦刑、或民或刑的思维也是一种系统论的指导思想。而许某涉嫌合同诈骗案中非法占有目的的判断，恰好也需要得到这种系统思维的支撑。

一、许某涉嫌合同诈骗案的基本情况

公诉机关指控许某在2013年7月至12月期间，以非法占有代办费为目的，虚构事实，隐瞒真相，在没有实际发展“乐享AAA”高值套餐用户的情况下，多次使用其保存在个人U盘中的、以购买和私自留存等方式非法获取的河北、北京、四川等外省市公民的896个身份证电子扫描件，作为套餐用户办理了虚假“乐享AAA”高值套餐业务，实际骗取了中国电信股份有限公司某分公司支付的代办费共计596103.6元。

进一步的调查表明：2012年4月6日，许某就以某市某区炎讯通讯器材经营部负责人的身份与中国电信某分公司（以下简称电信公司）签订由电信公司提供的格式文本《中国电信某分公司对外合作开办电信营业厅协议》，由许某在某市某区某办事处新C区17号开办中国电信某某营业厅。2013年5月，双方重新签订《中国电信某分公司对外合作开办电信营业厅协议》，约定经营期限为2014年5月

1 日至 2015 年 3 月 31 日。同时，变更和增加《中国电信某分公司 2013 年代理商管理实施细则（试行）》作为该协议的附件四。该附件的第三章是关于“违规处罚”的专门规定，其第六条及第八条明确界定了代理商违规经营界定以及相应的罚款和清退等处罚措施，第九条规定了关于罚款的交纳方式。

上述附件和规定对于代理商违规经营造成电信公司直接损失的相应行为处罚措施有：1. 按实际产生的公司直接损失 1∶1 进行罚款；2. 代理商签约部门应对代理商的经营行为负责，代理商不配合、不交清罚款的，将对代理商签约部门扣减直接经济损失的 2～5 倍业务收入。合同签订后，许某依约向电信公司缴纳 5 万元的保证金，并在某市滇缅大道继续经营电信营业厅的相关业务。

在双方的合作过程中，2012 年 12 月 14 日中国电信市场部业务通知单（2012 某电信市场部字 319 号）的《关于 iphone5 上市相关工作要求的通知》中第 5 条规定了合约计划业务受理的具体销售流程，没有要求业务人员需要对客户的信息及材料进行真实性审查。2013 年 5 月 17 日的《关于管控移动终端发展质量的通知（2013 年某某电信市场部第 167 号文件）》加大了对违规用户的管控和佣金及奖励扣减，要求电信公司应当按月对代理商发展用户信息予以监控，防止和制止违规经营行为。2013 年 7 月 30 日出台的《某电信分公司业务管理规则的汇编》，其中对“异常非真实终端用户的定义以及代理商违规经营等情况、代理商清退等”都予以了明确的规定。

二、本案的争议问题

综合有关案件事实，本案主要存在以下两个方面的争议问题：

1. 许某违规经营套取代办费的行为应该如何处理。
2. 许某违规经营套取代办费的行为是否构成诈骗犯罪行为。

三、亦民亦刑、或民或刑思维的运用

结合案件事实和有关的争议问题，许某是否具有非法占有的目的是判断相关行为是否构成合同诈骗罪的关键。但是，从案件事实来看，很难说当事人不具有非法占有的目的。从行为人冒用他人的身份证信息并因此获利的角度来看，也不能排除行为人可能具有非法占有的目的。此时，系统思维的运用就很关键了。

（一）亦民亦刑：非法占有目的系统分析

诈骗罪和合同诈骗罪都需要行为人具有非法占有的目的。当然，是否具有非法占有的目的也是相关诈骗犯罪区别于民事诈欺行为的根本所在。但是，非法占有目的的认定需要考虑到一系列的因素。实践中，绝不能因为行为人具有牟利的目的，就认定行为人具有非法占有的目的。

根据前述材料，在办理“乐享 AAA”套餐过程中，许某安排工作人员使用他人的身份证信息为他人办理、激活相关电信号码卡，并让相关客户享受电信公司提供的话费按月赠送、“存费赠机”等优惠政策，许某本人则按照合同收取电信公司的代办费。根据有关的国家法律和相关的经营合同，该类行为具有两个方面的性质：首先，这种行为违反了相关的电信代办合同，属于经济合同违约行为；其次，从国家法律的角度来说，许某违规经营收取代办费的行为也具有一定的欺诈性质。之所以成立欺诈行为，主要是未经身份证本人同意，许某使用了相关的身份证信息，并将其应用于办理相关的代办业务，具有隐瞒事实真相的性质。综合看来，许某违规经营收取代办费的行为属于具有欺诈性质的违约行为。

根据市场经济制度的基本原理和最新的司法精神，对具有欺诈性质的违约行为的处理，不仅需要考虑到刑法介入的谦抑精神，而且需要考虑到相关行为人是否具有非法占有的目的以及是否最终给合同相对人真正造成了损失。受此影响，新近出台的一系列司法解释（如1998年最高人民法院《关于在审理经济纠纷案件中涉及经济犯罪若干问题的规定》、2005年最高人民法院《关于银行储蓄卡密码被泄露导致存款被他人骗取引起的储蓄合同纠纷应否作为民事案件受理问题的批复》）不仅打破了该类案件处理的先刑后民的传统原则，分别确立了先民后刑、民刑并行的司法原则，而且确立了以法益（或者说以合同相对人是否具有实际的损失）来推断行为性质的司法逻辑。

因此，许某是否具有非法占有的目的的判断不是可以简单作出结论的。一方面，许某具有欺诈牟利的行为，这一点是可以肯定的；另一方面，欺诈且牟利，或者说具有占有财物的目的，而且具有违约的行为，是否一定需要认定行为人具有刑法意义上的非法占有目的呢？很显然，答案取决于一系列的因素，不是那么简单的。至此我们发现，许某违规经营获取代理费用的行为已经成为一个亦刑亦民的问题。机械适用法律，许某的行为未必不能构成犯罪。但是，充分考虑到以下两个方面的情况：一是相关违约责任的落实情况，二是合同相对人是否因此遭受到了实际的损失，结合本案的情况分析，由于合同违约方许某主动承担了全部违约责任，并赔偿了合同相对方的损失，所以不宜作为犯罪行为处理。换句话说，在相关违约责任已经落实，合同相对人并未因此遭受损失的情况下，刑法的介入是没有必要的。因此，系统分析整个案件的情况，许某的行为无须动用刑法来处理。

（二）或民或刑：非法占有目的是分水岭

在刑法理论中，非法占有目的的判断是一个非常困难的问题。根据《全国人民代表大会常务委员会关于惩治破坏金融秩序犯罪的决定》等法律和司法解释的规定精神，合同标的数额可以作为合同诈骗的量刑情节予以考虑，但是诈骗数额应当以行为人实际骗取的数额认定。与此同时，行为人是否具有非法占有的目的，应当综合分析履行能力、事后态度和行为来进行认定。①

从有关法律和司法解释的精神看，以上规定也只能推定行为人具有非法占有的目的。根据推定方法的逻辑，既然是推定，那就允许例外情况的存在。当然，根据现行法律的精神，例外情况往往需要当事人自己举证。尽管如此，并非司法人员就毫无作为了。从司法者的角度来说，通常情况下，实施了非法的行为，并因此牟利，原则上可以认定行为人具有非法占有的目的。能否有例外，也可以通过以下三个问题的深入分析来推翻相关的推定：第一，是否成立刑法意义上的非法占有的目的，第二，法益是否受损，第三，民事、行政处理的方式是否足以解决相关问题。由此可以看出，系统思维的运用使得本案的走向出现了“柳暗花明又一村”的局面。从另一个角度来讲，这就是或刑或民问题治理思维的路径。

四、许某涉嫌合同诈骗案的结论

综合有关案件情况和法律规定运用可以看出，本案中虽然许某冒用了他人的身份信息，但是购买电信卡并享受电信公司相关优惠政策的客户主体是真实存在的；同时，很显然许某不仅没有挥霍相关款项，更没有携款逃跑，而是基于以创新方式完成合同任务、扩大代理业务的需要，实施了违规经营的行为。事后，许某又承担了全部违约责任并赔偿了合同相对方的损失。因此，许某不具备非法占有的目的，相应地许某违规经营收取代办费的行为也不构成相关的诈骗犯罪。

第三节　周某骗取上市公司巨额资金案的治理分析

本案中，周某等人通过收购七家空壳公司并虚增注册资本，在深圳登记成立明伦集团有限公司，在此基础上控制了一家上市公司，然后又进行了一系列的资金运

---

① 按照相关规定：行为人具有下列情形之一的，应认定其行为属于以非法占有为目的，利用经济合同进行诈骗：（一）明知没有履行合同的能力或者有效的担保，采取下列欺骗手段与他人签订合同，骗取财物数额较大并造成较大损失的：1. 虚构主体；2. 冒用他人名义；3. 使用伪造、变造或者无效的单据、介绍信、印章或者其他证明文件的；4. 隐瞒真相，使用明知不能兑现的票据或者其他结算凭证作为合同履行担保的；5. 隐瞒真相，使用明知不符合担保条件的抵押物、债权文书等作为合同履行担保的；6. 使用其他欺骗手段使对方交付款、物的。（二）合同签订后携带对方当事人交付的货物、货款、预付款或者定金、保证金等担保合同履行的财产逃跑的。（三）挥霍对方当事人交付的货物、货款、预付款或者定金、保证金等担保合同履行的财产，致使上述款物无法返还的。（四）使用对方当事人交付的货物、货款、预付款或者定金、保证金等担保合同履行的财产进行违法犯罪活动，致使上述款物无法返还的。（五）隐匿合同货物、货款、预付款或者定金、保证金等担保合同履行的财产，拒不返还的。（六）合同签订后，以支付部分货款，开始履行合同为诱饵，骗取全部货物后，在合同规定的期限内或者双方另行约定的付款期限内，无正当理由拒不支付其余货款的。

作，从而达到收购明星电力股权的目的。这种情况不仅容易引发民刑交叉错位问题，而且还会带来相关的司法难题。因此，这样的案件往往需要通过合同民刑交叉理论的系统思维来分析和判断。

一、案件的事实情况①

2002 年上半年，为了收购明星电力股权，在收购七家空壳公司并虚增注册资本的基础上，周某在深圳登记成立了明伦集团有限公司。之后，赖某、王某代表明伦集团向四川遂宁市政府转让领导小组提供了两套内容虚假的收购方案，声称明伦集团总资产为 30 亿元。

2003 年 1 月，遂宁市政府转让领导小组成员赴深圳市对明伦集团进行实地考察。周某又指使手下以 11 万元费用为代价，制作了 2002 年度和 2001 年度两份会计报表的虚假审计报告，交给遂宁市转让领导小组，并声称：明伦集团 2001 年度净资产 10 亿元，总资产 20 亿元以上；2002 年度净资产 12 亿元。实际上，截至 2002 年 12 月 31 日，明伦集团及控股公司的净资产实际为负债 17000 多万元。

2003 年 3 月 20 日，遂宁市兴业资产管理公司、遂宁市电力物资公司分别与明伦集团正式签订了股份转让协议，明伦集团如愿取得了明星电力公司总股本的 28.14%。同时，明伦集团周某、史某等人从广东发展银行深圳市春风路支行等三家银行以承诺事成后将明星电力公司股权质押给银行为条件，违规贷款 4.22 亿元，其中的 3.8076 亿元用于支付收购股权所需资金。在明伦集团控股明星电力公司后，明伦集团及周某等人很快地用明星电力公司的资金偿还了 2 亿元的贷款，并将原贷款中的 1.515 亿元和未成立明伦集团前的贷款 1950 万元，共计 1.71 亿元转嫁给明星电力公司担保。

在明伦集团的操控下，明星电力公司于 2003 年 8 月到 10 月投资 1.5 亿元注册成立了深圳市明星综合商社有限公司；在深圳市众业天成投资有限公司注册资本金基础上增资 3.7 亿元成立了深圳市明星康桥投资有限公司。2003 年 9 月 12 日，明星电力公司投入明星商社的 1.5 亿元到账后，同月 18 日就被转入明伦集团下属的深圳市银龙源公司等公司。2005 年，在明星电力公司检查明星商社公司财务时，明伦集团制作了虚假的销售合同、付款委托和财务记账应对检查。

明星电力公司对明星康桥投资的 2.7 亿元到账后，有 1.4208 亿元被立即转入到明伦集团控制的索祺公司、申润康公司及明伦集团，随后资金又被不断转出、转入。此后，明伦集团又转回部分资金，投入到明星康桥修建的深圳捷美商务中心。2005 年 2 月 5 日，周某擅自将捷美商务中心以 5.1 亿元的价格转让给深圳市卓越集团投资有限公司和深圳市卓越置业集团有限公司。明伦集团将转让金基本用于了与明星电力公司无关的还债、投资和日常开支、经营等方面。明星康桥公司出让捷美

① 人民法院报，2007－5－28（5）.

商务中心的资金在该公司收入账上没有反映，而是虚挂捷美商务中心长期投资款4.43亿元。在明星电力公司催收投资款情况下，明伦集团通过循环倒账虚增投资的方式，将江西共青城高尔夫球场的投资虚增至5.5亿元，准备置换明星电力公司对明星商社及明星康桥的5.2亿元投资款，后因遂宁市政府不同意未果。案发前，明星电力公司的对外投资款，经遂宁市政府、明星电力公司的追收，明伦集团以中安经贸公司的名义收购明星康桥股权的形式，还回明星电力公司投资款1.65亿元（其中，1亿元是用于江西共青城高尔夫球场在银行的抵押贷款，6500万元是出让捷美商务中心的资金），其余3.55亿元被明伦集团非法占有。

2003年至2005年，明伦集团及周某等人采取所谓“拆借”等方式，非法占有明星电力公司资金4.69亿元人民币和1074万美元。

二、案件的审判情况

一审法院四川省遂宁市中级人民法院认为：被告单位深圳市明伦集团有限公司的行为已构成合同诈骗罪，周某、王某、赖某等人的行为均已构成合同诈骗罪，公诉机关指控的罪名成立。在明伦集团合同诈骗犯罪中，周某起决策、组织、指挥作用，系本案主犯；王某、赖某等人起次要作用，系本案从犯。遂宁中院分别判处如下：被告单位深圳市明伦集团有限公司罚金人民币五千万元；周某无期徒刑，剥夺政治权利终身，并处没收个人全部财产；王某有期徒刑五年，并处罚金人民币二十万元；赖某有期徒刑四年，并处罚金人民币十五万元……对被告单位深圳市明伦集团有限公司、被告人周某、王某、赖某等违法所得财物予以追缴并发还被害单位。

一审宣判后，周某等被告人均以不构成合同诈骗罪为由向四川省高级人民法院提出上诉，各被告人的辩护人也以相同理由为各被告人辩护。

四川省高级人民法院认为：

1. 明伦集团和周某等人主观上具有非法占有的目的。第一，明伦集团资产为负数，也就是说不具有履行合同的实际能力；第二，明伦集团实施了大量的虚构事实、隐瞒真相的行为；第三，在取得明星电力控股权后不进行实质性的经营，而是以各种虚假理由侵吞明星电力公司资金；第四，明伦集团打算用虚增了投资的江西共青城高尔夫球场抵扣其侵吞的明星电力公司资金。

2. 上述欺骗行为发生在签订、履行合同过程当中。本案事实和证据表明，明伦集团及周某等人实施的所有行为都服务于和服从于利用明星电力公司控股权侵吞上市公司资金这一根本目的。另外，从表面上看明伦集团已经支付了股权转让款，好像是已经履行了合同，但实际上明伦集团并无自有资金，其支付的股权转让款来自于违规从银行获取的贷款且最终也由明星电力买单。也就是说，明伦集团支付的所谓股权转让款实际上是明星电力公司的资金。由此可见，明伦集团在实质意义上并没有真正履行股权转让合同，因此明伦集团和周某等人的欺骗行为发生在签订、履行合同过程当中。

3. 明伦集团及周某等人骗取了明星电力公司巨额资金。对此过程，有一种意见认为，明伦集团并没有与明星电力公司签订合同，明星电力公司不是合同一方当事人，因此明伦集团和周某等人不构成合同诈骗罪。这种观点显然是把合同诈骗罪要件中的“对方当事人”理解为“合同一方当事人”，把“合同一方当事人”理解为在书面合同上签字的人。这种观点是错误的。众所周知，合同诈骗罪是从普通诈骗罪中分离出来的，其实质就是利用合同骗取他人财物，只要利用合同骗取了他人财物，不管受害人是不是合同的一方当事人都构成犯罪。本案中，遂宁市兴业资产管理公司、遂宁市电力物资公司作为原明星电力公司的控股股东与明伦集团签订的股权转让协议，实际上涉及包括两公司在内的明星电力公司及所有股东的合法权益。从这个意义上讲，明星电力公司属于实质意义上的“合同一方当事人”。因此，无论对合同诈骗罪中的“对方当事人”作何理解，明星电力公司都应当属于合同诈骗罪中“对方当事人”的范畴。

综上，被告单位深圳市明伦集团有限公司以非法占有为目的，在签订股权转让协议的过程中采取提供虚假审计报告、虚构公司实力等多种欺诈手段，骗取遂宁市政府和遂宁市兴业资产管理公司、遂宁市电力物资公司、明星电力公司和国家主管部门的信任，非法取得明星电力公司控股权，然后采取各种手段侵吞明星电力公司巨额资金的行为，构成合同诈骗罪。四川高院遂裁定维持原判。[①]

笔者认为，明伦集团主观上有非法占有目的，其通过提供虚假审计报告、虚构公司实力等多种欺诈手段，取得遂宁市政府和遂宁市兴业资产管理公司、遂宁市电力物资公司、明星电力公司和国家主管部门的信任，从而获得签订股权转让协议的机会，借此非法得到明星电力公司的控股权，因此明伦集团侵吞明星电力公司巨额资金的行为构成合同诈骗罪。

三、疑难民刑交叉案件中的系统思维

从本案的情况来看，周某等人不过是实施了一系列的民事合同，并进行了一系列的资金运作，从单个的合同和资金的操作很难判定相关行为构成了合同诈骗犯罪。该案的“裁判要旨”指出：“（周某等人控制的明伦集团有限公司——笔者注）不具有收购上市公司的实力和资格即不具有履行合同的能力，以非法占有为目的，采取欺骗手段签订股权转让合同并取得上市公司控股权，不从事实质性的经营活动，编造各种虚假理由侵吞上市公司巨额资金的，构成合同诈骗罪。”尽管该裁判要旨的表述存在一些逻辑问题（下文将进行论述，在此不再赘述），但是整体而言，由于贯彻了系统（整体）思维，因而能透过一系列民事合同、资金运作的表象，判断出周某等人通过明伦集团有限公司签署一系列的民事合同，并借助资金操作的方式达到非法占有目的的实际情况。如果事实真如案情介绍的那样，那么本案

---

① 人民法院报，2007－5－28（5）.

的裁判的确显示出司法官员运用系统思维辨析民刑交叉问题和避免错位的能力。

但是，合同民刑交叉疑难案件中的系统思维的运用还需要特别注意以下几个方面的问题：

第一，不能因果互相论证，以原因说明结果，反过来，又以结果证明原因。亦如前文所言，在合同民刑交叉案件的处理中，非法占有目的的认定具有相当的难度，必要的时候需要运用系统思维，综合考虑行为人自身、此前、此中、此后的种种情况，还需要考虑到相关合同实际执行的可能性、违约责任实现的可能性、相对人实际受损的情况，等等。但是，在该类案件的处理中，考虑到各种因素的错综复杂，很容易出现因果互相论证的情况。在周某骗取上市公司巨额资金的案件中，法院判决行为人以非法占有为目的，在不具有收购上市公司的实力和资格的情况下，也即不具有履行合同的能力而采取欺骗手段获得股权转让合同的签订机会，在取得上市公司控股权后为侵吞上市公司巨额资金，又编造各种虚假理由而不从事实质性的经营活动。裁判文书的上述论断存在因果论证的情况：非法占有目的是推断的结果，不具有相关能力，采取欺骗手段签订各种合同，没有从事实质性的经营活动，等等，都是推断行为人是否具有非法占有目的的依据。换句话说，总不能在认定了行为人具有非法占有目的之后又说行为人的相关合同行为、经营行为、资金行为具有欺诈性，是诈骗行为。因此，相关裁判要旨的表述存在逻辑上的问题。

类似的问题还发生在“上述欺骗行为发生在签订、履行合同过程当中”的表述和论证中。在该表述中，“上述欺骗行为”应该是指周某等人通过明伦集团有限公司骗取上市公司资金的行为。既然已经认定周某等人通过明伦集团所进行的合同、资金行为是“欺骗”（实为诈骗）行为，再来讨论相关签订、履行合同的行为具有欺骗性，还有意义吗？

第二，在合同民刑交叉的疑难案件中，不仅非法占有目的的推定需要运用系统思维，定罪量刑也需要综合考虑相关的因素。其中，涉及系列合同抑或经营情况的，还要将生产经营的客观变化考虑进去。如果是生产经营的客观变化导致行为人无法承担相关责任，并造成相对人损失的，不能仅凭相对人的损失认定行为人具有非法占有的目的。

本案中，案件事实指出来的行为人“在取得明星电力控股权后不进行实质性的经营”，究竟是不进行实质性的经营，还是商业条件的变化，或者说根据具体的情况暂时没有进行实质性的经营呢？当然，如果认定行为人“在取得明星电力控股权后不进行实质性的经营”，这有助于对行为人非法占有目的的推定。问题是，经营情况是一个动态的问题，因此在相关事实的介绍中，有必要对行为人具备经营条件而不展开实质性的经营活动进行说明。该案中，类似的情况还有很多，仅以此为例，不再赘述。

第四节　民刑交叉错位治理观点的不足与改善

实践中，一旦发生了民刑交叉的问题，究竟应该如何处理呢？很显然，刑法契约、系统思维和法治思维的思想，是我们研究抑或治理相关问题的基础。但是，对司法实务部门的工作人员来说，上述思维的理解、运用是有困难的。因此，能否在相关研究的基础上提炼出一些更加明了的指导意见，将成为相关民刑交叉错位问题治理的关键。

一、民刑交叉错位治理的主要学说

亦如前文所言，关于民刑交叉错位治理的观点主要有三种：

第一，陈兴良教授的观点，笔者归纳如下：一是主张“先民后刑”，认为被害人应在程序上享有选择权。在司法实践中如果出现民刑竞合，究竟选择是“先刑后民”还是“先民后刑”，反映了两种价值观念，即“先刑后民”体现的是公权优先的价值观念，这与法治理念相悖；“先民后刑”体现的是私权优先的价值观念，这才符合法治精神。应当坚持私权优先，当事人应当享有程序上的选择权，公权不得张扬，私权不得受压抑。二是认为在民刑边界清晰的情形下可以适用“先刑后民”的处理原则。其实当民刑边界不清晰，出现民刑交叉难以分清时不能就适用“先刑后民”，而是要尊重当事人的选择权。三是认为“先刑后民”的适用至少产生三个弊端：地方保护主义有机可乘，司法机关干预经济纠纷成为可能，为恶意滥用公权力谋私利、浪费国家司法资源谋私利提供可能。四是提出民刑交叉案件处理原则：民刑可分的情况下，采用“先刑后民”的处理原则；民刑难分的情况下，采用“先民后刑”的处理原则；在民刑互不影响的情况下，采用“边刑边民、民刑并举”的处理原则。①

第二，李兰英教授从技术、情感层面进一步论证民刑交叉案件的问题，主要观点：一是认为两大法系国家处理民刑交叉案件的方式不同。英美法系国家一般采用在刑事审判后再提起独立的民事诉讼的方式；大陆法系国家则采用刑事附带民事诉讼的方式，并赋予受害人选择权，即可以提起单独的民事诉讼，也可以在刑事审判中提起民事请求。二是认为虽然各国的处理方式不同但解决问题的思路相同。尤其是在民事诉讼的效力方面处理思路相同：即有罪或无罪判决对随后民事诉讼的效力是不同的。我国民刑交叉案件中既判力问题的解决思路是刑事判决应当对随后的民事诉讼具有既判力。三是认为民事裁判对刑事诉讼没有既判力。民事诉讼和随后的刑事诉讼，无论民事诉讼的结果如何都不会影响随后的刑事诉讼，即民事裁判对刑

① 陈兴良．关于“先刑后民”司法原则的反思．北京市政法管理干部学院学报，2004（2）：16.

事诉讼没有既判力。①

第三，魏东教授等人提出："刑民交叉，是指刑事案件和民事案件由于特定因素的关联而出现交叉或者并存的现象。以法律事实的个数为'统一标准'，可以将刑民交叉总体上分为'多个事实关联型'刑民交叉和'同一事实竞合型'刑民交叉两类。刑民交叉案件的既有解决办法是以'先刑后民'为原则、以'刑民并行'和'先民后刑'为补充，但是这种解决办法出现的问题比较突出且反对的声音比较多。因此刑民交叉问题对策研究期待理论创新。"②

二、现行民刑交叉错位治理学说的不足

根据有关的研究，笔者认为上述三位学者关于民刑交叉错位治理的主要观点存在以下几个方面的不足。

首先，据犯罪事实是否清晰分别采用先刑后民、先民后刑抑或民刑并行的观点仍然存在"公权张扬、私权压抑，不符合现代司法理念"的弊端。在对先刑后民的司法原则进行批判的时候，一方面，根据犯罪事实是否清晰的标准，陈兴良教授分别提出了先刑后民、先民后刑抑或民刑并行的进路；另一方面，陈兴良教授明确指出"先刑后民"原则体现了公权张扬、私权压抑，不符合现代司法理念。然而，正如笔者在引言中所指出的：陈兴良教授对"先刑后民"司法原则的批评以及对民刑竞合问题的阐述不仅符合市场经济制度发展的需要，而且符合法治原理，对民刑交叉错位问题的处理具有重要的指导意义。但是，美中不足的是，陈兴良教授对先刑后民司法原则的批评过于笼统，而且大多是基于先市场抑或权利、尔后才是法律抑或权力的干预的原则提出来的。这种思路大体而言是正确的，符合市场经济及其法治原则的基本要求，在有关问题确实构成犯罪的情况下，从抓大放小抑或方法论的角度上来看先刑后民也具有一定的合理性。但细说起来，相关问题的处理既不是必然的先刑后民，也不是必然的先民后刑。与此同时，在民刑发生竞合的情况下，也不能根据民刑是否可分的原则来处断。根据陈兴良教授的观点，民刑可分的，可以先刑后民；民刑难以区分时，应当反过来"先民后刑"，这样的处断方法只看到了刑事、民事问题的不同形式，而忽视了上述两类问题实质上的相通性质，必然具有局限性。

现在看起来，陈兴良教授的上述观点仍然存在"公权张扬、私权压抑，不符合现代司法理念"的弊端。有关理由如下：第一，犯罪事实清楚就适用先刑后民的观点依然存在公权张扬的问题。换句话说，犯罪事实清楚就先刑后民，明摆着还是追究犯罪优先的思想，仍然属于公权张扬的思维抑或问题。众所周知，在民刑交叉的情况下，民事因素抑或民事案件的处理对相关刑事案件的定罪量刑都具有重要

① 李兰英．从技术到情感：刑民交叉案件管辖．法律科学，2008（4）：79－82．

② 魏东，钟凯．刑民交叉及其关涉问题．四川警察学院学报，2009（4）：40．

的影响。在这种情况下，先处理刑事案件的思维肯定是有局限性的。第二，民刑难以区分就适用先民后刑的观点存在法制思维不足的问题。民刑难以区分的情况下，根据有利于被告人的原则，为什么不是出罪，而一定要以追究犯罪的目的而先民后刑呢？如果是出于查明刑事案件的需要先处理相关的民事案件，那么在民事案件的处理中必然难以贯彻法制思维和经济原则（改善效果原则）的要求，会出现案件办理方向的偏差。

其次，从技术、情感角度来区分民刑交叉错位的问题也存在目的、方式的不足。客观地说，李兰英教授对民刑交叉案件管辖的技术分析是有意义的。尤其该论者根据两大法系、不同类型的民刑交叉案件既判力得出的技术结论，对我们分析民刑交叉错位问题具有重要的指导意义。但是，李兰英教授的这篇文章忽视了民刑交叉案件处理的一个重大问题，即相关问题的落脚点不是技术和情感的问题，而是利益和效果的问题。

最后，基于交叉的事实基础决定民刑交叉治理进路的原则存在事实含混、目的不清的问题。基于交叉的事实基础，将民刑交叉分为多个事实关联型民刑交叉和同一事实竞合型民刑交叉具有一定的区分意义。但是，考虑到交叉因素的存在，同一事实的判断未必非常确定。同时，民刑交叉问题的研究是为了相关效果的改善，是否同一事实并不是问题的关键。从这个角度来看，魏东教授关于民刑交叉问题的论述必然存在一些不够准确的因素，可能影响相关问题的分析、判断。以“多个事实关联型”民刑交叉案件的程序选择为例，根据相关的交叉类型，魏东教授提出应以“民刑并行”为原则，以“先刑后民”和“先民后刑”为补充，而实际上民刑交叉案件的处理是以案件效果的改善为目的的，究竟是先民后刑、先刑后民还是民刑并行，应以案件的具体情况为依据，尤其应以是否构成犯罪、是否有利于当事人利益回复等情况来分析，否则我们研究民刑交叉案件处理的意义将会大打折扣。

三、合同民刑交叉错位治理的司法建议

考虑到司法实际部门及其工作的需要，结合合同民刑交叉治理的相关思想、原则和实际情况，合同民刑交叉错位问题的治理需要特别注意以下几个方面的问题。

1. 根据查明案件事实的要求，涉及民刑交叉的问题，侦查机关应该树立以下的工作思路：（1）尊重私权自治的原则，在没有当事人举报抑或提出要求的情况下不得主动介入民刑交叉案件的侦办工作；（2）通过违约责任、行政责任能够充分保障合同相对方权益的时候，原则上没有必要以刑事手段介入相关案件的处理；（3）在合同相对方遭受实际损失，或者民事、行政手段难以挽回相关损失的情况下，刑事手段的介入才具有充分的合理性。

2. 根据公诉工作的要求，涉及民刑交叉的问题，公诉机关还应该特别注意以下两个方面的问题：（1）合同相对方是否还有通过民事、行政手段挽回损失的可能性；（2）刑事因素的判断抑或认定是否存在发展变化的可能性，如果有可能性

就要更加慎重。上述公诉机关办理民刑交叉案件的两点意见，还可以在温州吴英集资案件中得到说明，据说吴英被捕入狱以后，由于相关地价的变化出现过吴英的相关资产能够偿还所借款项的可能性。从这个角度来讲，不管案件的证据情况究竟如何，吴英案件的刑事处理至少存在不够经济的问题——原本可以通过民事、行政手段解决问题的，却动用了刑事司法资源。

3. 根据审判工作的要求，涉及民刑交叉的问题，审判机关应该着重审查以下三个方面的问题：(1) 在相关诈骗案件的认定中，需要严格区分欺诈行为和诈骗犯罪行为；(2) 在非法占有目的的认定中，需要着重区分非法牟利和非法占有的目的；(3) 需要将合同相对方利益的恢复作为案件审理的主要目标，而不是机械地适用法律判处被告人刑罚。

当然，以上司法建议是根据市场经济制度、法治精神和法益恢复的刑罚目的作出的。由于上述具体建议可能和现今的某些司法解释存在一定冲突，因此部分建议的执行可能会遇到一些暂时的困难。但是，根据公正、合理解决相关问题的精神，以上建议具有相当突出的前瞻性和执行力。另外，恩师江平先生也指出："法律是要靠人去执行的，当有明确的法律制度安排时，由于执行的人缺乏正确的法治观念，好的制度也能变坏；当没有明确的法律制度安排时，由于执行的人有正确的法律意识，仍然可以按法治原则来处理好事务。"① 对此，笔者不仅深以为是，而且要尽量进一步将其贯彻、运用于合同民刑交叉错位治理的研究中的。即便从公共治理的角度，有关的建议也需要得到实践工作的检验、评估，因此综合合同民刑交叉错位问题的复杂性和恩师江平先生高瞻远瞩提出的法律意识问题，更以为现有的成果不过是相关问题治理的起步，绝不是至此止步的。

---

① 江平. 我所能做的是呐喊. 法律出版社，2010：214.

结　语

“民归民，刑归刑”是法律适用的基本规律，不同性质的法律行为适用不同性质的法律，这才能实现司法公正，达到民事、行政、刑事不同处罚的法律效果。如果民刑定性错位，即“民归刑，刑归民”，其导致的法律效果就会是司法不公、公权力的滥用和司法资源不合理占用，社会效果就会是失去民众对法律的信任、法律权威的丧失。本书力图在合同纠纷与合同诈骗的民刑交叉问题上能作出正确的区分，以表明一个态度：在合同纠纷和合同诈骗民刑交叉定性时，合同纠纷适用民事法律，适用民事调整的法律手段；合同诈骗适用行政法律和刑事法律，主要适用刑事法律，适用刑事制裁的打击犯罪手段和行政制裁的行政手段。为正确厘清两者的定性除了要明确区分的原则、提高公检法机关执法办案人员的法律素养以外，关键还要在两个方面下功夫：一是在立法上下功夫，进一步完善法律，在民事和刑事立法中明确规定欺诈和诈骗的具体形态；二是在司法实践中下功夫，建立公检法机关的联动机制，树立保障私权、约束公权的理念，坚持系统治理的思想，以统一的法制原则来正确定性合同民刑交叉错位问题，以实现效果改善的目标。

总的来说，合同民刑交叉涉及交叉、竞合（包括行为竞合与责任竞合）、系统治理等一系列的思想，错位问题的治理是一个系统工程。从某种角度来讲，“合同纠纷诈骗化”和“合同诈骗纠纷化”的问题是一个涉及经济、政治、立法和司法的问题，相关的治理方案不仅关系市场经济条件和法治国家建设的融合，也关系法治原则、经济原则的融通和法益恢复、报应、预防等刑法目的整体实现。

主要参考文献

[1] [德] 克雷斯蒂安·冯·巴尔. 欧洲比较侵权行为法. 张新宝译. 法律出版社, 2001.

[2] [意] 贝卡利亚. 论犯罪与刑罚. 黄风译. 中国大百科全书出版社, 1993.

[3] [英] 戴维·M·沃克. 牛津法律大辞典. 李双元, 等译. 光明日报出版社, 1988.

[4] [英] 威廉·韦德. 行政法. 徐炳, 等译. 中国大百科全书出版社, 1997.

[5] [美] E·博登海默. 法理学: 法律哲学与法律方法. 邓正来译. 中国政法大学出版社, 2004.

[6] 陈灿平. 刑民实体法关系初探. 法律出版社, 2009.

[7] 陈小君. 合同法学. 中国政法大学出版社, 2001.

[8] 陈新民. 行政法学总论. 三民书局, 1997.

[9] 陈兴良. 法治的使命. 法律出版社, 2001.

[10] 陈兴良. 刑法的价值构造. 中国人民大学出版社, 1998.

[11] 陈兴良. 刑法哲学. 中国政法大学出版社, 1992.

[12] 陈兴良. 刑法哲学（修订二版）. 中国政法大学出版社, 2000.

[13] 陈兴良. 刑事司法研究. 中国方正出版社, 2000.

[14] 陈兴良. 中国刑事政策检讨: 以"严打"刑事政策为视角. 中国检察出版社, 2004.

[15] 崔建远. 合同法（第三版）. 法律出版社, 2003.

[16] 崔建远. 新合同法原理与案例评释. 吉林大学出版社, 1999.

[17] 戴玉忠, 刘明祥. 犯罪与行政违法行为的界限及惩罚机制的协调. 北京大学出版社, 2008.

[18] 高铭暄. 新型经济犯罪研究. 中国方正出版社, 2000.

[19] 高铭暄. 刑法专论（上下编）（研究生教学用书）. 高等教育出版社, 2002.

[20] 韩世远. 合同法总论（第二版）. 法律出版社, 2008.

[21] 何帆. 刑民交叉案件审理的基本思路. 中国法制出版社, 2007.

[22] 黄晓亮, 黄柏青. 合同诈骗罪专题整理. 中国人民公安大学出版

社，2008.
[23] 江平，米健. 罗马法基础（修订本第三版）. 中国政法大学出版社，2004.
[24] 江平. 沉浮与枯荣：八十自述. 法律出版社，2010.
[25] 江平. 民商法学. 群众出版社，2001.
[26] 江平. 商法案例评析（下）. 中国人民公安大学出版社，1997.
[27] 江平. 商法全书. 中国广播电视出版社，1995.
[28] 江平. 我所能做的是呐喊（第二版）. 法律出版社，2010.
[29] 江平. 民法学（第二版）. 中国政法大学出版社，2011.
[30] 江平. 中华人民共和国合同法精解. 中国政法大学出版社，1999.
[31] 姜明安. 行政法与行政诉讼法. 北京大学出版社，高等教育出版社，1999.
[32] 孔祥俊. 合同法疑难案例评析与法理研究. 人民法院出版社，2000.
[33] 李后龙. 以案说法：合同法疑难案例评析. 南京大学出版社，1999.
[34] 李玉林. 合同纠纷前沿问题审判实务. 中国法制出版社，2014.
[35] 梁慧星. 民法总论. 法律出版社，1996.
[36] 刘杰. 经济刑法概论. 中国人民公安大学出版社，2003.
[37] 刘明祥. 财产罪比较研究. 中国政法大学出版社，2001.
[38] 卢建平，徐汉明. 京师刑事政策评论（第 2 卷）. 北京师范大学出版社，2008.
[39] 卢建平. 刑事政策评论（2006 年第一卷）. 中国方正出版社，2007.
[40] 卢建平. 刑事政策学. 中国人民大学出版社，2007.
[41] 卢建平. 刑事政策与刑法. 中国人民公安大学出版社，2004.
[42] 卢建平. 有组织犯罪比较研究——当代新型犯罪比较研究. 法律出版社，2004.
[43] 谢望原，卢建平. 中国刑事政策研究. 中国人民大学出版社，2006.
[44] 马克昌. 犯罪通论. 武汉大学出版社，1995.
[45] 马克昌. 经济犯罪新论：破坏社会主义市场经济秩序罪研究. 武汉大学出版社，1998.
[46] 马克昌. 刑罚通论. 武汉大学出版社，1995.
[47] 沙君俊. 合同诈骗罪研究. 人民法院出版社，2004.
[48] 沈四宝，王军，等. 国际商法. 对外经济贸易大学出版社，2002.
[49] 王晨. 诈骗犯罪的定罪与量刑. 人民法院出版社，1999.
[50] 王春丽. 行政执法与刑事司法衔接研究——以医疗两法衔接为视角. 上海社会科学出版社，2013.
[51] 王家福. 中国民法学·民法债权. 法律出版社，1991.

[52] 王军．美国合同法．对外经济贸易大学出版社，2004．
[53] 王军．美国合同法判例选评．中国政法大学出版社，1995．
[54] 王利明，崔建远．合同法新论·总则（修订版）．中国政法大学出版社，2000．
[55] 王利明．违约责任论．中国政法大学出版社，2000．
[56] 王名扬．美国行政法．中国法制出版社，1995．
[57] 王名扬．英国行政法．中国政法大学出版社，1987．
[58] 王玉珏．信用证欺诈案件之刑民界分研究．法律出版社，2012．
[59] 王作富．经济活动中罪与非罪的界限．中国政法大学出版社，1994．
[60] 徐杰，赵景文．合同法教程．法律出版社，2000．
[61] 徐武生．经济犯罪与经济纠纷．法律出版社，1998．
[62] 杨春然．刑法的边界研究．中国人民公安大学出版社，2013．
[63] 杨辉忠．刑事案例诉辩审评——合同诈骗罪．中国检察出版社，2014．
[64] 尹田．法国现代合同法．法律出版社，1995．
[65] 印仕柏．行政执法与刑事司法衔接实务大全．湘潭大学出版社，2013．
[66] 于改之．刑民分界论．中国人民公安大学出版社，2007．
[67] 张明楷．刑法学．法律出版社，1997．
[68] 张文显．法理学．法律出版社，1997．
[69] 赵秉志．侵犯财产罪．中国人民公安大学出版社，1999．
[70] 赵秉志．中国刑法案例与学理研究·分则篇．法律出版社，2001．
[71] 郑增茂．经济审判热点问题研究．人民法院出版社，1994．
[72] 朱铁军．刑民实体关系论．上海人民出版社，2012．
[73] 祝铭山．合同诈骗罪．中国法制出版社，2004．
[74] 柴建国．论合同诈骗罪与合同纠纷之区别．人民司法，2001（7）．
[75] 陈兴良．刑事司法公正论．中国人民大学学报，1997（1）．
[76] 陈兴良．刑事一体化视野中的犯罪学研究．中国法学，1999（6）．
[77] 杜宏光．合同欺诈与合同诈骗罪的界限．法制与社会，2007（5）．
[78] 江平．三十年中国法治的轨迹与曲线．政府法制，2009（2）．
[79] 黎全阳．关于诈骗罪认定若干争议问题的探讨．法学家，1996（2）．
[80] 梁慧星．如何理解合同法第51条．人民法院报，2000-1-8．
[81] 梁生仁，张先中．略论合同诈骗罪的几个问题．政法论坛，1999（1）．
[82] 林智远．论涉嫌合同诈骗案件之诉讼方式选择．海峡法学，2011（4）．
[83] 刘远，景年红．诉讼欺诈罪立法构想．云南大学学报（法学版），2004（2）．
[84] 卢建平，周建军．政治系统理论视野的刑事政策科学．河南省政法管理干部学院学报，2009（1）．
[85] 卢建平．刑事政策研究的中国特色．河北法学，2008（11）．

[86] 马怀德. 依法行政的要求与热点问题. 价格理论与实践，1998 (1).

[87] 齐章安，周少华. 合同诈骗罪与民事诈欺行为界限分析. 法律科学，1999 (5).

[88] 王萍. 合同诈骗罪相关问题研究. 法律适用，2004 (7).

[89] 吴巍，黄河. 合同诈骗罪故意形式新论. 国家检察官学院学报，2000 (4).

[90] 夏朝晖. 试论合同诈骗罪. 法商研究，1997 (4).

[91] 熊选国. 论利用合同诈骗犯罪与民事诈骗行为的界限. 法学评论，1990 (1).

[92] 姚茂文. 如何理解和把握合同诈骗罪的主观要件. 人民检察，1999 (2).

[93] 叶名怡. 涉合同诈骗的民法规制. 中国法学，2012 (1).

[94] 应松年. 依法行政论纲. 中国法学，1997 (1).

[95] 张明楷. 论三角诈骗. 法学研究，2004 (2).

[96] 张卫兵. 论诉讼欺诈之刑法调整. 国家检察官学院学报，2004 (5).

[97] 陈思群. 合同诈骗罪与合同民事欺诈区分方法的重构与运用. 华东政法大学硕士学位论文，2004.

[98] 董秀婕. 刑民交叉法律问题研究. 吉林大学博士学位论文，2007.

[99] 何蔚英. 合同诈骗罪与合同欺诈之辨析. 中国政法大学硕士学位论文，2007.

[100] 李军. 论合同欺诈与合同诈骗罪的区别. 湖南大学硕士学位论文，2008.

[101] 曲宏志. 论合同诈骗与合同欺诈的界限. 吉林大学硕士学位论文，2008.

[102] 田蕾. 浅析合同诈骗罪与经济合同纠纷的不同. 兰州大学硕士学位论文，2010.

[103] 徐艳阳. 刑民交叉问题研究. 中国政法大学博士学位论文，2009.

[104] 许立鲲. 合同欺诈与合同诈骗罪的界限. 吉林大学硕士学位论文，2008.

[105] 张香玲. 合同诈骗罪与合同欺诈界限研究. 黑龙江大学硕士学位论文，2004.

[106] Andrew Rutherford Ed., Criminal Policy Making. Aldershot: Dartmouth Publishing Company Limited, 1997.

[107] Andrew Rutherford, Transforming Criminal Policy. Winchester: Waterside Press, 1996.

[108] AP Semester and GR Sullivan, Criminal Law Theory and Doctrine. Oxford: Hart Publishing, 2008.

[109] Beckett, K., Making Crime Pay: Law and Order in Contemporary American Politics. Oxford: Oxford University Press, 1997.

[110] Carl J. Friedrich, Man and His Government. New York: Mcgraw Hill, 1963.

[111] Clive Emsley, Crime, police, and penal policy: European experiences 1750 - 1940. Oxford: Oxford University Press, 2007.

[112] Elspeth Guild, Florian Geyer, Security versus justice: police and judicial cooperation in EU, Aldershot, Hants, England, Burlington. VT: Ashgate Pub Company, 2008.

[113] H. L. Packer, The Limits of the Criminal Sanction. Stanford: Stanford University Press, 1968.

[114] John Austin, Lectures on Jurisprudence or the Philosophy of Positive Law (fifth edition). Beijing: China Social Sciences Publishing House Chengcheng Books LTD, 1911.

[115] Julian V. Roberts and Loretta J. Stalans, Public Opinion, Crime and Criminal Justice. New York: Westview Press, 1997.

[116] Mike Maguire, Rod Morgan and Robert Reiner Ed, the Oxford Handbook of Criminology. Oxford: Oxford University Press, 1997.

[117] Roger Hood Ed, Crime and Criminal Policy in Europe. Oxford: University of Oxford, 1989.

[118] Roger Hood, The Death Penalty: A Worldwide Perspective. Oxford: Oxford University Press, 2009.

[119] Ronald J. Troyer and John P. Clark and Dean G. Rojek (ed.), Social Control in the People's Republic of China. New York: Praeger Publishers, 1989.

[120] Tammy L. Anderson, Neither villain nor victim: empowerment and agency among women substance abusers. New Brunswick, N. J.: Rutgers University Press, 2008. Clemens Bart ollas, Stuart J. Miller, Voices in the juvenile justice system. Upper Saddle River, N. J.: Pearson/Prentice Hall, 2008.

[121] Terry Kenneth Anadem. The culture of vengeance and the fate of American justice. Cambridge: Cambridge University Press, 2008.

[122] Thomas J. Gardner and Terry M. Anderson, Criminal Law. Rochester: Thomas Learning, 2005.

附录一 调查问卷

调查问卷（公安机关）

1. 公安机关在接警时是否遇到过合同纠纷与合同诈骗交叉的情形？区分合同纠纷与合同诈骗的法律依据是什么（包括法律、法规、司法解释、政策、通知等各种相关规定，请列出具体的名称）？

2. 公安机关在接警时遇到的合同纠纷与合同诈骗交叉的情形具体有哪些？遇到这种情况时如何处理（处理流程）？处理中存在的难点与问题是什么？对于这些难点与问题，解决的对策与建议是什么？

3. 公安机关侦查终结后移送检察院的案件中，是否存在因检察院认为不成立合同诈骗而被退回的情形？具体有哪些情形？退卷理由是什么？遇到这种情况时如何处理（处理流程）？处理中存在的难点与问题是什么？对于这些难点与问题，解决的对策与建议是什么？

4. 对于法院移送公安机关的涉嫌合同诈骗的案件，是否有不成立合同诈骗的情形？主要有哪些？遇到这种情况时如何处理（处理流程）？处理中存在的难点与问题是什么？对于这些难点与问题，解决的对策与建议是什么？

调查问卷（检察院）

1. 对于公安机关移送的合同诈骗案件，是否遇到过合同纠纷与合同诈骗交叉的情形？区分合同纠纷与合同诈骗的法律依据是什么（包括法律、法规、司法解释、政策、通知等各种相关规定，请列出具体的名称）？

2. 在审查公安机关移送的合同诈骗案件中，遇到的合同纠纷与合同诈骗交叉的情形有哪些？遇到这种情况时如何处理（处理流程）？处理中存在的难点与问题是什么？对于这些难点与问题，解决的对策与建议是什么？

3. 对于检察院提起公诉的合同诈骗案件中，是否存在法院认为不成立合同诈骗的情形？具体有哪些？理由是什么？遇到这种情况时如何处理（处理流程）？处理中存在的难点与问题是什么？对于这些难点与问题，解决的对策与建议是什么？

调查问卷（民事审判庭）

1. 在审理合同纠纷案件时，是否遇到过合同纠纷与合同诈骗交叉的情形？区分合同纠纷与合同诈骗的法律依据是什么（包括法律、法规、司法解释、政策、通知等各种相关规定，请列出具体的名称）？

2. 在审理合同纠纷案件时，遇到的合同纠纷与合同诈骗交叉的情形有哪些？遇到这种情况时如何处理（处理流程）？处理中存在的难点与问题是什么？对于这些难点与问题，解决的对策与建议是什么？

3. 对于法院认为涉嫌合同诈骗的案件，法院如何处理？在移送公安机关后是否存在公安机关认为不成立合同诈骗而退卷的情形？具体有哪些？理由是什么？遇到这种情况时如何处理（处理流程）？处理中存在的难点与问题是什么？对于这些难点与问题，解决的对策与建议是什么？

4. 在当事人因合同诈骗被追究刑事责任后，法院是否受理被害人就民事损失提起的民事合同纠纷？如果受理如何处理？法律依据是什么？如果不受理如何处理？法律依据是什么？以上两种情况下存在的难点与问题是什么？如何解决？

5. 对于法院审理后认为成立合同纠纷的案件，在二审、重审或再审后，是否存在成立合同诈骗的情形？具体有哪些？理由是什么？遇到这种情况时如何处理（处理流程）？处理中存在的难点与问题是什么？对于这些难点与问题，解决的对策与建议是什么？

调查问卷（刑事审判庭）

1. 对于检察院提起公诉的合同诈骗案件，是否遇到过合同纠纷与合同诈骗交叉的情形？区分合同纠纷与合同诈骗的法律依据是什么（包括法律、法规、司法解释、政策、通知等各种相关规定，请列出具体的名称）？

2. 对于检察院提起公诉的合同诈骗案件，在法院审查后是否存在不成立合同诈骗的情形？具体有哪些？遇到这种情况时如何处理（处理流程）？处理中存在的难点与问题是什么？对于这些难点与问题，解决的对策与建议是什么？

3. 对于法院审理后认为不成立合同诈骗的案件，在二审、重审或再审后，是否存在成立合同诈骗的情形？具体有哪些？理由是什么？遇到这种情况时如何处理（处理流程）？处理中存在的难点与问题是什么？对于这些难点与问题，解决的对策与建议是什么？

4. 对于法院审理后认为成立合同诈骗的案件，在二审、重审或再审后，是否存在不成立合同诈骗的情形？具体有哪些？理由是什么？遇到这种情况时如何处理（处理流程）？处理中存在的难点与问题是什么？对于这些难点与问题，解决的对策与建议是什么?

答卷(公安机关)

1. 公安机关在接警时是否遇到过合同纠纷与合同诈骗交叉的情形?区分合同纠纷与合同诈骗的法律依据是什么(包括法律、法规、司法解释、政策、通知等各种相关规定,请列出具体的名称)?

答:经常遇到。我们在实际工作中遇到民刑交叉问题时,主要根据《刑法》第224条,《关于公安机关管辖的刑事案件立案追诉标准的规定(二)》第77条、第92条之规定予以甄别。

2. 公安机关在接警时遇到的合同纠纷与合同诈骗交叉的情形具体有哪些?遇到这种情况时如何处理(处理流程)?处理中存在的难点与问题是什么?对于这些难点与问题,解决的对策与建议是什么?

答:主要有三种:

一是内容真实的合同,即行为人是在有实际履行能力的前提下签订的合同。根据有关司法解释的精神,即使合同签订后没有得到完全的履行,也不属于诈骗犯罪。但是,有的行为人以有限的履约能力和他人签订大大超过履约能力的合同,就另当别论了。已超出自己履约能力的合同签订后,行为人积极落实货源,设法履行合同,即使最终没有完全履约,也不能认定为诈骗罪。但若行为人在合同签订后,并没有设法履行合同,就有故意诈骗他人财物的企图了,此时就应以合同诈骗罪论处。

二是内容半真半假的合同,就是那种行为人只具有某种履行合同的意向,就与第三人签订的合同,其内容带有半真半假的性质。这类合同客观上已经具备部分履约的可能性,但要受到许多条件的制约。如果行为人有履约意图,客观上也为履行合同作积极努力,最后因种种客观原因未能履行合同,不能认定为诈骗犯罪。相反,如果行为人借有部分履约能力之名行诈骗之实,没有为合同的进一步履行作出努力,就应当以合同诈骗罪论处了。

三是内容完全虚假的合同,即行为人是在完全没有履约能力情况下签订的合同。行为人在主观上就没有准备履行合同,占有他人财物的动机明显,应当以合同诈骗罪论处,但行为人主观上无长期占有他人财物的意图,只是想临时借用,待将来有收益后再行归还对方的,一般不宜以合同诈骗罪论处。

其实,以上三种情形的共同难点与问题均在于对涉案人的主观意图的判断与识别。通常只能依靠其行为与危害结果进行综合考量,如是否逃逸、是否隐匿财产、是否造成严重社会危害并且使受害人无民事救济可能等。

3. 公安机关侦查终结后移送检察院的案件中,是否存在因检察院认为不成立合同诈骗而被退回的情形?具体有哪些情形?退卷理由是什么?遇到这种情况时如何处理（处理流程）？处理中存在的难点与问题是什么？对于这些难点与问题，解决的对策与建议是什么？

答：确实存在，一般是以证据不足为由退侦或者相对不诉。遇到这种情况时，公安机关只能继续侦查补充证据，或干脆撤案。难点与问题是公安机关与检察机关的观点和认识难以统一，所以需要加强“三长会商机制”。

4. 对于法院移送公安机关的涉嫌合同诈骗的案件，是否有不成立合同诈骗的情形？主要有哪些？遇到这种情况时如何处理（处理流程）？处理中存在的难点与问题是什么？对于这些难点与问题，解决的对策与建议是什么？

答：经常有，一般情况下由受案民警自己识别，若其认为合同真实，受害人可以通过诉讼渠道救济，则不予立案，开具《不予立案决定书》并口头告知举报人不予立案理由。存在的主要问题是受案民警的专业性与责任心参差不齐，受立案标准不统一。现在，云南省经侦推行受案中心建设，通过加强规范化、专业化建设，力求实现客观甄别，最大程度保护人民群众财产安全。

答卷（检察院）

1. 对于公安机关移送的合同诈骗案件，是否遇到过合同纠纷与合同诈骗交叉的情形？区分合同纠纷与合同诈骗的法律依据是什么（包括法律、法规、司法解释、政策、通知等各种相关规定，请列出具体的名称）？

答：遇到过，但不多。区分的依据是《中华人民共和国刑法》第224条、2010年5月7日最高人民法院、公安部《关于公安机关管辖的刑事案件立案追诉标准的规定（二）》第77条、公安部《关于办理利用经济合同诈骗案件有关问题的通知》（公通字〔1997〕6号）。

2. 在审查公安机关移送的合同诈骗案件中，遇到的合同纠纷与合同诈骗交叉的情形有哪些？遇到这种情况时如何处理（处理流程）？处理中存在的难点与问题是什么？对于这些难点与问题，解决的对策与建议是什么？

答：基本上很少遇到这种问题。

3. 对于检察院提起公诉的合同诈骗案件中，是否存在法院认为不成立合同诈骗的情形？具体有哪些？理由是什么？遇到这种情况时如何处理（处理流程）？处理中存在的难点与问题是什么？对于这些难点与问题，解决的对策与建议是什么？

答：目前为止，没有遇到过这种情况。

答卷（民事审判庭）

1. 在审理合同纠纷案件时，是否遇到过合同纠纷与合同诈骗交叉的情形？区分合同纠纷与合同诈骗的法律依据是什么（包括法律、法规、司法解释、政策、通知等各种相关规定，请列出具体的名称）？

答：遇到过。区分合同纠纷与合同诈骗的法律依据为“先刑后民”条款。

2. 在审理合同纠纷案件时，遇到的合同纠纷与合同诈骗交叉的情形有哪些？遇到这种情况时如何处理（处理流程）？处理中存在的难点与问题是什么？对于这些难点与问题，解决的对策与建议是什么？

答：遇到合同纠纷与合同诈骗交叉的情形时，界定是否属于刑事犯罪，主要看当事人签订合同的主观目的，若有诈骗目的，询问是否已向公安报案。若已报案，看公安是否立案处理，若公安立案，则“先刑后民”，法院暂停。若公安机关不立案处理，法院按合同纠纷受理。总之，在遇到类似情况，多和公安机关沟通，以公安是否立案作为区分的标准。对策与建议为：最好有民刑之间相对清晰的界定，司法解释或处理流程等，在司法实践中好把握。

3. 对于法院认为涉嫌合同诈骗的案件，法院如何处理？在移送公安机关后是否存在公安机关认为不成立合同诈骗而退卷的情形？具体有哪些？理由是什么？遇到这种情况时如何处理（处理流程）？处理中存在的难点与问题是什么？对于这些难点与问题，解决的对策与建议是什么？

（1）对于法院认为涉嫌合同诈骗的案件，法院如何处理？

答：裁定驳回原告起诉，并将案件移送公安机关处理。

（2）在移送公安机关后是否存在公安机关认为不成立合同诈骗而退卷的情形？具体有哪些？理由是什么？遇到这种情况时如何处理（处理流程）？

答：上述情况在我们的实践中，还未遇到。通常是已同公安机关协调沟通好，再驳回起诉。

（3）处理中存在的难点与问题是什么？对于这些难点与问题，解决的对策与建议是什么？

答：和公安机关的沟通协调。

4. 在当事人因合同诈骗被追究刑事责任后，法院是否受理被害人就民事损失提起的民事合同纠纷？如果受理如何处理？法律依据是什么？如果不受理如何处理？法律依据是什么？以上两种情况下存在的难点与问题是什么？如何解决？

答：还未遇到过相关的案件。

5. 对于法院审理后认为成立合同纠纷的案件，在二审、重审或再审后，是否存在成立合同诈骗的情形？具体有哪些？理由是什么？遇到这种情况时如何处理（处理流程）？处理中存在的难点与问题是什么？对于这些难点与问题，解决的对策与建议是什么？

答：还未遇到过相关的案件。若遇到这种情况，也只能是多和公安机关协调和沟通。

答卷（刑事审判庭）

1. 对于检察院提起公诉的合同诈骗案件，是否遇到过合同纠纷与合同诈骗交叉的情形？区分合同纠纷与合同诈骗的法律依据是什么（包括法律、法规、司法解释、政策、通知等各种相关规定，请列出具体的名称）？

答：依据《刑法》第224条的规定认定合同诈骗，没有遇到过合同诈骗与合同纠纷交叉的情形。

2. 对于检察院提起公诉的合同诈骗案件，在法院审查后是否存在不成立合同诈骗的情形？具体有哪些？遇到这种情况时如何处理（处理流程）？处理中存在的难点与问题是什么？对于这些难点与问题，解决的对策与建议是什么？

答：没有遇到过不成立合同诈骗的情形，《刑法》第224条对合同诈骗的情形进行了相应的规定。

3. 对于法院审理后认为不成立合同诈骗的案件，在二审、重审或再审后，是否存在成立合同诈骗的情形？具体有哪些？理由是什么？遇到这种情况时如何处理（处理流程）？处理中存在的难点与问题是什么？对于这些难点与问题，解决的对策与建议是什么？

答：未遇到过这种情况。

4. 对于法院审理后认为成立合同诈骗的案件，在二审、重审或再审后，是否存在不成立合同诈骗的情形？具体有哪些？理由是什么？遇到这种情况时如何处理（处理流程）？处理中存在的难点与问题是什么？对于这些难点与问题，解决的对策与建议是什么？

答：没有遇到过这种情形。

附录二　所涉及相关法律规定名称及内容（摘录）

1.《中华人民共和国宪法》（2004 年 3 月 14 日）

第十条　城市的土地属于国家所有。

农村和城市郊区的土地，除由法律规定属于国家所有的以外，属于集体所有；宅基地和自留地、自留山，也属于集体所有。

国家为了公共利益的需要，可以依照法律规定对土地实行征收或者征用并给予补偿。

任何组织或者个人不得侵占、买卖或者以其他形式非法转让土地。土地的使用权可以依照法律的规定转让。

一切使用土地的组织和个人必须合理地利用土地。

第十三条　公民的合法的私有财产不受侵犯。

国家依照法律规定保护公民的私有财产权和继承权。

国家为了公共利益的需要，可以依照法律规定对公民的私有财产实行征收或者征用并给予补偿。

2.《中华人民共和国合同法》（1999 年 3 月 15）

第四十二条　当事人在订立合同过程中有下列情形之一，给对方造成损失的，应当承担损害赔偿责任：

（一）假借订立合同，恶意进行磋商；

（二）故意隐瞒与订立合同有关的重要事实或者提供虚假情况；

（三）有其他违背诚实信用原则的行为。

第四十八条　行为人没有代理权、超越代理权或者代理权终止后以被代理人名义订立的合同，未经被代理人追认，对被代理人不发生效力，由行为人承担责任。

相对人可以催告被代理人在一个月内予以追认。被代理人未作表示的，视为拒绝追认。合同被追认之前，善意相对人有撤销的权利。撤销应当以通知的方式作出。

第四十九条　行为人没有代理权、超越代理权或者代理权终止后以被代理人名义订立合同，相对人有理由相信行为人有代理权的，该代理行为有效。

第五十一条 无处分权的人处分他人财产，经权利人追认或者无处分权的人订立合同后取得处分权的，该合同有效。

第五十二条 有下列情形之一的，合同无效：

（一）一方以欺诈、胁迫的手段订立合同，损害国家利益；

（二）恶意串通，损害国家、集体或者第三人利益；

（三）以合法形式掩盖非法目的；

（四）损害社会公共利益；

（五）违反法律、行政法规的强制性规定。

第五十四条 下列合同，当事人一方有权请求人民法院或者仲裁机构变更或者撤销：

（一）因重大误解订立的；

（二）在订立合同时显失公平的。

一方以欺诈、胁迫的手段或者乘人之危，使对方在违背真实意思的情况下订立的合同，受损害方有权请求人民法院或者仲裁机构变更或者撤销。

当事人请求变更的，人民法院或者仲裁机构不得撤销。

第一百零七条 当事人一方不履行合同义务或者履行合同义务不符合约定的，应当承担继续履行、采取补救措施或者赔偿损失等违约责任。

第一百一十二条 当事人一方不履行合同义务或者履行合同义务不符合约定的，在履行义务或者采取补救措施后，对方还有其他损失的，应当赔偿损失。

第一百三十二条 出卖的标的物，应当属于出卖人所有或者出卖人有权处分。

法律、行政法规禁止或者限制转让的标的物，依照其规定。

第一百四十二条 标的物毁损、灭失的风险，在标的物交付之前由出卖人承担，交付之后由买受人承担，但法律另有规定或者当事人另有约定的除外。

第一百四十三条 因买受人的原因致使标的物不能按照约定的期限交付的，买受人应当自违反约定之日起承担标的物毁损、灭失的风险。

第二百五十九条 承揽工作需要定作人协助的，定作人有协助的义务。

定作人不履行协助义务致使承揽工作不能完成的，承揽人可以催告定作人在合理期限内履行义务，并可以顺延履行期限；定作人逾期不履行的，承揽人可以解除合同。

3. 最高人民法院《关于适用〈中华人民共和国合同法〉若干问题的解释（一）》（1999年12月29日）

第三十条 债权人依照合同法第一百二十二条的规定向人民法院起诉时作出选择后，在一审开庭以前又变更诉讼请求的，人民法院应当准许。对方当事人提出管辖权异议，经审查异议成立的，人民法院应当驳回起诉。

4.《中华人民共和国民法通则》（1986 年 4 月 12 日）

第四条　民事活动应当遵循自愿、公平、等价有偿、诚实信用的原则。

第七条　民事活动应当尊重社会公德，不得损害社会公共利益，扰乱社会经济秩序。

5. 最高人民法院印发《关于贯彻执行〈中华人民共和国民法通则〉若干问题的意见（试行）》的通知（1988 年 4 月 2 日）（已部分失效）

68. 一方当事人故意告知对方虚假情况，或者故意隐瞒真实情况，诱使对方当事人作出错误意思表示的，可以认定为欺诈行为。

69. 以给公民及其亲友的生命健康、荣誉、名誉、财产等造成损失或者以给法人的荣誉、名誉、财产等造成损害为要挟，迫使对方作出违背真实的意思表示的，可以认定为胁迫行为。

70. 一方当事人乘对方处于危难之机，为牟取不正当利益，迫使对方作出不真实的意思表示，严重损害对方利益的，可以认定为乘人之危。

71. 行为人因对行为的性质、对方当事人、标的物的品种、质量、规格和数量等的错误认识，使行为的后果与自己的意思相悖，并造成较大损失的，可以认定为重大误解。

72. 一方当事人利用优势或者利用对方没有经验，致使双方的权利义务明显违反公平、等价有偿原则的，可以认定为显失公平。

73. 对于重大误解或者显失公平的民事行为，当事人请求变更的，人民法院应当予以变更；当事人请求撤销的，人民法院可以酌情予以变更或者撤销。

可变更或者可撤销的民事行为，自行为成立时起超过一年当事人才请求变更或撤销的，人民法院不予保护。

6.《中华人民共和国土地管理法》（2004 年 8 月 28 日）

第二条　中华人民共和国实行土地的社会主义公有制，即全民所有制和劳动群众集体所有制。

全民所有，即国家所有土地的所有权由国务院代表国家行使。

任何单位和个人不得侵占、买卖或者以其他形式非法转让土地。土地使用权可以依法转让。

国家为了公共利益的需要，可以依法对土地实行征收或者征用并给予补偿。

国家依法实行国有土地有偿使用制度。但是，国家在法律规定的范围内划拨国有土地使用权的除外。

7.《中华人民共和国城市房地产管理法》（2007 年 8 月 30 日）

第十九条　土地使用权出让金应当全部上缴财政，列入预算，用于城市基础设施建设和土地开发。土地使用权出让金上缴和使用的具体办法由国务院规定。

第三十八条 下列房地产，不得转让：

（一）以出让方式取得土地使用权的，不符合本法第三十九条规定的条件的；

（二）司法机关和行政机关依法裁定、决定查封或者以其他形式限制房地产权利的；

（三）依法收回土地使用权的；

（四）共有房地产，未经其他共有人书面同意的；

（五）权属有争议的；

（六）未依法登记领取权属证书的；

（七）法律、行政法规规定禁止转让的其他情形。

8.《中华人民共和国治安管理处罚法》（2005 年 8 月 28 日）

第四十九条 盗窃、诈骗、哄抢、抢夺、敲诈勒索或者故意损毁公私财物的，处五日以上十日以下拘留，可以并处五百元以下罚款；情节较重的，处十日以上十五日以下拘留，可以并处一千元以下罚款。

9.《中华人民共和国刑法》（1997 年 3 月 14 日）

第一百九十二条 【集资诈骗罪】以非法占有为目的，使用诈骗方法非法集资，数额较大的，处五年以下有期徒刑或者拘役，并处二万元以上二十万元以下罚金；数额巨大或者有其他严重情节的，处五年以上十年以下有期徒刑，并处五万元以上五十万元以下罚金；数额特别巨大或者有其他特别严重情节的，处十年以上有期徒刑或者无期徒刑，并处五万元以上五十万元以下罚金或者没收财产。

第一百九十三条 【贷款诈骗罪】有下列情形之一，以非法占有为目的，诈骗银行或者其他金融机构的贷款，数额较大的，处五年以下有期徒刑或者拘役，并处二万元以上二十万元以下罚金；数额巨大或者有其他严重情节的，处五年以上十年以下有期徒刑，并处五万元以上五十万元以下罚金；数额特别巨大或者有其他特别严重情节的，处十年以上有期徒刑或者无期徒刑，并处五万元以上五十万元以下罚金或者没收财产：

（一）编造引进资金、项目等虚假理由的；

（二）使用虚假的经济合同的；

（三）使用虚假的证明文件的；

（四）使用虚假的产权证明作担保或者超出抵押物价值重复担保的；

（五）以其他方法诈骗贷款的。

第一百九十四条 【票据诈骗罪、金融凭证诈骗罪】有下列情形之一，进行金融票据诈骗活动，数额较大的，处五年以下有期徒刑或者拘役，并处二万元以上二十万元以下罚金；数额巨大或者有其他严重情节的，处五年以上十年以下有期徒刑，并处五万元以上五十万元以下罚金；数额特别巨大或者有其他特别严重情节的，处十年以上有期徒刑或者无期徒刑，并处五万元以上五十万元以下罚金或者没收财产：

（一）明知是伪造、变造的汇票、本票、支票而使用的；

（二）明知是作废的汇票、本票、支票而使用的；

（三）冒用他人的汇票、本票、支票的；

（四）签发空头支票或者与其预留印鉴不符的支票，骗取财物的；

（五）汇票、本票的出票人签发无资金保证的汇票、本票或者在出票时作虚假记载，骗取财物的。

使用伪造、变造的委托收款凭证、汇款凭证、银行存单等其他银行结算凭证的，依照前款的规定处罚。

第一百九十五条 【信用证诈骗罪】有下列情形之一，进行信用证诈骗活动的，处五年以下有期徒刑或者拘役，并处二万元以上二十万元以下罚金；数额巨大或者有其他严重情节的，处五年以上十年以下有期徒刑，并处五万元以上五十万元以下罚金；数额特别巨大或者有其他特别严重情节的，处十年以上有期徒刑或者无期徒刑，并处五万元以上五十万元以下罚金或者没收财产：

（一）使用伪造、变造的信用证或者附随的单据、文件的；

（二）使用作废的信用证的；

（三）骗取信用证的；

（四）以其他方法进行信用证诈骗活动的。

第一百九十六条 【信用卡诈骗罪、盗窃罪】有下列情形之一，进行信用卡诈骗活动，数额较大的，处五年以下有期徒刑或者拘役，并处二万元以上二十万元以下罚金；数额巨大或者有其他严重情节的，处五年以上十年以下有期徒刑，并处五万元以上五十万元以下罚金；数额特别巨大或者有其他特别严重情节的，处十年以上有期徒刑或者无期徒刑，并处五万元以上五十万元以下罚金或者没收财产：

（一）使用伪造的信用卡的；

（二）使用作废的信用卡的；

（三）冒用他人信用卡的；

（四）恶意透支的。

前款所称恶意透支，是指持卡人以非法占有为目的，超过规定限额或者规定期限透支，并且经发卡银行催收后仍不归还的行为。

盗窃信用卡并使用的，依照本法第二百六十四条的规定定罪处罚。

第一百九十七条 【有价证券诈骗罪】使用伪造、变造的国库券或者国家发行的其他有价证券，进行诈骗活动，数额较大的，处五年以下有期徒刑或者拘役，并处二万元以上二十万元以下罚金；数额巨大或者有其他严重情节的，处五年以上十年以下有期徒刑，并处五万元以上五十万元以下罚金；数额特别巨大或者有其他特别严重情节的，处十年以上有期徒刑或者无期徒刑，并处五万元以上五十万元以下罚金或者没收财产。

第一百九十八条 【保险诈骗罪】有下列情形之一，进行保险诈骗活动，数额较大的，处五年以下有期徒刑或者拘役，并处一万元以上十万元以下罚金；数额巨大或者有其他严重情节的，处五年以上十年以下有期徒刑，并处二万元以上二十万元以下罚金；数额特别巨大或者有其他特别严重情节的，处十年以上有期徒刑，并处二万元以上二十万元以下罚金或者没收财产：

（一）投保人故意虚构保险标的，骗取保险金的；

（二）投保人、被保险人或者受益人对发生的保险事故编造虚假的原因或者夸大损失的程度，骗取保险金的；

（三）投保人、被保险人或者受益人编造未曾发生的保险事故，骗取保险金的；

（四）投保人、被保险人故意造成财产损失的保险事故，骗取保险金的；

（五）投保人、受益人故意造成被保险人死亡、伤残或者疾病，骗取保险金的。

有前款第四项、第五项所列行为，同时构成其他犯罪的，依照数罪并罚的规定处罚。

单位犯第一款罪的，对单位判处罚金，并对其直接负责的主管人员和其他直接责任人员，处五年以下有期徒刑或者拘役；数额巨大或者有其他严重情节的，处五年以上十年以下有期徒刑；数额特别巨大或者有其他特别严重情节的，处十年以上有期徒刑。

保险事故的鉴定人、证明人、财产评估人故意提供虚假的证明文件，为他人诈骗提供条件的，以保险诈骗的共犯论处。

第一百九十九条 【部分金融诈骗罪的死刑规定】犯本节第一百九十二条、第一百九十四条、第一百九十五条规定之罪，数额特别巨大并且给国家和人民利益造成特别重大损失的，处无期徒刑或者死刑，并处没收财产。

第二百条 【单位犯金融诈骗罪的处罚规定】单位犯本节第一百九十二条、第一百九十四条、第一百九十五条规定之罪的，对单位判处罚金，并对其直接负责的主管人员和其他直接责任人员，处五年以下有期徒刑或者拘役；数额巨大或者有其他严重情节的，处五年以上十年以下有期徒刑；数额特别巨大或者有其他特别严重情节的，处十年以上有期徒刑或者无期徒刑。

第二百二十四条 【合同诈骗罪】有下列情形之一，以非法占有为目的，在签订、履行合同过程中，骗取对方当事人财物，数额较大的，处三年以下有期徒刑或者拘役，并处或者单处罚金；数额巨大或者有其他严重情节的，处三年以上十年以下有期徒刑，并处罚金；数额特别巨大或者有其他特别严重情节的，处十年以上有期徒刑或者无期徒刑，并处罚金或者没收财产：

（一）以虚构的单位或者冒用他人名义签订合同的；

（二）以伪造、变造、作废的票据或者其他虚假的产权证明作担保的；

（三）没有实际履行能力，以先履行小额合同或者部分履行合同的方法，诱骗对方当事人继续签订和履行合同的；

（四）收受对方当事人给付的货物、货款、预付款或者担保财产后逃匿的；

（五）以其他方法骗取对方当事人财物的。

（注：本条后已被《中华人民共和国刑法修正案（七）》（发布日期：2009 年 2 月 28 日　实施日期：2009 年 2 月 28 日）增加一条，作为第二百二十四条之一："组织、领导以推销商品、提供服务等经营活动为名，要求参加者以缴纳费用或者购买商品、服务等方式获得加入资格，并按照一定顺序组成层级，直接或者间接以发展人员的数量作为计酬或者返利依据，引诱、胁迫参加者继续发展他人参加，骗取财物，扰乱经济社会秩序的传销活动的，处五年以下有期徒刑或者拘役，并处罚金；情节严重的，处五年以上有期徒刑，并处罚金。"）

（注：第二百二十四条之一确定之罪名已被《最高人民法院、最高人民检察院关于执行〈中华人民共和国刑法〉确定罪名的补充规定（四）》（发布日期：2009 年 10 月 14 日　实施日期：2009 年 10 月 16 日）补充为"组织、领导传销活动罪"。）

第二百六十六条　【诈骗罪】诈骗公私财物，数额较大的，处三年以下有期徒刑、拘役或者管制，并处或者单处罚金；数额巨大或者有其他严重情节的，处三年以上十年以下有期徒刑，并处罚金；数额特别巨大或者有其他特别严重情节的，处十年以上有期徒刑或者无期徒刑，并处罚金或者没收财产。本法另有规定的，依照规定。

10.《中华人民共和国刑事诉讼法》（2012 年 3 月 14 日）

第一百七十一条　【补充侦查】人民检察院审查案件，可以要求公安机关提供法庭审判所必需的证据材料；认为可能存在本法第五十四条规定的以非法方法收集证据情形的，可以要求其对证据收集的合法性作出说明。

人民检察院审查案件，对于需要补充侦查的，可以退回公安机关补充侦查，也可以自行侦查。

对于补充侦查的案件，应当在一个月以内补充侦查完毕。补充侦查以二次为限。补充侦查完毕移送人民检察院后，人民检察院重新计算审查起诉期限。

对于二次补充侦查的案件，人民检察院仍然认为证据不足，不符合起诉条件的，应当作出不起诉的决定。

11. 最高人民法院、最高人民检察院《关于当前办理经济犯罪案件中具体应用法律的若干问题的解答（试行）》（1985 年 7 月 18 日）（已失效）

四、关于诈骗罪的几个问题

（一）关于如何认定个人诈骗公私财物“数额较大”、“数额巨大”的问题

个人诈骗公私财物所得的数额在五百元以上的，一般可视为“数额较大”；在一万元以上的，一般可视为“数额巨大”。各省、自治区、直辖市司法机关可根据本地区经济发展和社会治安等情况，参照上述数额，规定本地区应掌握的数额标准，办案中再结合其他情节一并考虑。

（二）关于以签订经济合同的方法骗取财物的，应认定诈骗罪还是按经济合同纠纷处理的问题

1. 个人明知自己并无履行合同的实际能力或担保，以骗取财物为目的，采取欺诈手段与其他单位、经济组织或个人签订合同，骗取财物数额较大的，应以诈骗罪追究刑事责任。个人有部分履行合同的能力或担保，虽经过努力，但由于某些原因造成不能完全履行合同的，应按经济合同纠纷处理。

2. 国营单位或集体经济组织，不具备履行合同的能力，而其主管人员和直接责任人员以骗取财物为目的，采取欺诈手段同其他单位或个人签订合同，骗取财物数额较大，给对方造成严重经济损失的，应按诈骗罪追究其主管人员和直接责任人员的刑事责任。如果经对方索取，已将所骗财物归还的，可以从宽处理。

3. 国营单位或集体经济组织，有部分履行合同的能力，但其主管人员或直接责任人员用夸大履约能力的方法，取得对方信任与其签订合同，合同生效后，虽为履行合同作了积极的努力，但未能完全履行合同的，应按经济合同纠纷处理。

12. 最高人民法院研究室《关于申付强诈骗案如何认定诈骗数额问题的电话答复》（1991 年 4 月 23 日）

河南省高级人民法院：

你院豫法（研）请［1991］15 号《关于申付强诈骗案如何认定诈骗数额的请示》收悉。经研究，答复如下：

同意你院的倾向性意见。即在具体认定诈骗犯罪数额时，应把案发前已被追回的被骗款额扣除，按最后实际诈骗所得数额计算。但在处罚时，对于这种情况应当作为从重情节予以考虑。

附：河南省高级人民法院关于申付强诈骗案如何认定诈骗数额的请示［豫法（研）请〔1991〕15 号］

最高人民法院：

最近，濮阳市中级法院就申付强诈骗案诈骗数额如何认定问题向我院请示。

被告人申付强以欺骗手段，于 1987 年 10 月与江苏省新沂县酒厂签订了价值为 106200 元的各类曲酒合同。案发前，新沂县酒厂追回曲酒价值 61086. 24 元，下余 45113. 76 元已无法追回。

对此案，我院审委会有两种意见：一种意见认为，对申付强的诈骗数额，可把

案发前被追回的6万余元扣除并作为从重情节在量刑时予以考虑，按下余的4万5千余元的数额予以认定；另一种意见认为，申付强已将价值10万余元的曲酒诈骗到手，诈骗数额应按合同总标的计算，属数额巨大，被追回的6万余元可作为从轻情节在量刑时予以考虑。

我们倾向于第一种意见。

当否，请批示。

1991年4月1日

13. 最高人民法院《关于在审理经济合同纠纷案件中发现一方当事人利用签订经济合同进行诈骗的，人民法院可否直接追缴被骗钱物问题的复函》（1994年3月26日）

四川省高级人民法院：

你院川高法〔1994〕1号请示收悉。经研究，答复如下：

根据最高人民法院、最高人民检察院、公安部法（研）发〔1987〕7号《关于在审理经济纠纷案件中发现经济犯罪必须及时移送的通知》第三条的规定，人民法院在审理经济合同纠纷案件的过程中，发现一方当事人利用签订经济合同进行诈骗的案件，应将有关材料移送有管辖权的公安机关处理，不宜直接追缴该笔财物。但为了防止财物流失，避免造成难以挽回的损失，人民法院可同时对犯罪嫌疑人占有的所骗财物先行采取财产保全措施。对犯罪嫌疑人已将所骗财物转让给第三人，且第三人是善意有偿取得该财物的，人民法院则不宜对第三人采取财产保全措施。

此复

14. 最高人民法院印发《关于审理诈骗案件具体应用法律的若干问题的解释》的通知（最高人民法院审判委员会第853次会议讨论通过　法发〔1996〕32号）（1996年12月16日）（已失效）

为依法惩治诈骗犯罪活动，根据《中华人民共和国刑法》（以下简称《刑法》）和《全国人民代表大会常务委员会关于惩治破坏金融秩序犯罪的决定》（以下简称《决定》）的有关规定，现就审理诈骗案件的几个具体问题解释如下：

一、根据《刑法》第一百五十一条和第一百五十二条的规定，诈骗公私财物数额较大的，构成诈骗罪。

个人诈骗公私财物2千元以上的，属于“数额较大”；个人诈骗公私财物3万元以上的，属于“数额巨大”。

个人诈骗公私财物20万元以上的，属于诈骗数额特别巨大。诈骗数额特别巨大是认定诈骗犯罪“情节特别严重”的一个重要内容，但不是唯一情节。诈骗数额在10万元以上，又具有下列情形之一的，也应认定为“情节特别严重”：

（1）诈骗集团的首要分子或者共同诈骗犯罪中情节严重的主犯；

（2）惯犯或者流窜作案危害严重的；

（3）诈骗法人、其他组织或者个人急需的生产资料，严重影响生产或者造成其他严重损失的；

（4）诈骗救灾、抢险、防汛、优抚、救济、医疗款物，造成严重后果的；

（5）挥霍诈骗的财物，致使诈骗的财物无法返还的；

（6）使用诈骗的财物进行违法犯罪活动的；

（7）曾因诈骗受过刑事处罚的；

（8）导致被害人死亡、精神失常或者其他严重后果的；

（9）具有其他严重情节的。

单位直接负责的主管人员和其他直接责任人员以单位名义实施诈骗行为，诈骗所得归单位所有，数额在5万至10万元以上的，应当依照《刑法》第一百五十一条的规定追究上述人员的刑事责任；数额在20万至30万元以上的，依照《刑法》第一百五十二条的规定追究上述人员的刑事责任。

对共同诈骗犯罪，应当以行为人参与共同诈骗的数额认定其犯罪数额，并结合行为人在共同犯罪中的地位、作用和非法所得数额等情节依法处罚。

已经着手实行诈骗行为，只是由于行为人意志以外的原因而未获取财物的，是诈骗未遂。诈骗未遂，情节严重的，也应当定罪并依法处罚。

各省、自治区、直辖市高级人民法院可根据本地区经济发展状况，并考虑社会治安状况，在“2千元至4千元”、“3万元至5万元”的幅度内，分别确定本地区执行的个人诈骗“数额较大”、“数额巨大”，以及单位实施诈骗，追究有关人员刑事责任，参照本条第四款规定的数额，确定适用《刑法》第一百五十一条或者第一百五十二条的具体数额标准，并报最高人民法院备案。

二、根据《刑法》第一百五十一条和第一百五十二条的规定，利用经济合同诈骗他人财物数额较大的，构成诈骗罪。

利用经济合同进行诈骗的，诈骗数额应当以行为人实际骗取的数额认定，合同标的数额可以作为量刑情节予以考虑。

行为人具有下列情形之一的，应认定其行为属于以非法占有为目的，利用经济合同进行诈骗：

（一）明知没有履行合同的能力或者有效的担保，采取下列欺骗手段与他人签订合同，骗取财物数额较大并造成较大损失的：

1. 虚构主体；

2. 冒用他人名义；

3. 使用伪造、变造或者无效的单据、介绍信、印章或者其他证明文件的；

4. 隐瞒真相，使用明知不能兑现的票据或者其他结算凭证作为合同履行担保的；

5. 隐瞒真相，使用明知不符合担保条件的抵押物、债权文书等作为合同履行担保的；

6. 使用其他欺骗手段使对方交付款、物的。

（二）合同签订后携带对方当事人交付的货物、货款、预付款或者定金、保证金等担保合同履行的财产逃跑的；

（三）挥霍对方当事人交付的货物、货款、预付款或者定金、保证金等担保合同履行的财产，致使上述款物无法返还的；

（四）使用对方当事人交付的货物、货款、预付款或者定金、保证金等担保合同履行的财产进行违法犯罪活动，致使上述款物无法返还的；

（五）隐匿合同货物、货款、预付款或者定金、保证金等担保合同履行的财产，拒不返还的；

（六）合同签订后，以支付部分货款，开始履行合同为诱饵，骗取全部货物后，在合同规定的期限内或者双方另行约定的付款期限内，无正当理由拒不支付其余货款的。

三、根据《决定》第八条规定，以非法占有为目的，使用诈骗方法非法集资的，构成集资诈骗罪。

“诈骗方法”是指行为人采取虚构集资用途，以虚假的证明文件和高回报率为诱饵，骗取集资款的手段。

“非法集资”是指法人、其他组织或者个人，未经有权机关批准，向社会公众募集资金的行为。

行为人实施《决定》第八条规定的行为，具有下列情形之一的，应当认定其行为属于“以非法占有为目的，使用诈骗方法非法集资”：

（1）携带集资款逃跑的；

（2）挥霍集资款，致使集资款无法返还的；

（3）使用集资款进行违法犯罪活动，致使集资款无法返还的；

（4）具有其他欺诈行为，拒不返还集资款，或者致使集资款无法返还的。

个人进行集资诈骗数额在20万元以上的，属于“数额巨大”；个人进行集资诈骗数额在100万元以上的，属于“数额特别巨大”。

单位进行集资诈骗数额在50万元以上的，属于“数额巨大”；单位进行集资诈骗数额在250万元以上的，属于“数额特别巨大”。

四、根据《决定》第十条规定，以非法占有为目的，诈骗银行或者其他金融机构的贷款，数额较大的，构成贷款诈骗罪。

《决定》第十条规定的“其他严重情节”是指：

（1）为骗取贷款，向银行或者金融机构的工作人员行贿，数额较大的；

（2）挥霍贷款，或者用贷款进行违法活动，致使贷款到期无法偿还的；

（3）隐匿贷款去向，贷款期限届满后，拒不偿还的；

（4）提供虚假的担保申请贷款，贷款期限届满后，拒不偿还的；

（5）假冒他人名义申请贷款，贷款期限届满后，拒不偿还的。

《决定》第十条规定的“其他特别严重情节”是指：

（1）为骗取贷款，向银行或者金融机构的工作人员行贿，数额巨大的；

（2）携带集资款逃跑的；

（3）使用贷款进行犯罪活动的。

个人进行贷款诈骗数额在1万元以上的，属于“数额较大”；个人进行贷款诈骗数额在5万元以上的，属于“数额巨大”；个人进行贷款诈骗数额在20万元以上的，属于“数额特别巨大”。

五、根据《决定》第十二条规定，利用金融票据进行诈骗活动，数额较大的，构成票据诈骗罪。

个人进行票据诈骗数额在5千元以上的，属于“数额较大”；个人进行票据诈骗数额在5万元以上的，属于“数额巨大”；个人进行票据诈骗数额在10万元以上的，属于“数额特别巨大”。

单位进行票据诈骗数额在10万元以上的，属于“数额较大”；单位进行票据诈骗数额在30万元以上的，属于“数额巨大”；单位进行票据诈骗数额在100万元以上的，属于“数额特别巨大”。

使用伪造、变造的委托收款凭证、汇款凭证、银行存单等其他银行结算凭证进行诈骗，数额较大的，以票据诈骗罪定罪处罚。

六、根据《决定》第十三条规定，利用信用证进行诈骗活动的，构成信用证诈骗罪。

个人进行信用证诈骗数额在10万元以上的，属于“数额巨大”；个人进行信用证诈骗数额在50万元以上的，属于“数额特别巨大”。

单位进行信用证诈骗数额在50万元以上的，属于“数额巨大”；单位进行信用证诈骗数额在250万元以上的，属于“数额特别巨大”。

七、根据《决定》第十四条规定，利用信用卡进行诈骗活动，数额较大的，构成信用卡诈骗罪。

行为人实施《决定》第十四条第一款（一）、（二）、（三）项规定的行为，诈骗数额在5千元以上的，属于“数额较大”；诈骗数额在5万元以上的，属于“数额巨大”；诈骗数额在20万元以上的，属于“数额特别巨大”。

“恶意透支”是指持卡人以非法占有为目的，或者明知无力偿还，透支数额超过信用卡准许透支的数额较大，逃避追查，或者自收到发卡银行催收通知之日起3个月内仍不归还的行为。恶意透支5千元以上的，属于“数额较大”；恶意透支5万元以上的，属于“数额巨大”；恶意透支20万元以上的，属于“数额特别巨大”。

持卡人在银行交纳保证金的，其恶意透支数额以超出保证金的数额计算。

八、根据《决定》第十六条规定，进行保险诈骗活动，数额较大的，构成保险诈骗罪。

个人进行保险诈骗数额在1万元以上的，属于“数额较大”；个人进行保险诈骗数额在5万元以上的，属于“数额巨大”；个人进行保险诈骗数额在20万元以上的，属于“数额特别巨大”。

单位进行保险诈骗数额在5万元以上的，属于“数额较大”；单位进行保险诈骗数额在25万元以上的，属于“数额巨大”；单位进行保险诈骗数额在100万元以上的，属于“数额特别巨大”。

九、对于多次进行诈骗，并以后次诈骗财物归还前次诈骗财物，在计算诈骗数额时，应当将案发前已经归还的数额扣除，按实际未归还的数额认定，量刑时可将多次行骗的数额作为从重情节予以考虑。

十、行为人进行诈骗犯罪活动，案发后扣押、冻结在案的财物及其孳息，如果权属明确的，应当发还给被害人；如果权属不明确的，可按被害人被骗款物占扣押、冻结在案的财物及其孳息总额的比例发还被害人；如果能够确定扣押、冻结在案的财物及其孳息不属于已查明的被害人所有，但又无法发还未查明被害人的，应当依法上缴国库。

十一、行为人将诈骗财物已用于归还个人欠款、货款或者其他经济活动的，如果对方明知是诈骗财物而收取，属恶意取得，应当一律予以追缴；如确属善意取得，则不再追缴。

十二、本解释中使用的货币数额是指人民币的数额。审理具体案件涉及外币的，应当依照案发当日国家外汇管理局公布的外汇牌价折算成人民币。

十三、本解释所称“以上”包括本数在内。

十四、本解释自公布之日起生效。

15. 最高人民法院《关于审理存单纠纷案件的若干规定》（1997年11月25日最高人民法院审判委员会第946次会议通过　法释〔1997〕8号）（1997年11月25日）

为正确审理存单纠纷案件，根据《中华人民共和国民法通则》、《中华人民共和国经济合同法》、《中华人民共和国担保法》的有关规定和在总结审判经验的基础上，制定本规定。

第三条　存单纠纷案件的受理与中止

存单纠纷案件当事人向人民法院提起诉讼，人民法院应当依照《中华人民共和国民事诉讼法》第108条的规定予以审查，符合规定的，均应受理。

人民法院在受理存单纠纷案件后，如现犯罪线索，应将犯罪线索及时书面告知公安或检察机关。如案件当事人因伪造、变造、虚开存单或涉嫌诈骗，有关国家机关已立案侦查，存单纠纷案件确须待刑事案件结案后才能审理的，人民法院应当中止审理。对于追究有关当事人的刑事责任不影响对存单纠纷案件审理的，人民法院应对存单纠纷案件有关当事人是否承担民事责任以及承担民事责任的大小依法及时进行认定和处理。

第九条 其他

在存单纠纷案件的审理中，有关当事人如有违法行为，依法应给予民事制裁的，人民法院可依法对有关当事人实施民事制裁。案件审理中发现的犯罪线索，人民法院应及时书面告知公安或检查机关，并将有关材料及时移送公安或检察机关。

第九条 其他在存单纠纷案件的审理中，有关当事人如有违法行为，依法应给予民事制裁的，人民法院可依法对有关当事人实施民事制裁。案件审理中发现的犯罪线索，人民法院应及时书面告知公安或检查机关，并将有关材料及时移送公安或检察机关。

16. 最高人民法院《关于在审理经济纠纷案件中涉及经济犯罪嫌疑若干问题的规定》（1998年4月9日最高人民法院审判委员会第974次会议通过 法释〔1998〕7号）（1998年4月9日）

根据《中华人民共和国民法通则》、《中华人民共和国刑法》、《中华人民共和国民事诉讼法》、《中华人民共和国刑事诉讼法》等有关规定，对审理经济纠纷案件中涉及经济犯罪嫌疑问题作以下规定：

第一条 同一公民、法人或其他经济组织因不同的法律事实，分别涉及经济纠纷和经济犯罪嫌疑的，经济纠纷案件和经济犯罪嫌疑案件应当分开审理。

第二条 单位直接负责的主管人员和其他直接责任人员，以为单位骗取财物为目的，采取欺骗手段对外签订经济合同，骗取的财物被该单位占有、使用或处分构成犯罪的，除依法追究有关人员的刑事责任，责令该单位返还骗取的财物外，如给被害人造成经济损失的，单位发承担赔偿责任。

第三条 单位直接负责的主管人员和其他直接责任人员，以该单位的名义对外签订经济合同，将取得的财物部分或全部占为己有构成犯罪的，除依法追究行为人的刑事责任外，该单位对行为人因签订、履行该经济合同造成的后果，依法应当承担民事责任。

第四条 个人借用单位的业务介绍信、合同专用章或者盖有公章的空白合同书，以出借单位名义签订经济合同，骗取财物归个人占有、使用、处分或者进行其他犯罪活动，给对方造成经济损失构成犯罪的，除依法追究借用人的刑事责任外，出借业务介绍信、合同专用章或者盖有公章的空白合同书的单位，依法应当承担赔偿责任。但是，有证据证明被害人明知签订合同对方当事人是借用行为，仍与之签订合同的除外。

第五条 行为人盗窃、盗用单位的公章、业务介绍信、盖有公章的空白合同书，或者私刻单位的公章签订经济合同，骗取财物归个人占有、使用、处分或者进行其他犯罪活动构成犯罪的，单位对行为人该犯罪行为所造成的经济损失不承担民事责任。

行为人私刻单位公章或者擅自使用单位公章、业务介绍信、盖有公章的空白合同书以签订经济合同的方法进行的犯罪行为，单位有明显过错，且该过错行为与被害人的经济损失之间具有因果关系的，单位对该犯罪行为所造成的经济损失，依法应当承担赔偿责任。

第六条　企业承包、租赁经营合同期满后，企业按规定办理了企业法定代表人的变更登记，而企业法人未采取有效措施收回其公章、业务介绍信、盖有公章的空白合同书，或者没有及时采取措施通知相对人，致原企业承包人、租赁人得以用原承包、租赁企业的名义签订经济合同，骗取财物占为己有构成犯罪的，该企业对被害人的经济损失，依法应当承担赔偿责任。但是，原承包人、承租人利用擅自保留的公章、业务介绍信、盖有公章的空白合同书以原承包、租赁企业的名义签订经济合同，骗取财物占为己有构成犯罪的，企业一般不承担民事责任。

单位聘用的人员被解聘后，或者受单位委托保管公章的人员被解除委托后，单位未及时收回其公章，行为人擅自利用保留的原单位公章签订经济合同，骗取财物占为己有构成犯罪，如给被害人造成经济损失的，单位应当承担赔偿责任。

第七条　单位直接负责的主管人员和其他直接责任人员，将单位进行走私或其他犯罪活动所得财物以签订经济合同的方法予以销售，买方明知或者应当知道的，如因此造成经济损失，其损失由买方自负。但是，如果买方不知该经济合同的标的物是犯罪行为所得财物而购买的，卖方对买方所造成的经济损失应当承担民事责任。

第八条　根据《中华人民共和国刑事诉讼法》第七十七条第一款的规定，被害人对本《规定》第二条因单位犯罪行为造成经济损失的，对第四条、第五条第一款、第六条应当承担刑事责任的被告人未能返还财物而遭受经济损失提起附带民事诉讼的，受理刑事案件的人民法院应当依法一并审理。被害人因其遭受经济损失也有权对单位另行提起民事诉讼。若被害人另行提起民事诉讼的，有管辖权的人民法院应当依法受理。

第九条　被害人请求保护其民事权利的诉讼时效在公安机关、检察机关查处经济犯罪嫌疑期间中断。如果公安机关决定撤销涉嫌经济犯罪案件或者检察机关决定不起诉的，诉讼时效从撤销案件或决定不起诉之次日起重新计算。

第十条　人民法院在审理经济纠纷案件中，发现与本案有牵连，但与本案不是同一法律关系的经济犯罪嫌疑线索、材料，应将犯罪嫌疑线索、材料移送有关公安机关或检察机关查处，经济纠纷案件继续审理。

第十一条　人民法院作为经济纠纷受理的案件，经审理认为不属经济纠纷案件而有经济犯罪嫌疑的，应当裁定驳回起诉，将有关材料移送公安机关或检察机关。

第十二条　人民法院已立案审理的经济纠纷案件，公安机关或检察机关认为有经济犯罪嫌疑，并说明理由附有关材料函告受理该案的人民法院的，有关人民法院应当认真审查。经过审查，认为确有经济犯罪嫌疑的，应当将案件移送公安机关或检察机关，并书面通知当事人，退还案件受理费；如认为确属经济纠纷案件的，应当依法继续审理，并将结果函告有关公安机关或检察机关。

17. 最高人民检察院、公安部关于印发《关于经济犯罪案件追诉标准的规定》的通知（2001 年 4 月 18 日）（已失效）

四十一、集资诈骗案（刑法第 192 条）

以非法占有为目的，使用诈骗方法非法集资，涉嫌下列情形之一的，应予追诉：

1. 个人集资诈骗，数额在十万元以上的；

2. 单位集资诈骗，数额在五十万元以上的。

四十二、贷款诈骗案（刑法第 193 条）

以非法占有为目的，诈骗银行或者其他金融机构的贷款，数额在一万元以上的，应予追诉。

四十三、票据诈骗案（刑法第 194 条第 1 款）

进行金融票据诈骗活动，涉嫌下列情形之一的，应予追诉；

1. 个人进行金融票据诈骗，数额在五千元以上的；

2. 单位进行金融票据诈骗，数额在十万元以上的。

四十四、金融凭证诈骗案（刑法第 194 条第 2 款）

使用伪造、变造的委托收款凭证、汇款凭证、银行存单等其他银行结算凭证进行诈骗活动，涉嫌下列情形之一的，应予追诉：

1. 个人进行金融凭证诈骗，数额在五千元以上的；

2. 单位进行金融凭证诈骗，数额在十万元以上的。

四十五、信用证诈骗案（刑法第 195 条）

进行信用证诈骗活动，涉嫌下列情形之一的，应予追诉：

1. 使用伪造、变造的信用证或者附随的单据、文件的；

2. 使用作废的信用证的；

3. 骗取信用证的；

4. 以其他方法进行信用证诈骗活动的。

四十六、信用卡诈骗案（刑法第 196 条）

进行信用卡诈骗活动，涉嫌下列情形之一的，应予追诉：

1. 使用伪造的信用卡，或者使用作废的信用卡，或者冒用他人信用卡，进行诈骗活动，数额在五千元以上的；

2. 恶意透支，数额在五千元以上的。

四十七、有价证券诈骗案（刑法第 197 条）

使用伪造、变造的国库券或者国家发行的其他有价证券进行诈骗活动，数额在五千元以上的，应予追诉。

四十八、保险诈骗案（刑法第198条）

进行保险诈骗活动，涉嫌下列情形之一的，应予追诉：

1. 个人进行保险诈骗，数额在一万元以上的；

2. 单位进行保险诈骗，数额在五万元以上的。

六十九、合同诈骗案（刑法第224条）

以非法占有为目的，在签订、履行合同过程中，骗取对方当事人财物，涉嫌下列情形之一的，应予追诉：

1. 个人诈骗公私财物，数额在五千元至二万元以上的；

2. 单位直接负责的主管人员和其他直接责任人员以单位名义实施诈骗，诈骗所得归单位所有的，数额在五万至二十万元以上的。

18. 最高人民检察院办公厅《关于对合同诈骗、侵犯知识产权等经济犯罪案件依法正确适用逮捕措施的通知》（2002年5月22日）

各省、自治区、直辖市人民检察院，军事检察院，新疆生产建设兵团人民检察院：

近来，少数地方的检察机关对侦查机关提请审查批捕的合同诈骗、侵犯知识产权等经济犯罪案件审查把关不严，对一些事实不清、证据不足的案件甚至不构成犯罪的人作出了批捕决定，为少数基层侦查机关越权插手经济纠纷，异地抓人、扣物、查封企业财产等行为提供了“合法”外衣。影响了检察机关公正司法的形象，助长了地方和部门保护主义。为保证对合同诈骗、侵犯知识产权等经济犯罪案件依法正确适用逮捕措施，依法监督越权插手经济纠纷的违法行为，特通知如下：

一、要全面正确贯彻为经济建设服务的指导思想和“强化监督，公正执法”的检察工作主题。市场经济是法制经济，竞争是市场经济的基本法则，在激烈的竞争中，市场主体之间产生经济纠纷是不可避免的。检察机关作为法律监督机关，要认真履行维护国家法制统一正确实施的神圣职责，依法保障竞争在法律规定的范围内公平有序地进行，促进社会主义市场经济的健康发展。对于确定构成犯罪的经济犯罪行为，要坚决依法予以严厉打击，以维护正常的经济秩序，保障国家利益以及企业、当事人的合法权益；对于经济纠纷只能通过民事法律手段去解决，不能为了地方利益，动用刑事手段，更不能变相把逮捕措施作为搞地方保护主义的手段。

二、要严格区分经济犯罪与经济纠纷的界限。经济犯罪案件具有案情较复杂，犯罪与经济纠纷往往相互交织在一起，罪与非罪的界限不易区分的特点。认定经济犯罪，必须严格依照刑法规定的犯罪基本特征和犯罪构成要件，从行为的社会危害性、刑事违法性、应受惩罚性几个方面综合考虑。各级检察机关在审查批捕工作中，要严格区分经济犯罪与经济纠纷的界限，尤其要注意区分合同诈骗罪与合同违约、债务纠纷的界限，以及商业秘密与进入公知领域的技术信息、经营信息的界限，做到慎重稳妥，不枉不纵，依法打击犯罪者，保护无辜者，实现法律效果和社会效果的统一。不能把履行合同中发生的经济纠纷作为犯罪处理；对于造成本地企业利益受到损害的行为，要具体分析，不能一概作为犯罪处理，防止滥用逮捕权。对于合同和知识产权纠纷中，当事双方主体真实有效，行为客观存在，罪与非罪难以辨别，当事人可以行使民事诉讼权利的，更要慎用逮捕权。

三、要正确掌握逮捕条件，严格办案程序。各级检察机关在审查批捕经济犯罪案件工作中，要严格遵循刑事诉讼法和《人民检察院刑事诉讼规则》规定的逮捕条件和办案程序，严把事实关、证据关、程序关和适用法律关，确保办案质量。对公安机关提请审查批捕的经济犯罪案件，必须符合法律规定的条件，才能作出批捕决定，对于明显属于经济纠纷不构成犯罪的，或者罪与非罪性质不明的，或者事实不清、证据不足的案件，不应作出批捕决定。特别是对于涉及异地的经济犯罪案件，不仅要审查控告方的证据材料，而且要认真审查被控告方提供的材料和辩解，对只有控告方的控告，没有其他证据证明的，不能作出批捕决定。

四、上级检察机关要加强协调和指导，支持下级检察机关依法办案。各级检察机关在审查批捕合同诈骗、侵犯知识产权等经济犯罪案件时，认为案情复杂，难以定性，与侦查机关有重大认识分歧，或受到地方保护和行政干预的，要及时向上一级检察机关报告，上级检察机关要及时加强协调，必要时，可采取“上提一级”审查批捕的办法。各地检察机关受理审查批捕跨地区合同诈骗、侵犯知识产权等经济犯罪案件，应在批捕后三日内报上一级检察机关备案。上级院应及时审查，对有问题的，坚决纠正。

五、要加强监督，严肃办案纪律。检察机关要加强对公安机关侦办的合同诈骗、侵犯知识产权犯罪案件的立案监督工作，对不构成犯罪不应立案而立案的，要及时通知撤案，以体现法律的严肃性。对有关机关越权插手经济纠纷，乱抓人、乱扣物以及超期羁押等违法行为，要切实履行职责，依法提出纠正意见并监督落实情况。对检察机关因受地方保护主义影响，违法办案，滥用逮捕权的，上级检察机关要及时纠正，并追究有关领导和直接责任人员的责任。对典型案件，高检院将予以通报批评。对于越权插手经济纠纷，造成严重后果，构成犯罪的，要依法查处，追究有关人员的刑事责任。

19. 四川省高级人民法院《关于刑法部分条款数额执行标准和情节认定标准的意见》（2002 年 5 月 14 日）

（四川省高级人民法院审判委员会 2002 年 3 月 21 日第 19 次会议通过）

为了正确贯彻执行《中华人民共和国刑法》，根据审判工作需要，结合我省实际情况，现对刑法部分条款数额执行标准和情节认定标准提出以下意见：

二十二、信用卡诈骗罪。刑法第一百九十六条规定的“数额较大”，是指使用伪造的信用卡、使用作废的信用卡、冒用他人信用卡或者恶意透支，进行食用卡诈骗活动，数额在5000元以上的。

“数额巨大”，是指使用伪造的信用卡、使用作废的信用卡、冒用他人信用卡或者恶意透支，进行信用卡诈骗活动，数额在5万元以上的。

“数额特别巨大”，是指使用伪造的信用卡、使用作废的信用卡、冒用他人信用卡或者恶意透支，进行信用卡诈骗活动，数额在20万元以上的。

“其他严重情节”，是指具有下列情形之一的：

（1）多次利用信用卡进行诈骗活动的；

（2）因利用信用卡诈骗而受过行政处罚，又利用信用卡进行诈骗活动的；

（3）将骗取的赃款用于违法活动的。

“其他特别严重情节”，是指具有下列情形之一的：

（1）与银行信用卡业务人员、特约商户人员相勾结进行信用卡诈骗活动的；

（2）采取欺骗手段骗取他人的信用卡而冒用或恶意透支的；

（3）造成恶劣影响的。

二十三、有价证券诈骗罪。刑法第一百九十七条规定的“数额较大”，是指使用伪造、变造的国库券或者国家发行的其他有价证券进行诈骗活动，数额在5000元以上的；“数额巨大”，是指使用伪造、变造的国库券或者国家发行的其他有价证券进行诈骗活动，数额在3万元以上的；“数额特别巨大”，是指使用伪造、变造的国库券或者国家发行的其他有价证券进行诈骗活动，数额在15万元以上的。

“其他严重情节”，是指具有下列情形之一的：

（1）多次进行有价证券诈骗活动的；

（2）因进行有价证券诈骗活动受过行政处罚，又进行有价证券诈骗活动的；

（3）有价证券诈骗的规模大、被骗人数多、影响而较广的。

“其他特别严重情节”，是指具有下列情形之一的：

（1）利用有价证券诈骗他人急需的生产、生活资料的；

（2）利用有价证券诈骗救灾、抢险、防汛、优抚、救济、扶贫、医疗款物的；

（3）导致被害人死亡、精神失常及其他严重后果的。

三十、合同诈骗罪。刑法第二百二十四条规定的“数额较大”，是指个人诈骗公私财物数额在1万元以上，单位诈骗公私财物数额在10万元以上的；“数额巨大”，是指个人诈骗公私财物数额在5万元以上，单位诈骗公私财物数额在50万元以上的；“数额特别巨大”，指个人诈骗公私财物数额在30万元以上，单位诈骗公私财物数额在200万元以上的。

“其他严重情节”，是指具有下列情形之一的：

（1）作案动机和手段恶劣的；

（2）多次行骗造成恶劣影响的；

（3）致使被害人受损而生活困难的；

（4）拒绝退赃、偿还债务和赔偿损失的。

“其他特别严重情节”，是指具有下列情形之一的：

（1）诈骗法人、其他组织或者他人急需的生产资料，严重影响生产或者造成其他严重损失的；

（2）流窜作案危害严重的；

（3）诈骗救灾、抢险、防汛、扶贫、医疗款物等，造成严重后果的；

（4）挥霍诈骗的财物，致使诈骗的财物无法返还的；

（5）使用诈骗的财物进行违法犯罪活动的；

（6）导致被害人死亡、精神失常或者其他严重后果的。

20. 最高人民检察院、公安部关于印发《最高人民检察院、公安部关于公安机关管辖的刑事案件立案追诉标准的规定（二）》的通知（2010年5月7日）

第四十九条　［集资诈骗案（刑法第一百九十二条）］以非法占有为目的，使用诈骗方法非法集资，涉嫌下列情形之一的，应予立案追诉：

（一）个人集资诈骗，数额在十万元以上的；

（二）单位集资诈骗，数额在五十万元以上的。

第五十条　［贷款诈骗案（刑法第一百九十三条）］以非法占有为目的，诈骗银行或者其他金融机构的贷款，数额在二万元以上的，应予立案追诉。

第五十一条　［票据诈骗案（刑法第一百九十四条第一款）］进行金融票据诈骗活动，涉嫌下列情形之一的，应予立案追诉：

（一）个人进行金融票据诈骗，数额在一万元以上的；

（二）单位进行金融票据诈骗，数额在十万元以上的。

第五十二条　［金融凭证诈骗案（刑法第一百九十四条第二款）］使用伪造、变造的委托收款凭证、汇款凭证、银行存单等其他银行结算凭证进行诈骗活动，涉嫌下列情形之一的，应予立案追诉：

（一）个人进行金融凭证诈骗，数额在一万元以上的；

（二）单位进行金融凭证诈骗，数额在十万元以上的。

第五十三条　［信用证诈骗案（刑法第一百九十五条）］进行信用证诈骗活动，涉嫌下列情形之一的，应予立案追诉：

（一）使用伪造、变造的信用证或者附随的单据、文件的；

（二）使用作废的信用证的；

（三）骗取信用证的；

（四）以其他方法进行信用证诈骗活动的。

第五十四条　［信用卡诈骗案（刑法第一百九十六条）］进行信用卡诈骗活动，涉嫌下列情形之一的，应予立案追诉：

（一）使用伪造的信用卡，或者使用以虚假的身份证明骗领的信用卡，或者使用作废的信用卡，或者冒用他人信用卡，进行诈骗活动，数额在五千元以上的；

（二）恶意透支，数额在一万元以上的。

本条规定的“恶意透支”，是指持卡人以非法占有为目的，超过规定限额或者规定期限透支，并且经发卡银行两次催收后超过三个月仍不归还的。

恶意透支，数额在一万元以上不满十万元的，在公安机关立案前已偿还全部透支款息，情节显著轻微的，可以依法不追究刑事责任。

第五十五条　［有价证券诈骗案（刑法第一百九十七条）］使用伪造、变造的国库券或者国家发行的其他有价证券进行诈骗活动，数额在一万元以上的，应予立案追诉。

第五十六条　［保险诈骗案（刑法第一百九十八条）］进行保险诈骗活动，涉嫌下列情形之一的，应予立案追诉：

（一）个人进行保险诈骗，数额在一万元以上的；

（二）单位进行保险诈骗，数额在五万元以上的。

第七十七条　［合同诈骗案（刑法第二百二十四条）］以非法占有为目的，在签订、履行合同过程中，骗取对方当事人财物，数额在二万元以上的，应予立案追诉。

21. 最高人民法院、最高人民检察院《关于办理诈骗刑事案件具体应用法律若干问题的解释》（2011 年 3 月 1 日）

为依法惩治诈骗犯罪活动，保护公私财产所有权，根据刑法、刑事诉讼法有关规定，结合司法实践的需要，现就办理诈骗刑事案件具体应用法律的若干问题解释如下：

第一条　诈骗公私财物价值三千元至一万元以上、三万元至十万元以上、五十万元以上的，应当分别认定为刑法第二百六十六条规定的“数额较大”、“数额巨大”、“数额特别巨大”。

各省、自治区、直辖市高级人民法院、人民检察院可以结合本地区经济社会发展状况，在前款规定的数额幅度内，共同研究确定本地区执行的具体数额标准，报最高人民法院、最高人民检察院备案。

第二条　诈骗公私财物达到本解释第一条规定的数额标准，具有下列情形之一的，可以依照刑法第二百六十六条的规定酌情从严惩处：

（一）通过发送短信、拨打电话或者利用互联网、广播电视、报刊杂志等发布虚假信息，对不特定多数人实施诈骗的；

（二）诈骗救灾、抢险、防汛、优抚、扶贫、移民、救济、医疗款物的；

（三）以赈灾募捐名义实施诈骗的；

（四）诈骗残疾人、老年人或者丧失劳动能力人的财物的；

（五）造成被害人自杀、精神失常或者其他严重后果的。

诈骗数额接近本解释第一条规定的“数额巨大”、“数额特别巨大”的标准，并具有前款规定的情形之一或者属于诈骗集团首要分子的，应当分别认定为刑法第二百六十六条规定的“其他严重情节”、“其他特别严重情节”。

第三条 诈骗公私财物虽已达到本解释第一条规定的“数额较大”的标准，但具有下列情形之一，且行为人认罪、悔罪的，可以根据刑法第三十七条、刑事诉讼法第一百四十二条的规定不起诉或者免予刑事处罚：

（一）具有法定从宽处罚情节的；

（二）一审宣判前全部退赃、退赔的；

（三）没有参与分赃或者获赃较少且不是主犯的；

（四）被害人谅解的；

（五）其他情节轻微、危害不大的。

第四条 诈骗近亲属的财物，近亲属谅解的，一般可不按犯罪处理。

诈骗近亲属的财物，确有追究刑事责任必要的，具体处理也应酌情从宽。

第五条 诈骗未遂，以数额巨大的财物为诈骗目标的，或者具有其他严重情节的，应当定罪处罚。

利用发送短信、拨打电话、互联网等电信技术手段对不特定多数人实施诈骗，诈骗数额难以查证，但具有下列情形之一的，应当认定为刑法第二百六十六条规定的“其他严重情节”，以诈骗罪（未遂）定罪处罚：

（一）发送诈骗信息五千条以上的；

（二）拨打诈骗电话五百人次以上的；

（三）诈骗手段恶劣、危害严重的。

实施前款规定行为，数量达到前款第（一）、（二）项规定标准十倍以上的，或者诈骗手段特别恶劣、危害特别严重的，应当认定为刑法第二百六十六条规定的“其他特别严重情节”，以诈骗罪（未遂）定罪处罚。

第六条 诈骗既有既遂，又有未遂，分别达到不同量刑幅度的，依照处罚较重的规定处罚；达到同一量刑幅度的，以诈骗罪既遂处罚。

第七条 明知他人实施诈骗犯罪，为其提供信用卡、手机卡、通讯工具、通讯传输通道、网络技术支持、费用结算等帮助的，以共同犯罪论处。

第八条 冒充国家机关工作人员进行诈骗，同时构成诈骗罪和招摇撞骗罪的，依照处罚较重的规定定罪处罚。

第九条 案发后查封、扣押、冻结在案的诈骗财物及其孳息，权属明确的，应当发还被害人；权属不明确的，可按被骗款物占查封、扣押、冻结在案的财物及其孳息总额的比例发还被害人，但已获退赔的应予扣除。

第十条 行为人已将诈骗财物用于清偿债务或者转让给他人，具有下列情形之一的，应当依法追缴：

（一）对方明知是诈骗财物而收取的；

（二）对方无偿取得诈骗财物的；
（三）对方以明显低于市场的价格取得诈骗财物的；
（四）对方取得诈骗财物系源于非法债务或者违法犯罪活动的。
他人善意取得诈骗财物的，不予追缴。
第十一条　以前发布的司法解释与本解释不一致的，以本解释为准。

致谢（代后记）

《荀子》曰：“不登高山，不知天之高也；不临深溪，不知地之厚也”。三十年前，我带着对中国法学了解的空白进入了云南大学法律系。经过四年的苦读，树立了民主与法制的理论，培养了攀登法学这座“高山”的凌云壮志。本科毕业后，我一直从事法学的教学和研究，并攻读了法学硕士学位。在教与学中，我深切体会到法学这座“高山”的博大，深切体会到法学这“深溪”精深，并梦想着有机会再从名师、再度深造。

自本科阶段起，我就对江平先生仰慕不已。在此后的法学学习和研究过程中，江平先生的著作、理论和观点一直影响着我。能师从我国法学泰斗江平先生，是我一生最大的幸运。

我的博士论文的顺利完成得益于江平先生的指导和帮助。矗立于蓟门桥校园内由江平先生题写的“法治天下”是我们法学人的思想归宿，“只向真理低头”是先生的高贵品质。先生知识渊博，同时又虚怀若谷、十分谦和，在学术界享有很高的声誉。同时，先生也有伟大的人格，循循善诱、诲人不倦地指导学生。先生经历丰富，思维敏捷，善于提出创新性的想法和观点。在论文的写作过程，学生得到了先生悉心和细致的指导，先生的很多指导意见，不仅帮助学生完善了论文，还帮助学生提高了研究的能力和思维的水平。

感谢江平先生对论文本身的悉心指导，也感谢先生这几年来在学习和生活方面对学生的关心和帮助。

感谢中国政法大学研究生院、民商法学院、外国语学院、马列主义学院等部门的各位老师，特别是博士课程任课老师们的辛勤讲授和帮助。

感谢云南警官学院的各位领导对我在攻读博士期间的关心和帮助。

2016 年 5 月于昆明